陈元　黄益平　[美] 亚当·珀森◎主编

大国对话 Ⅲ

新全球化时代中美经贸关系

中信出版集团·北京

图书在版编目（CIP）数据

大国对话．3，新全球化时代中美经贸关系 / 陈元，黄益平，（美）亚当·珀森主编．-- 北京：中信出版社，2018.1

ISBN 978-7-5086-8228-0

Ⅰ．①大… Ⅱ．①陈… ②黄… ③亚… Ⅲ．①中美关系－双边贸易－研究 Ⅳ．① F752.771.2

中国版本图书馆 CIP 数据核字（2017）第 251508 号

大国对话．Ⅲ：新全球化时代中美经贸关系

主　　编：陈　元　黄益平　（美）亚当·珀森
出版发行：中信出版集团股份有限公司
（北京市朝阳区惠新东街甲 4 号富盛大厦 2 座　邮编　100029）
承 印 者：北京楠萍印刷有限公司

开　　本：787mm×1092mm　1/16　　印　　张：19.75　　字　　数：212 千字
版　　次：2018 年 1 月第 1 版　　印　　次：2018 年 1 月第 1 次印刷
广告经营许可证：京朝工商广字第 8087 号
书　　号：ISBN 978-7-5086-8228-0
定　　价：65.00 元

“中国金融四十人论坛书系”专注于宏观经济和金融领域，着力金融政策研究，力图引领金融理念突破与创新，打造高端、权威、兼具学术品质与政策价值的智库书系品牌。

中国金融四十人论坛是中国最具影响力的非官方、非营利性金融专业智库平台，专注于经济金融领域的政策研究与交流。论坛正式成员由40位40岁上下的金融精锐组成，即“40×40俱乐部”。论坛致力于以前瞻视野和探索精神，夯实中国金融学术基础，研究金融领域前沿课题，推动中国金融业改革与发展。

自2009年以来，“中国金融四十人论坛书系”已出版60余本专著、文集。凭借深入、严谨、前沿的研究成果，该书系已经在金融业内积累了良好口碑，并形成了广泛的影响力。

前 言

中美关系是当今世界最重要、最富活力的双边关系之一。作为最大的新兴市场国家和最大的发达市场国家，中国和美国不但承担着本国经济复苏的重要任务，二者对全球体系的影响也在不断加深。2016 年底美国总统换届后，新政府政策出现了重大调整，这给美国经济、中美经济关系和国际经济体系带来重大影响。在此背景下，中美两国加强深度沟通的重要性愈发凸显。

从 2012 年起，为促进中美经济学家学术交流，探讨中美共同的经贸领域焦点问题，更好地为政府部门提供政策建议，中国金融四十人论坛（CF40）联合美国彼得森国际经济研究所（PIIE）连续 6 年举行了中美经济学家学术交流会。会后，CF40 组织出版了《大国对话》系列文集（2012—2015 年，文集曾用名《大碰撞》)。2017 年 5 月 7 日，第六届中美经济学家学术交流会在京举行。会上，来自中美的专家就"新形势下的中美经贸关系和全球化"等话题展开了广泛深入的讨论。与往届会议不同的是，此次交流会发布了首份 CF40—PIIE 联合报告。这份报告以美国新政府下的中美经济关系走向为主要内容，由 CF40 和 PIIE 两个平行的课题组分别进行研究，并汇总而成。

本书集结了首份CF40—PIIE联合报告以及最新一期中美学术交流会议的成果，以飨读者。其中上篇为《CF40—PIIE联合报告（2017）：新全球化时代的中美经济关系》，下篇为第六届CF40—PIIE中美经济学家学术交流会交流成果。

合作共赢应是中美关系的主流　然而贸易摩擦不可忽视

中美之间广泛的经贸关系是中美双边关系的基础，但不可否认，伴随着中美贸易与投资的飞速发展，两国之间也产生了大量的贸易摩擦。鉴于中美之间经济贸易投资的互补性大于竞争性，尽管随着中国经济的发展，竞争性在增加，但是中美两国仍然存在巨大的合作共赢空间。在海湖庄园举行的会谈中，中美高层领导也表达了不愿见到贸易战的政治态度。而且搞贸易战不能解决任何问题，只会造成两败俱伤，因此要积极地解决问题。

特朗普政府上台后，美国贸易政策出现一些新变化，可能加剧中美贸易摩擦，给中期中美经贸关系带来挑战，而且这种变化不容乐观。针对减少双边贸易赤字，特朗普政府有更多使用贸易惩罚措施的倾向。首先是更多使用传统的贸易救济措施，包括反倾销、反补贴和保障措施，特别是对于钢铁、金属制品和电解铝。其次，美国可能更多地动用一些非传统的贸易救济措施来抵制中国进口产品。包括以危害国家安全为名发起232调查，以及动用《1974年贸易法案》中的“201条款”或“301条款”。为消除已经达成的对美国不利的贸易协定的影响，美国已经退出TPP，还即将重启NAFTA谈判，对WTO的态度也有所变化。此外还有针对减少货币操纵的对策。虽然习特会后，特朗普政府并没有将中国列为汇率操纵国，但是中国仍然在财政部的观察名单中。

并不是所有的问题与摩擦都可控。如果美国调整边境税，可能影响中国和很多其他国家；如果未来美国的宏观经济政策和经常账户赤字要求增加美国政府财政刺激措施，不断增加的财政赤字会向贸易保护主义者施压，中美贸易摩擦在未来 1~2 年内存在加剧的可能，甚至不排除特朗普政府贸易政策“脱轨”的倾向。

双边贸易协定有其缺陷　全球贸易规则方为解决之道

全球国际贸易规则体系分为三个层次，第一层是以 WTO 为代表的全球贸易体制；第二层是区域贸易安排，比如欧盟、东盟以及已经“流产”的 TPP 和正在谈判的 RCEP；第三个层次是双边贸易协定，包括双边自由贸易协定。其中以 WTO 为代表的全球贸易体制具有制定规则、解决摩擦、开放市场的三大功能，应该在全球贸易规则体系中居于最重要的核心地位。但是自多哈回合谈判启动以来，区域贸易安排兴起，甚至架空了以 WTO 为代表的全球贸易体制，这对全球贸易规则体系是一种伤害。双边贸易协定是全球贸易规则体系中的最原始安排，它更关注细节，强调解决具体问题，在全球贸易规则体系中自有其重要性。但是单纯依靠双边贸易协定的做法无法解决两国间存在的贸易摩擦问题。

首先，双边贸易协定的发展不符合市场经济规律。目前，全球化的产业链和供应链业已形成，任何一个高科技产品的生产都可能涉及多个国家，只在两国之间谈论复杂的全球供应链问题，既不切实际也无法解决问题。

其次，双边贸易协定不够公平。一个国家可以单方面决定对另一个国家收取关税，这会让 WTO 以及 GATT 之前的所有努力付诸东流。如果各个国家都互相搞双边贸易协定，而忽视全球贸易体制和区域贸易安排，全球贸易体系就会沦为无数个双边贸易协定的总和，这是一种逆全球化的表现，对于全球贸易将是灾难。总体来看，双边贸易协定只是一种打补丁的方式，并不能解决根本性的问题，长期来看，这种短期的贸易协定很可能会引发一些负面效果。

特朗普政府试图只通过双边贸易协定的方式来解决中美贸易问题的想法并不可行，在缺少 WTO 和区域贸易安排缓冲的情况下，中美只能硬碰硬，这无疑会增加中美贸易战的概率。因此，解决中美两国之间的贸易问题绝不能仅通过双边层面，还必须依靠全球贸易体制和区域贸易安排，只有全球贸易规则体系才是解决之道。如果特朗普政府在双边的道路上一意孤行，将多边规则体系置之不理，将极大地损害美国在全球贸易领域中的权威。

在制定规则和解决贸易摩擦的问题上，中美可以更多地利用全球贸易体制和区域贸易安排。在市场开放问题上，中美可以更多地利用双边机制。总之，中国和美国都应该充分考虑如何利用全球、区域、双边这三个层次的贸易机制来解决双边问题，这才是一个面对现实的负责任的解决办法。

中美问题的解决不会一蹴而就，因此中美双方现在需要具体的行动来继续保持多年来形成的紧密经贸联系。中美双方作为平等的贸易伙伴，应给予对方平等的机会。海湖庄园的习特会是一个好的开始，中国政府提出的“百日计划”在短期内对稳定双方经贸关系起到了重要作用。长期来看，中美需要进一步加强机制性的安排来解决长期存在的复杂问题，重启中美双边投资协定谈判将是一个现实的选择。

经济结构更加合理　中国有能力应对冲击

消费、投资和出口是拉动经济增长的三驾马车，其中投资和出口在过去对中国经济的快速增长中发挥了主要作用，而消费的作用却稍显不足，但这一局面已经开始有所改变。过去 10 年，中国的出口在 GDP 中的占比下降，从 2006 年最高的 35% 下降到 2016 年不足 20% 的水平。中国对美国的出口占 GDP 的比重也经历了相似的变化，从 2006 年最高时超过 7% 下降到 2016 年不足 4% 的水平。与此相关，中国经常账户和货物与服务贸易盈余也经历了大幅下降。这说明出口在拉动中国经济增长中的作用越来越小，而中国经济对美出口的依赖度也在降低。

2010 年以后，中国劳动收入在 GDP 中的占比不断上升，目前已接近经合组织国家的平均水平。相应地，消费对 GDP 增长的贡献也越来越大，2017 年 1 季度消费对 GDP 增长的贡献达到了 77%。这些现象说明，中国经济正在从出口导向型向消费导向型转型，但是由于中国经济还缺乏强劲可持续的新增长点，转型能否成功尚待观察。

中国经济更多地依赖消费意味着中国能够更好地应对外部冲击，尤其是美国经济政策变化的溢出效应。由于外汇储备经过一段时间的下降已基本稳定并仍处于储备量非常充足的状态，以及相对封闭的资本账户，中国能够在保持货币独立性的同时对外汇市场进行比较有效的干预，这将有利于中国应对美国经济政策带来的影响。如果能够进一步提高人民币汇率的弹性，将能够更好地应对国际资本流动所带来的冲击，这也有利于中美经常账户的调整。

然而，特朗普当选带来的空前不确定性需要引起中国的注意。在全球化高度发展的今天，各国经济，尤其是资本市场紧密联系。比如，特朗普当选后美国长期利率上升，而这一效应也传导到了中国，导致中国10年期国债收益率的上行。美国股市的运行会对全球的资金配置产生影响，中国也不例外。在不确定性上升的时候，可能会导致市场情绪出现难以预测的变化，这无疑会给经济带来影响。此外，民粹主义在全球范围内抬头也是潜在风险。中国应做好应对冲击的准备。

提升治理能力　坚持全球化方向

全球竞争已经从产品和服务的竞争过渡到了国家治理能力的竞争。中美是世界上最大的两个经济体，特朗普的税改计划也会对中国产生影响。首先，国际贸易中产品和服务竞争的背后是企业生产和创新能力的竞争。随着发展中国家特别是中国劳动力的成本优势慢慢消失，影响企业竞争的一个十分重要的因素就是税收制度，而税收制度直接与国家的行政治理能力相关，即能否建立高效畅通的税收体系。其次，特朗普减税计划的目的是提升企业竞争力，但是减税对收入分配也会产生影响，尤其是在削减福利支出的时候，减税会加剧社会分裂。能否处理好公平和效率的关系，是对国家治理能力的一种考验。第三，尽管我国也进行了减税并且在改善营商环境上取得了长足进步，但中国企业的负担仍然较重。因此，在美国减税的情况下，中国也需要做好应对的准备。

回顾历史可以发现，在过去的 70 年中，美国主导建立了当今的国际政治经济运行规则体系，包括建立世界银行、IMF 等机构，但特朗普政府却认为，美国是这一规则体系的受害者，并更加注重双边关系和所谓的“公平”贸易，政策也更趋于内向。特朗普政府的这些认知可能会对全球政治经济体系带来负面影响。

全球化总体上有利于促进全球经济发展和人们生活水平的提高，尽管遭遇挫折，但是应该在前进中解决问题。在美国对于多边主义和自由贸易态度不明朗的时候，中国的态度显得尤为重要。作为多边主义和自由贸易受益者的中国应旗帜鲜明地表明自己的立场。

习近平主席与特朗普总统在海湖庄园进行会晤并达成重要共识，为中美关系发展指明了方向，并做出了规划。接下来，两国应为切实贯彻两国元首共识做出努力。第一，应充分理解中美两国元首所达成共识的内涵和重大意义，中美彼此尊重、增加互信、加强合作、实现共赢。第二，基于双方相互尊重的前提，中美双方必须要采取必要措施，通过有效利用中美全面经济对话机制，做出更大的努力，做大合作蛋糕，有效管控好分歧，促进和提升双边经济关系。第三，有一些议题通过努力可以取得早期成果，双方必须尽早开展相关工作。

代　序

为美国新政府下的中美经济合作创建坚实基础

哈继铭　亚当·珀森[①]

提要： 美国总统特朗普自上任以来，曾数次发表言论，把美国描述成现有国际贸易和金融体系的受害者，使美国自“二战”以来的传统角色定位发生了改变。与此同时，中国国家主席习近平则强调全球化的双赢性质，以及基于规则的国际组织如世界贸易组织（WTO）和国际货币基金组织（IMF）的重要性。新一届美国政府宣布将在一些领域调整经济政策，这些政策一旦实施，将对中美两国的经济发展产生深远影响，同时也将直接影响双边经济和贸易关系。

特朗普政府在商业领域强调“美国优先”，因此中美双方的首要关切点自然就落在了贸易议题上。但是，两国的投资环境也会因此受到巨大的影响。贸易和投资反过来会影响两国的国际收支，因此汇率作为平衡机制就成为中美经济协商甚至冲突的另一个焦点。除此之外，美国政府的税收改革、基建投资、金融去监管以及美联储货币政策的

① 哈继铭系高盛投资管理部中国区前副主席；亚当·珀森（Adam Posen）系美国彼得森国际经济研究所（PIIE）所长。

相应调整都会对中国产生溢出效应。

中国金融四十人论坛（CF40）和美国彼得森国际经济研究所（PIIE）组成了两个平行的课题组，发布了《2017 · CF40—PIIE 联合报告：新全球化时代的中美经济关系》，本文为联合报告综述。联合报告讨论了中美领导人共同关注的议题，两国政府在当前环境下进行合作的现实途径，以及如果特朗普政府采取损害当前基于规则的国际经济体系的措施，将会带来何种风险，虽然这个体系由美国创造，并对中美两国未来几十年的繁荣至关重要。

中美经济结构性因素是双边贸易失衡的原因

中美贸易关系不断增强，是由两国经济体量和结构上的互补性以及宏观经济政策决定的。中国在劳动密集产业中具有比较优势，美国则在资本密集产业包括高产农业上具有比较优势，但这种情形随着中国薪资水平和资本存量的上涨在悄然发生着变化。中美贸易关系的日渐深化使两国人民能够从中受益，但双边贸易却存在着严重的不平衡现象。2016 年，作为美国最大的进口来源国，中国在美国货物贸易赤字中的占比为 46%（从附加值的角度是 33%）。但是，对于大多数经济学家来说，比份额更加重要的是，在一些时期（包括 21 世纪前 10 年的中期，约 2005 年左右），中国对汇率的干预和其他政策导致中国相对于自身和世界的 GDP 而言，存在着较大的整体贸易盈余。

但近年来，情况有所变化。因此，当前美中贸易摩擦应该只限于市场经济地位、知识产权、国有企业及外国企业收购障碍等问题。这些问题都很重要，但并非宏观经济结果的决定因素。中国目前处于经济再平衡状态，改善国内投资和消费结构将有助于减少双边贸易失衡。同理，特朗普政府当前的预算提案导致财政赤字增加，并对美元估值产生影响，进而扩大了美国的整体和双边贸易赤字。

相反，尽管平衡的双边贸易对于产业竞争力抑或家庭在贸易中的得失并没有任何意义，但美国新一届政府对双边贸易赤字仍深表担忧。对于特朗普政府可能会越过贸易执法机制甚至绕过WTO 规则单方面使美国公司比中国公司更具优势的担忧，这个担忧是合理的。美国政府给中国强加的这些贸易壁垒只会将其与中国的贸易逆差转移到其他国家，造成效益和福利的损失。中美贸易战的爆发不仅会造成两败俱伤的局面，同时也会影响全球经济，并进一步在金融和需求方面对中美造成影响。

这就回答了美国政府建立了基于多边规则的贸易体系并在过去70 年中支持这一体系的原因，以及为什么围绕汇率操纵的外交诉诸操纵者的自身利益寻求解决方案，并在国际货币基金组织和二十国集团内建立相关标准，而不是采取报复措施的原因；同时，这也回答了自邓小平以来的中国领导人均表达了希望遵循开放国际经济体系规则的强烈愿望的原因；例如接受不利于自身的 WTO 裁判，支持美国建立国际治理架构等，尽管这一架构没有及时给予中国与其自身经济规模相符的发言权和投票权。习近平主席在 2017 年 1 月达沃斯会议上积极倡导全球化，而特朗普政府却关注毫无意义的经济议题（如双边贸易赤字），这非常具有讽刺意义并令人担忧。

经济互补性决定了中美双边投资将带来互利双赢的结果

中美经济的互补性和中国经济的转型升级是中美双边投资增

长的主要动力。美国对中国直接投资（FDI）增速很快，投资的行业分布比较均匀，且投资的回报率较高。中国对美国直接投资（ODI）的增速更快，官方统计数据显示，2004—2015年中国对美国直接投资年均增幅58%，远高于同期中国ODI（对外直接投资）的整体增幅,反映出中国企业具有很强的在美投资动机。同时，中国企业对美投资的行业更多地转向了先进制造业、消费和高技术产业，显示出中国企业寻求技术等战略资产以及进入美国消费市场的需求。

但令人充满希望的是，特朗普政府官员和总统本人表示有兴趣增加在美国的新外商投资，尤其是那些能明显创造生产就业的外商投资。如果其他条件不变，资本流入会扩大美国的贸易逆差，导致经济上的紧张局势。但实际上，即使外商直接投资流入增加，仍将只是总资本流动或贸易赤字中的一小部分，所以不应该让这种矛盾打消美国更加欢迎外部投资的念头。

这更是一个公平问题，因为美方认为，对美国和其他外国公司在中国投资的限制，比对中国企业在美国投资的限制要严格得多。中国的很多行业在很大程度上不对外国投资开放，阻止外资企业持有多数股权并真正接管，这对具有较大可能性实现双赢的服务业而言更加令人不安。中国服务业不断增长，但其效率低下，在国际上缺乏竞争力；美国最大的比较优势在于商业、金融和软件服务的出口；若能够购买这些服务，中国的企业和家庭将会从中获得巨大收益。由于美国政界人士和部分公众将不可避免地出于国家安全和知识产权的考虑怀疑中国投资的意图，中国不愿意在投资上实施互惠则给了美国反对中国直接投资一个合理的理由。当然，对美国在华直接投资的一些限制来自中国官员对国家安全的担忧。

所以说双边协议对两国会大有裨益。中国企业希望美国外资投资委员会（CFIUS）减少以国家安全为由设置各种保护性和歧视性的投资壁垒。美国对中国的关切集中在中国的营商环境、外国企业的公平竞争和准入限制、知识产权保护等方面。另外，一些关切是近期变化所导致的，例如，更多外资企业从开放程度较高的制造业进入开放程度较低的服务业，以及地方政府招商引资的规范化和法制化。在充分认识两国国情的基础上，中美双方应该致力于达成高标准、现实的中美投资协定，充分发挥中美双边投资的潜能。

近年来的汇率政策符合两国利益

在市场对美国将实施财政刺激措施和美联储加息的预期下，中国储户希望资产多样化的愿望使得2015年中期至2016年末人民币贬值压力上升。这种基本面驱动的人民币兑美元贬值必须同21世纪前10年中期（约2005年左右）中国的重商主义汇率政策区分开来。中国2015年启动的“8 · 11”汇改也并非旨在通过汇率贬值寻求贸易优势，汇率改革是为了满足IMF（国际货币基金组织）对于SDR（特别提款权）篮子货币“可自由兑换”的操作性要求，消除中间价与市场价的价差，因此，避免美元兑人民币大幅升值是中美双方的共同利益。

这些进展是在七国集团协议的多边背景下取得的。七国集团成员国同意自2012年12月起，不单方面干预其他成员国货币。美国政府一直积极推动二十国集团接受这一协议，特别是将中国纳入其中。美国财政部对于各国政府是否针对美元操纵本国货币的判断现已包含客观标准，例如干预方向以该国经常项目顺差（幸亏不是双边差额）收窄还是扩大为标准，这更加符合国际规范。根据这些标准，美国财政部在2017年4月没有将中国判定为货币操纵国，尽管特朗普在竞选期间曾经威胁将中国判定为汇率操纵国，近年来出现的这些制度安排维持了货币和平的局面，是双赢多边主义的另一个例子。

中国将继续完善中间价的形成机制，提高汇率政策的透明度。2016年2月，中国人民银行在中间价定价机制中引入了一篮子汇率的变动，后续又对人民币指数篮子权重以及篮子汇率变动计算时段进行了调整，以使中间价更贴近市场行为。目前中国外汇储备的下降正好表明中国不希望人民币贬值，这符合中国本身的利益，不应该被国内外的舆论描述为“美国的胜利”。

美方建议，实行以稳定经常项目余额为导向而不是以最大化顺差为导向的汇率政策，中国由此将会获得3个好处：货币政策可以侧重稳定就业与通货膨胀；避免与美国不必要的冲突；通过再次将人民币作为稳定的基础，推动区域一体化，正如在1997—1998年的亚洲金融危机期间所做的那样，当时尽管规模较小。美国政府应该支持中国的这一转变，并在汇率报告和外交中予以承认。

美国政策调整对中国经济的影响可控

美国新一届政府在税收政策、基建投资、金融监管等方面都可能做出重要政策调整，美联储的货币政策也将进行相应调整。

因此对中国经济的影响将会体现在以下4个方面。

第一，减少个人和企业所得税短期内对美国经济将会产生刺激作用，但长期将会导致政府债务上升和财政赤字扩大，这将加大中国资本向美国外流的压力。部分中国企业可能会将投资重点转移到美国（如果特朗普政府允许的话），美国的税收改革可能会对中国税收改革形成一定的压力或者激励。

第二，如果美国国会确实通过了大幅增加基建投资的计划，那么中国钢铁、混凝土和其他供给过剩材料的出口和全球价格将会得到改善。另外，中国的基础设施建设专业水平较高，中国企业可以在资金和技术层面加强与美国的合作，以实现双赢。

第三，在金融监管层面，美国政府可能会简化和放宽《多德·弗兰克法案》中的部分条例，但不大可能将其全面废除，对中国的直接影响有限。然而，如果美国想更进一步，退出FSB（金融稳定理事会）和国际监管合作，那么新一轮金融不稳定或各国竞相放松金融监管的可能性将有可能会加大，从而对所有国家造成损失。

第四，美国新政府的经济政策将会对经济增长和通货膨胀产生促进作用，在其他条件不变的情况下，意味着美联储也会加快加息节奏。美国利率升高和美元指数走强将会对人民币汇率造成调整的压力。但由于中国资本管制较强，外部因素变化对汇率走势和国内金融市场的影响相对有限。

当然，中国任何国内政策的调整对美国经济的直接冲击都是次要的，并且在可预见的将来仍然如此——除了金融管制放松可能导致中国居民减少储蓄，并在境内寻求更高投资回报。在这一关系层面上，两国之间不存在简单的对等关系。

加快结构改革和市场开放，避免与美国产生冲突，是符合中国自身利益的最佳战略

两国经济学家都不应该认同特朗普政府对双边贸易差额的痴迷。将双边差额作为政策目标并不会提升任何公共利益，而且可能会激发不必要的冲突并带来伤害。如果特朗普政府仍然决定要针对与中国和其他贸易伙伴的双边失衡采取措施，中国需要在两个层面上实施战略：一个是在短期缓和紧张局势的战略，另一个是在短期战略失效时的中期战略。独立经济学家和更加开明的美国政治家应该在美国的公开辩论中支持中国所付出的这些努力。

在短期内，中国应该做出温和的回应，调整自身行为或法律结构，而不是政策目标和经济结果。这样做可以肯定美国政府过去在国际商业中所倡导的原则，它们仍是世贸组织和体系其他方面的基础。例如，中国政府在短期内可以通过官方或国有企业购买更多的美国商品，同时扩大金融、旅游等服务业的开放程度。这一切将与特朗普政府的破坏性“购买美国货”运动和政府采购限制形成鲜明对比，并在美国企业中获得新的机会使中国成为最终的“赢家”。

另一个例子是中国从美国进口更多的能源，如天然气和石油等。尽管这会取代部分从俄罗斯等其他国家进口能源的份额，但其根本目的是使美国继续放松能源政策管制。此外，中国可以要求特朗普政府减少对高科技产品出口到中国的限制，这将也使得美国更加接近自由市场，对中国的出口也会大幅上升。

中国也可以加快国有企业改革。这将符合中国的自身利益，同时也会给美国带来很大利益，并在整体上缓解市场经济地位问

题。“国家资本主义”是美方对中美贸易环境的重要关切，这有一定的正当性。尽管过去40年来国有经济的市场份额已经大幅下降，但国有企业在金融、电信等服务行业仍然占据主导地位，政府通过不透明的形式为企业提供补贴、优惠贷款的现象仍然存在。加快国有企业改革和市场化进程可以削弱贸易伙伴对中国的指责。如果中国能够以更快的速度减少钢铁和铝业的产能过剩，这将会适时地给特朗普政府制造一个“胜利”，尽管中国钢铁生产商的真正竞争对手是印度、韩国和土耳其。但这将使中国钢铁制造的生产率得到很大提高。

当然，这些措施不会使中美的双边贸易赤字大幅下降，至少短期内肯定不会（长期影响及对中国或美国的整体贸易平衡的影响都很小）。基于汇率及美国与其他地区增长率上的差异，在特朗普2020年第一届任期结束前，美国经常项目赤字将不断增加。类似20世纪80年代中期的情形，财政宽松加货币紧缩的政策组合只会增加美国的经常项目逆差，而中国对美国的双边贸易顺差可能会上升。所以如果特朗普政府在2018—2020年选举期间，仍然承诺减少与中国及其他经济体的双边贸易赤字，则很可能产生令其沮丧和尴尬的结果。20世纪80年代中期的情形很有可能会重演，但更糟糕的是，特朗普团队对贸易和全球化的敌对意识形态，意味着美国政府将对中国和其他主要贸易伙伴采取单方面的保护主义政策。

这就是中国也需要对特朗普政府可能的施压做出中期回应的原因。这个计划应该主要是多边的。第一，利用国际体系中的现有手段，从法律上挑战并在适当情况下报复美国的保护主义和欺凌行为。中国应该尽可能地抑制单方面报复打击的冲动，单方面报复打击虽然会损害美国的利益，但长远来看仍是双输的。相反地，中国应该通过世贸组织等途径去尽可能地打击美国的“坏”政策。第二，中国应与其他经济体一起，联合抵制特朗普政府违反美国政府常规做法或规则的行为。这意味着中国与欧盟和日本、韩国一起抵制美国，维护现有制度。这也意味着中国可以通过《区域全面经济伙伴关系协定》（RCEP）等协议，积极推动区域和其他自由贸易协定的发展，但最好是以开放的区域主义为原则，使美国意识到其错误的做法将导致可见且合法的贸易转移，使美国企业机会的丧失。

人们仍然希望，这样一个联合全球特朗普政府反对者的中期计划是不必要的。中美经济的共同利益当然足以为其在贸易、投资、汇率等问题上的合作提供依据。此外，中国也可通过改变政策，给特朗普总统所谓的胜利，而这些改变将最终服务于中国自身的经济改革目标。但鉴于美国经常项目赤字和中美双边贸易赤字扩大的可能性较大，再加上特朗普政府愚蠢但确凿的减少赤字的承诺，贸易冲突可能将会无法避免。在这种情况下，根据习近平主席 2017 年 1 月在达沃斯世界经济论坛上阐述的“共担时代责任，共促全球发展”的演讲精神，可看出中国政府对特朗普总统的破坏行为会严厉抵制，保护以规则为基础的开放的国际经济秩序。

目 录

上 篇

第三章　中美双边投资与贸易的前景

下　篇

第四章　新形势下的中美经济关系与全球化

第五章　提升中国全球竞争力

上 篇

第一章

美国新政府政策调整的影响

美国政策调整的影响

哈继铭[①]

提要： 新一届美国政府已经明确表示将对财政、贸易、金融监管等主要经济政策进行调整。这些政策调整一旦实施，将会在短期内促进经济增长并提高通胀预期。美联储的货币政策也将进行相应调整，可能在一定程度上抵消其他政策的效果并对金融市场产生影响。本文基于撰写时已有的信息，探讨美国可能的经济政策调整，进而评估这些政策调整对中美经济的潜在影响。

税收政策调整

（一）美国税收政策调整的前景与挑战

特朗普总统提出的税制改革中，拟大幅降低个人和企业的边际税率，将标准扣除额提高至现行水平的近4倍，限制和废除部分税收支出，废除个人和企业替代性最低税、遗产和赠予税，引入边境调节税，并对美国公司当年在海外留存利润进行征税（见专栏1）。一些分析人

① 作者系高盛投资管理部中国区前副主席。

士预测，在未来10年，这项计划将使联邦政府的财政收入大幅减少，并将使债务占GDP的比率提高约30%。

专栏1 特朗普税收计划要点

个人所得税：主要内容包括从现行的7个税率等级（税率范围为10%～39.6%）减少至3个（即10%、20%、25%三级）；提高标准扣除额；限制逐项扣减额的税值。

企业所得税：主要内容包括将企业所得税从目前的35%降低至15%，对美国企业海外子公司的留存利润征收不超过10%的利润汇回税。

边境调节税：在美国国会众议院共和党人的税改蓝图中，计划将企业所得税转变成"基于终点的现金流税"（DBCFT）。"基于终点"原则上主张：美国企业所得税的税务征收将基于商品和服务的消费地而非产地；边境调节就是用于实现这一目的，即美国企业不能再把进口成本从收入中扣除，同时出口和其他海外销售收入将会免税。此处"现金流"是指计划废除利息抵扣和其他税收优惠，但允许将资本投资视作全部支出。综上所述，这些措施的目的是将美国企业所得税由以收入为基础转变为以消费为基础。不过，许多分析人士质疑该项计划的前提，即随之而来的汇率调整将抵消对进口商品提高关税及对出口商品进行补贴所带来的影响。

在其他条件不变的情况下，减税至少在短期内可以刺激就业、增加储蓄和促进投资，也会在一定程度上部分减少资本配置中的税收扭曲。理论上，降低税收在供给侧将创造更多就业，从而提高GDP的增长速度。该计划同时提出建立一个新的税收体系，即对美国公司的海外留存利润进行一次性、较低税率的征收，这可能会在一定程度上弥补减税所导致的财政收入下降。

然而，预估的财政收入减少将扩大联邦政府的财政赤字、增加政府借款，从而推高利率并挤出私人投资，这有可能部分甚至全部抵消减税计划带来的积极激励效应。调整边境税将助推强势美元，而这可能会削弱贸易税的效果。评级机构穆迪预测，20% 的进口税可能导致美元升值达 25%。要抵消规模巨大的赤字，联邦政府将需要对财政支出进行前所未有的削减，而这似乎不可能实现。另外，减少所得税的计划可能会恶化税后收入分配。计划将减少各个收入阶层的所得税，但高收入纳税人无论在绝对数额还是在收入占比上均将获得最大程度的税额削减。

（二）税收调整对中国经济的影响

我们预测美国国会将通过企业税收改革来实现减税，但改革带来的变化不会像计划中提及的那么彻底。边境调节税政策可能将面临一系列艰难的挑战：已经有几位共和党参议员公开反对改革，并且越来越多的众议院共和党成员对此项改革表示出担忧。尽管很多国会中的共和党人坚称税收法案对财政收入没有太大影响，但是该项政策仍可能导致更高的财政赤字。

当前美国税收改革计划的细节尚未公布，但是税改计划可能对中国经济和政策制定者产生重要影响。对边境税进行调整可能会推高美元指数，对人民币贬值造成一定压力。2016 年，人民币对美元汇率下跌了 6.8%，但美国总统特朗普在竞选中仍抱怨人民币贬值，甚至威胁要将中国列为“汇率操纵国”。这把致力于维护人民币汇率稳定的中国政策制定者推入两难境地。在美元走强的背景下，人民币及其他主要货币将不可避免地面临贬值。

近年来中国对美国直接投资快速增加，部分原因可能在于美国的实际企业税更低、税收也更为透明。对于中国企业来说，大幅降低企业所得税将使美国成为更具吸引力的投资目的地，并加剧中国资本外流的压力。具有讽刺意味的是，尽管特朗普总统认为美国企业所得税太高，但是许多中国企业家却认为中国的实际税收更高，某些实际税率甚至高于25%的法定税率。最近，中国汽车玻璃大王曹德旺关于“死亡税率”的言论引发了热议，他宣称去美国投资建厂的主要原因是中国的高税收。

2016年，中国的税收收入和一般政府收入占GDP的比重分别为17.5%和21.4%，与主要发达国家以及发展中国家相比并未显得过高。然而，中国的实际税负可能更重。根据2017年世界银行发布的《全球商业环境报告》排名估计，中国企业总税率（包括直接和间接税收）高达68%，而美国这一税率为44%。除了法定的税收，中国可认定为“税负”概念的还包括非税支出，如雇员的社会保险、土地成本、资源和融资成本，以及各种各样的政府附加费。

更重要的是，中国需要通过结构性改革来完善税收体系，使之更有利于经济转型，主要包括以下三个方面。

第一，中国的税收依赖于间接税（如流转税）：间接税占税收总收入的70%，而直接税仅占30%。这与其他直接税发挥更重要作用的国家形成了鲜明对照。像增值税这样的间接税，对中国向消费主导型经济转型毫无裨益，因为低收入家庭有较高的边际消费倾向。降低流转税将有利于提高消费占比、降低投资占比，从而促进中国经济再平衡。低消费、高储蓄使得中国经济高度依赖于投资增长（见图1-1和图1-2），从而导致产能过剩和企业高债务等问题。

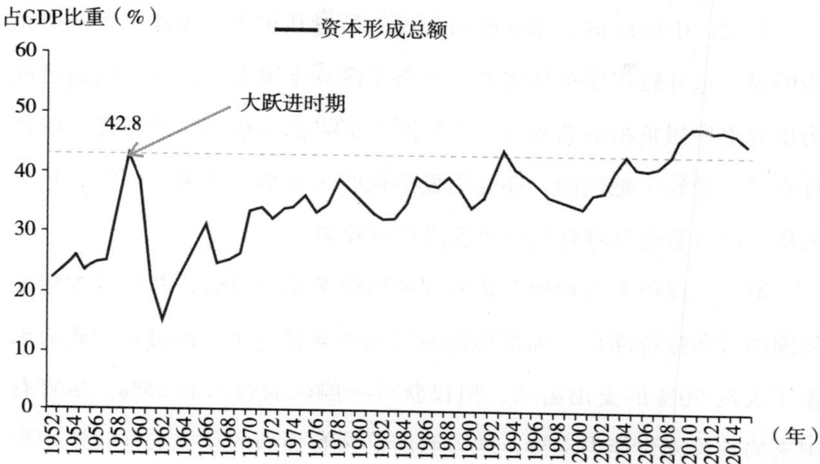

图 1–1　中国投资占 GDP 的比重（截至 2015 年）①

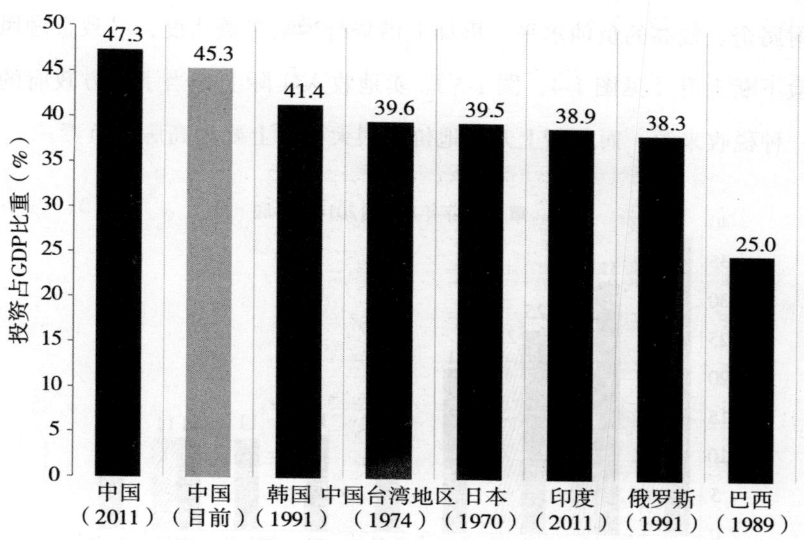

图 1–2　主要国家 / 地区投资占 GDP 的比重峰值（截至 2015 年）②

① 数据来源：国际货币基金组织，高盛投资策略团队估算。

② 数据来源：Datastream 数据库、国际货币基金组织、经济合作与发展组织、国家统计机构、高盛投资策略团队。

第二，中国应该立即征收房产税。最近几年房价飞涨，大城市尤为明显，这导致房屋可负担能力显著下降，中国大部分一线城市已成为世界上房屋负担最高的城市（见图 1-3）。高房价不仅会提高行业杠杆水平，导致金融风险，还会引发中低收入人群的不满。同时，繁荣的房地产行业也会对其他行业造成挤出效应。

第三，理顺中央和地方政府间的财政关系。目前，解决收支错配问题的改革进程滞后，加快推进改革刻不容缓。中国各级地方政府承担了大约 70% 的支出需求，但仅获得一般政府收入的 55%。尽管有中央的转移支付作为支持，地方政府仍然有强烈的动机去征收法定税收以外的多种费用，如通过卖地增加收入，并通过各类融资工具来规避对贷款的监管，这是前文所述过高税负产生的根源。地方政府及其附属企业较高的负债水平，再加上借贷行为缺乏透明度，导致金融风险不断上升（见图 1-4、图 1-5）。卖地收入实际上充当了地方政府的一种税收来源，而不断上升的地价在很大程度上要为高房价负责。

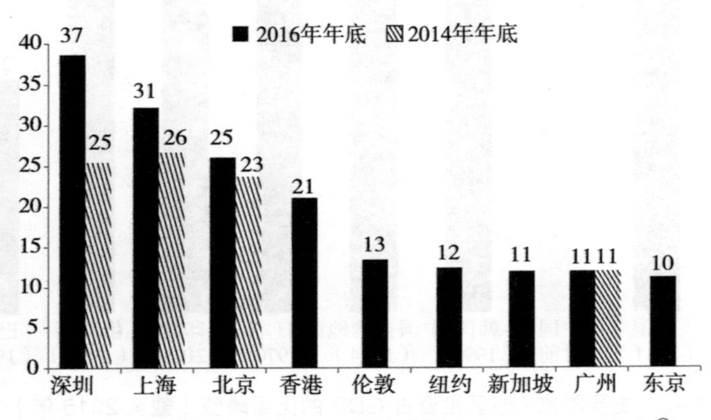

图 1–3　房屋负担能力国际比较（截至 2016 年 12 月）[①]

① 注：房屋负担乘数=中等面积住宅的总价值/家庭年均可支配收入。数据来源：香港环亚经济数据库、高盛投资策略团队。

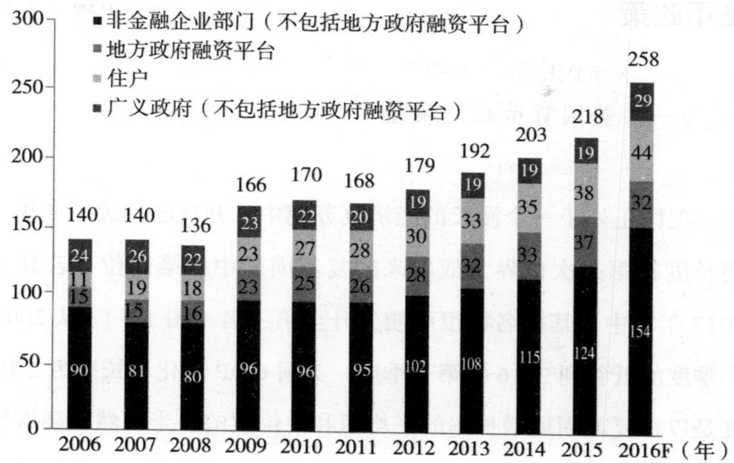

图 1–4　总债务分类（占 GDP 的比重）①

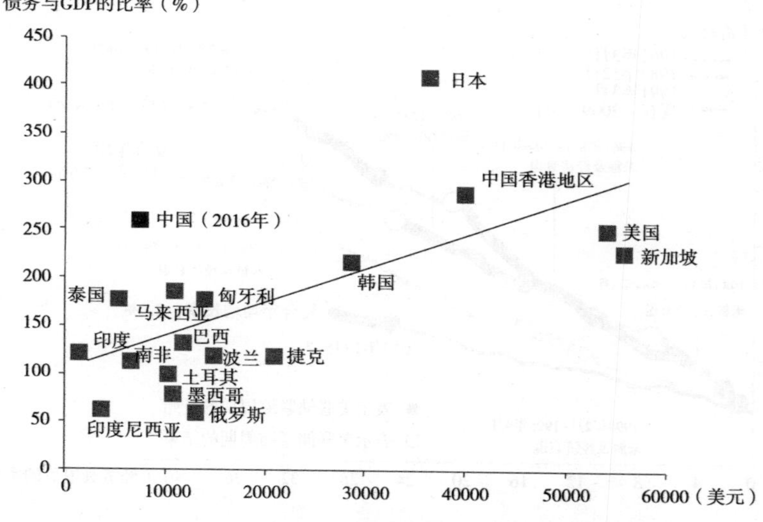

图 1–5　2014 年人均 GDP 与债务占 GDP 比率的对比 ②

① 数据来源：国际清算银行、国际货币基金组织、高盛投资策略团队对 2016 年数据的估算值。

② 数据来源：高盛投资策略团队、国际清算银行、国际货币基金组织。

货币政策

（一）美国货币政策展望

美国正处于一个漫长的经济复苏期中，并且已持续了 8 年。其时间长度在第二次世界大战以来的复苏周期中居第四位，若其持续到 2017 年年中，其排名将很可能上升至第三名（图 1-6）。从 2009 年第一季度的低谷到 2016 年第三季度，美国 GDP 年化增长率为 2.1%，速度是以往复苏周期增长率的平均值和中位数的一半。然而随着就业率和薪酬的增长，通胀压力有所显现，由个人消费支出指数衡量的美国通胀率上升至 1.7%。因此我们认为美国经济增长已接近潜在水平。

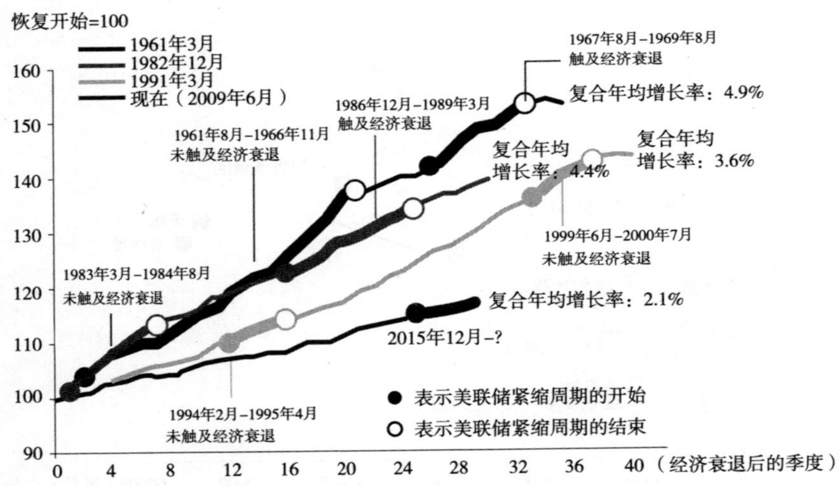

图 1-6 二战后美国经济复苏最长周期期间的实际 GDP[①]

---

① 数据来源：高盛投资策略团队、彭博社、美国国家经济研究局、高盛全球投资研究部，美联储。

特朗普政府的经济政策计划即便只有部分得以实施，也将进一步推动通胀上升和促进经济增长（见表 1-1）。从货币政策的角度出发，这意味着美联储开始紧缩周期。下文将对美国货币政策进行展望，并分析其可能对中国产生的影响。

最近美国通胀已经有所回升，反映出上涨的薪酬压力和能源价格的正常化，而美国新政府的政策将会进一步加大通胀压力。边境税调整和贸易保护政策的出台（如提高关税等）将引起国内进口商品价格上涨，大规模基础设施建设投资将提高总需求并推动通胀上升，放松金融监管将提升交易的活跃度并推升资产价格，这些都将加大通胀压力。减少间接税可以降低通胀，但企业税和个人所得税的降低也可能提高总需求，并因此推动通胀上升。

然而美国经济政策的调整对经济的总体影响并不显著。减税和财政支出增加等财政刺激政策可能促进经济增长，但是贸易保护政策则会成为增长的阻力。想要估算各项刺激政策所共同带来的乘数效应比较困难。高盛预计，2017 年和 2018 年，所有的财政刺激计划将分别使美国经济提升 0.3% 和 0.5%。边境税的调节措施如果得以实施，将使得美元升值并抵消贸易政策带来的效果。贸易关税的大幅上升将使美国与供应链核心伙伴的贸易往来减少，若与中国发生贸易战争将不利于美国经济的长期增长。

表 1–1　政策建议的影响

政策	通货膨胀	产出	利率	汇率
贸易政策	提升通胀	抑制	↑	↑
边境税调节政策	提升通胀	不明朗	↑	↑
减税	提升通胀	刺激	↑	↑
基础建设投资	提升通胀	刺激	↑	↑
放松金融监管	推升资产价格	不明朗	不明朗	不明朗

美国利率展望：稳健的劳动力市场以及经济稳定增长使得市场对加息的预期升温。10年期国债利率从2016年7月1.3%的低位升至2016年底的2.5%。美联储也提升了对2017年加息次数的预期，从2016年9月的2次提高到12月的3次。我们认为货币政策紧缩的步伐将会逐渐加快，但仍在可预期的范围内。正如美联储主席耶伦在2016年12月提到的，美联储的决策也面临着经济环境的很大不确定性。我们预测，如果经济走弱，美联储将减缓加息步伐，如果特朗普当局的财政刺激方案高于预期，则会加快加息步伐。在现在的加息节奏下，需要3年直至2019年才可以达到3%的长期联邦基金利率水平（见图1-7）。

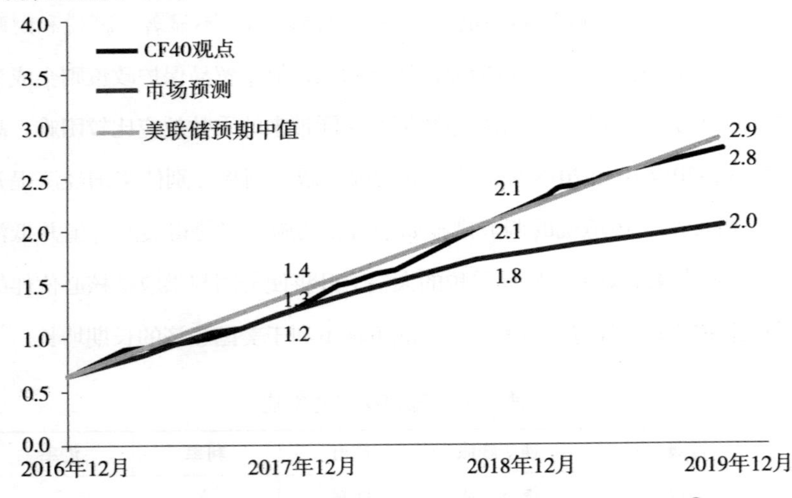

图1-7 政策利率路径预测（截至2016年12月31日）[①]

对经济的影响：预计美联储加息将抵消财政刺激效果并预防经济

① 数据来源：彭博社、美国国家经济研究局、高盛全球投资研究部、美联储，中国金融四十人论坛。

过热。如果不发生意料之外的负面冲击或出现政策错误，美国经济有可能持续复苏。无论实际加息节奏如何，货币紧缩周期将不会导致美国经济在2017年出现衰退。值得注意的是，根据历史经验，美国经济平均在第一次加息之后两年半才进入下行周期。

（二）对中国经济的影响

美国货币政策将通过许多渠道对中国产生影响，包括资本流动、汇率波动、金融市场和外部需求等。

汇率波动和资本流动：汇率是美国货币政策影响中国经济以及全球经济的主要渠道。通常，经过数年扩张性的货币政策之后，会迎来美联储的紧缩周期。在实行宽松的货币政策期间，资本流向新兴市场以寻求高投资回报率，对这些经济体造成了货币升值压力。而后期美国货币政策紧缩通常会触发新兴市场资本外流，从而导致新兴货币汇率贬值。那些采用固定汇率体系、经常账户出现赤字、资本账户开放以及外债水平较高的国家，往往受到的冲击最为严重。20世纪80年代的拉美国家债务危机和20世纪90年代的亚洲金融危机就是典型的案例。

我们相信，当前美国的货币紧缩周期对中国影响有限，因为中国有着较大规模的经常账户顺差（从绝对值来说），尽管顺差占GDP的比重正逐年下降。截至2016年第三季度，中国的外债规模为95627亿元人民币，与其外汇资产相比规模仍然较小。资本账户尚未完全开放，且资本管制对遏制大规模资本外流更为有效。中国仍然拥有接近3万亿美元的外汇储备以满足进口合理的资本流出和偿付债务等需要。根据国际货币基金组织的测算方法，中国的外汇储备估计在1.7万亿美元，储备充足（如果资本账户完全开放了，这一数字则为2.8万亿美元）。

然而，中国的汇率缺乏弹性，这在美联储货币政策扩张期尤为明显，使得资本大量流入中国。同时国内货币政策放松，导致了产能过剩、信贷扩张过快和大城市资产价格高企。在当前环境下，美国货币紧缩周期不可避免地对中国经济带来了挑战。货币贬值预期下的资本外流可能会使中国的信贷市场和经济面临巨大的风险。

金融市场：尽管存在金融监管，但中国的金融市场不可能与世界其他地方隔绝。中国的债券市场在2016年年底美国加息时做出了较大的修正。在某种程度上，中国的货币政策需要与美国保持同步。2017年初，中国人民银行上调了短期政策利率。

金融危机后，美国金融市场已历经了一轮牛市上涨，标普500指数接近金融危机低位的3.5倍。本轮牛市持续时间被誉为历史第二长，仅次于2000年互联网科技泡沫之前长达10年的牛市。美国股票的估值处于高位，价格高于历史上90%的时期。美国资本市场的大幅调整将会对包括中国在内的全球市场产生直接溢出效应。随之而来的美国经济放缓将会通过贸易渠道影响中国的实体经济发展。

外部需求：美国的货币政策根据经济走势进行调整，当前的加息周期是对强劲基本面的回应。中国可能会在2017年面临稳健的外需需求，这已反映在中国和其他主要出口国最近激增的出口上。然而，鉴于美国已经经历了长达8年的史上罕见的经济复苏（见图1-7），中国依然需要就美国最终的经济增长放缓或衰退对其出口的影响做好准备。在这个问题上，中国需要通过促进内需来加快推进经济转型。

中美基础设施合作

特朗普政府有意大幅增加政府支出，包括6030亿美元的国防预算和 1 万亿美元的基础设施建设预算。即便部分支出预算可能会获得国会通过，实际上也无法预测公共支出增加的规模以及对经济的持续影响。如果能够得以实施，短期内增加支出的计划将为美国经济增长提供有益的动力。然而，在基建支出执行过程中仍存在诸多不确定性，包括立法审批和筹资问题。部分美国国会议员反对增加财政赤字和提高政府债务占 GDP 的比例。截至 2026 年，预计后者将从现行的 77% 升至 105%。从私营部门筹集基础设施建设资金的难度将大大提高，甚至难以实现。接下来的内容将主要探讨美国发展基础设施建设对中国可能产生的影响。

首先，由于美国是中国最大的出口市场之一，中国对美国出口占中国 GDP 的 3.8%，因此基础设施投资推动的经济增长对中国来说是利好。

其次，据美国商会预测，到 2030 年，美国将会有超过 8 万亿美元的基础设施建设投资需求，包括能源（57%）、交通运输（36%）和与水利相关的基础设施新需投资（7%）。从长期来看，鉴于美国发展基础设施建设有着巨大的资金需求，中国的公共和私人投资者可能会有意在互惠互利的基础上参与美国基础设施建设。

最后，近年来中国推动了大规模的基础设施建设项目，刺激了经济增长。这些年来，中国在发展基础设施建设方面也积累了丰富的经验。例如，中国的高铁系统已经非常发达，到 2020 年将增加到 3 万公里，连接中国 80% 以上的主要城市。许多中国企业也在参与美国基础设施建设的过程中积累了经验。例如，中国新奥集团与犹他州 CH4 能源公司的合资项目、亚历山大 · 汉密尔顿大桥项目和普拉斯基高架桥项目均由中建美国有限公司承担。凭借着高储蓄和丰富的基础设施建设经验，中国有潜力成为美国基础设施建设中的重要合作伙伴。

中美贸易关系

中国是一个非常开放的经济体。国际贸易对中国的经济增长做出了重要贡献，中国的出口和进口分别占国内生产总值的 20.7% 和 15.3%。中国与美国有着非常密切的贸易关系，中国已成为世界第二大经济体，也是美国第二大贸易伙伴。但是，中美贸易关系处于失衡状态，中国对美国存在较大的货物贸易顺差。中国是美国最大的逆差国，约占美国贸易逆差的一半（见图 1-8），超过了排名第二至第四位的德国、日本和墨西哥的总和。根据增加值进行衡量，中国仍然占美国贸易逆差的 1/3 以上（见图 1-9），并且近几年仍在持续增加。因此，美国政府和学界都对中美贸易失衡问题给予了高度关注。

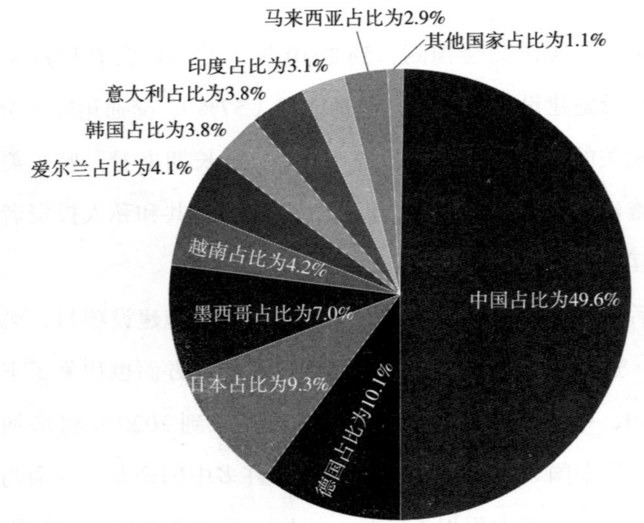

图 1–8　各国在美国货物贸易逆差中的占比：传统方法（截至 2015 年）[①]

① 数据来源：香港环亚经济数据库、经合组织和高盛投资策略团队，截至 2016 年 1 月 13 日。

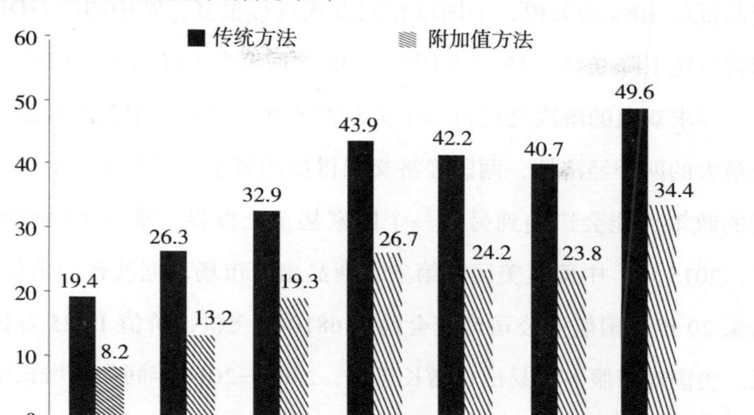

图 1–9　中国在美国商品贸易逆差中的占比[①]

根据特朗普总统的竞选言论，美国政府计划促进就业增长并尤其重视制造业，可能诉诸贸易保护主义措施。考虑使用的措施之一是对中国进口商品施加高额关税。我们认为，美国通过对中国采取贸易保护主义政策来解决美国赤字和就业问题不是一个明智的政策选择。主要包括如下几个原因：首先，传统上中国对美国的出口以劳动密集型制造产业为主，而美国因为与中国的工资水平差距较大，在这方面并不具有比较优势。倘若对中国商品征收高关税，其他新兴市场经济体将取代中国成为美国的主要进口国，美国依然无法提高就业率。其次，中国对美国出口的高科技产品附加值较低，总值中的很大部分反映在从包括美国在内的其他国家进口的中间产品中。对中国商品征收高关税会损害产业链上下游所有国家的利益，同时也会对美国经济产生后坐力。我们预测，如果中美发生全面贸易冲突，美国对中国所有进口

---

① 数据来源：香港环亚经济数据库、经合组织和高盛投资策略团队，截至 2016 年 1 月 13 日。

商品征收 10% 的关税，中国以相同方式进行报复，则中国的 GDP 增速将可能下降 0.4% ~1%，美国的 GDP 增速也会下降 0.1%~0.25%。

寻求双赢的解决之道符合中美双方的共同利益。中美两国是世界上最大的两个经济体，两国经济交织得如此紧密，以至于一个国家苛刻的政策可能会影响到另外一个国家甚至全世界。举一个典型的例子，2015 年，中国是美国的第三大商品出口市场，据波音公司估计，未来 20 年中国航空公司可能会购买 6810 架飞机，价值 1.025 万亿美元。美国对华服务贸易出口增长迅速，2006—2014 年间年均增长率达 16.7%，使中国成为美国第四大服务贸易出口市场。2015 年，美国对中国的服务贸易顺差达到 330 亿美元，其中旅游和教育占比为 57.2%，特许权使用费占比为 12.3%，交通运输占比为 10.1%，商业和专业服务占比为 7.7%，金融服务占比为 6.3%。

为了减少对美国的贸易顺差，中国可以增加包括航空、能源、机械、农业和文化产品在内的美国商品的进口。更重要的是，中国可以考虑进一步向美国开放服务业。尽管 2015 年中国自由贸易区负面清单中仍包括 15 个行业在内的 122 项，但我们预计这个清单内容将会进一步缩小。中国将会大幅减少在旅游、软件开发、研究和设计、工程和物流等服务业方面的限制。对于会计、审计、建筑设计、金融业等行业的限制也可能逐步放宽。

放松金融监管

（一）放松金融监管的可能措施

2017 年 2 月 3 日，特朗普总统签署了一份行政令，命令财政部长评估现行的金融监管框架，并指出，《多德·弗兰克法案》严重破坏了银行发放贷款的能力，这阻碍了经济增长。虽然《多德·弗兰克法案》不太可能被彻底废除，但特朗普和国会共和党多数派可能会对法案的一些条例进行修订，可能调整的监管范围包括以下几个方面（见专栏 2）。

专栏 2 美国放松金融监管的可能措施

对于小银行和社区银行的监管：现行的监管法案提高了小银行和社区银行的合规成本，可能实施的政策调整是提高系统重要性金融机构（SIFI）的认定门槛。目前，市场普遍认为以 500 亿美元资产作为 SIFI 的门槛太低，这使得一些小银行受制于相对较高的监管规定。此外，对小银行的资本要求和压力测试可能会有所放松。

沃尔克法则：禁止银行业进行自营交易的沃尔克法则是《多德·弗兰克法案》的一个重要条款。不过，美国财政部部长努钦认为该项规则限制了市场的流动性，应当对自营交易进行更为严格的定义。这样小型银行可以获得监管放松，而大银行仍将受制于这一规则，毕竟自营交易是导致 2008 年金融危机风险的重要原因之一。

消费者金融保护局：美国国会共和党人可能会修改消费者金融保护局的预算，削减该局的自主权，并将管理架构从单一董事改为两党委员会。

证券监管：《多德·弗兰克法案》进行了多项改革以规范衍生品市场。这些规定不会被完全废除，但很可能也不会出台进一步监管措施，例如对程序化交易和证券类掉期的新监管可能会被搁置。美国证券交易委员会可能会放宽对大型金融机构的监管，简化上市公司的信息披露要求。

美国劳工部受托责任规则：该规则要求财务顾问以储蓄账户持有人的最大利益行事。2017 年 2 月 3 日特朗普总统签署了一份行政命令，要求劳工部对受托责任规则进行评估，推迟了原计划于 2017 年 4 月

10日实施的受托责任规则。

任命监管机构高层：美国新政府可以通过任命合适的监管机构高层来达到放松金融监管的目的。在未来两年，监管机构将会出现一批空缺岗位，包括美国货币监理署负责人（任期至2017年4月）、联邦存款保险公司负责人（任期至2017年11月）、美联储主席和副主席（珍妮特·耶伦的任期至2018年2月，斯坦利·费希尔的任期至2018年6月），美联储监管副主席职位空缺，等等。

（二）后危机时代的金融市场发展

2008年金融市场的严重失灵影响深远，促成了自1933年《道格斯·斯蒂格尔法案》以来美国最全面的金融监管改革。2010年7月，《多德·弗兰克华尔街改革》和《消费者保护法》正式签署为法律。尽管过去6年中金融监管加强了，但美国的金融行业也稳步实现复苏。

自2010年颁布金融监管条例以来，美国的信贷总量稳步增长。特别是在过去3年，工商业贷款保持着年均9.4%的增长率，几乎接近于危机前的水平。尽管新政府认为严苛的监管规定扼杀了小银行的生存空间，但是数据显示过去三年美国本土小型银行的贷款和租赁年均增长率为8.8%，超过了大型银行5%的增长率。

即使对小微企业和新兴企业来说，信贷也不是一个突出问题。根据2017年1月全美独立企业联盟（美国最大的小企业联盟）月度调查，“仅有4%的企业称他们的贷款需求得不到满足，31%的受访者称自己的信贷需求都能得到满足，52%的受访者明确表示没有贷款需求，只有2%的受访者表示融资是他们企业所面临的最大问题。”

危机后的金融监管改革提高了对银行资本金的要求，规模最大的几家银行的平均一级资本比率已从危机前的8%上升到13%。然而银行资本的提高是有成本的。危机后商业银行的平均股本回报率（ROE）持续低于危机前的水平，美国银行的平均股本回报率在过去三年中为9%左右，而2007年前为13%以上。然而平均资产在1亿美元以下的小银行股本回报率并未下滑，基本保持到危机前7%的水平。

沃尔克规则可能降低了金融市场的流动性。有人担忧，沃尔克规则提高了中型企业的发债成本。2月份召开的参议院的听证会上，美联储主席耶伦承认《多德·弗兰克法案》的主要缺点是过高的合规成本以及不适用于小银行和社区银行的复杂烦琐的合规程序。乔治梅森大学莫卡特斯中心的一项调查显示，90%的被调查银行表示自《多德·弗兰克》法案通过实施以来合规成本有所增加，其中近83%的反馈者表示合规成本提高了5%以上。

总而言之，自《多德·弗兰克法案》改革以来，尽管部分金融机构的监管成本有所上升，但整体上还是富有成效的。美国的银行体系已经从金融危机中恢复过来，信贷稳步增长。实际上，在信贷增长方面，在危机中幸存的小银行表现要优于大银行。信贷市场流动性可能会受到监管加强的影响，但尚未有证据表明监管阻碍了经济增长。

（三）放松监管可能造成的影响

短期来看，放松监管可能会带来以下影响：

《多德·弗兰克法案》强制金融机构将使用更多的资源用于确保经营合规，这对小银行的成本影响更大。在这种情况下，放松监管可能会提高小型银行的盈利能力。

放松金融监管将降低合规成本，提高金融机构的股本收益率。市场对放松金融监管的预期已经反映在股票价格上，推动了金融股的反弹。

然而金融监管放松对经济的总体影响并不明朗。经济复苏缓慢的根本原因之一是企业去杠杆过程中对投资和信贷的需求疲软，而不是信贷供应的紧缩。企业部门堆积了大量现金，衡量企业财务杠杆的指标——债务权益比不断下降。截至 2016 年第四季度，私人投资在国内生产总值增长中所占比重为 16.5%，远低于危机前 18% 以上的水平。尽管利率水平在很长时间内都处于历史低位，但是实体部门的信贷需求依然疲软。因此，放松监管对推动总需求和经济增长的作用不会很明显。

长期来看，放松金融监管可能会带来以下影响：

长期影响取决于具体哪部分监管规则会被废除。从特朗普团队的表态来看，核心目标是放宽对银行的限制，以增加信贷供给，长期来看这可能会引发系统性风险。鉴于债务的快速增长是大多数金融危机爆发的主要根源，不计后果地放松监管可能会导致另一次金融危机的爆发。

美国放松金融监管将会对全球尤其是欧洲产生溢出效应。与美国的银行不同，欧洲及其他地区的银行在经济危机后并没有恢复竞争力，许多银行面临的形势仍很严峻。欧盟的一些监管机构实际上正在试图施加更为严格的资本和流动性要求（在奥巴马时代，美国是《巴塞尔协议 IV》的强有力支持者）。随着美国放松金融监管，《巴塞尔协议 IV》可能永远不会落实，国际上制定统一监管议程的努力将会受到削弱。欧盟监管机构普遍认为特朗普放松监管将会加剧金融风险，埋下金融危机的隐患。此外，欧洲各国为保持本国银行业的竞争力，可能会被迫过早放宽监管，从长远来看，可能会对尚未做好准备的银行业造成损害。

（四）中国的金融监管

尽管中国对美国的直接投资增长很快，但由于近期资本项目管制的加强，中国对外跨境证券投资的空间有限，因此中国并不需要跟随美国的步伐放松金融监管。事实上，中国金融监管发展方向可能与美国截然相反。金融危机后，美国的私人部门经历了去杠杆化的过程，同时他们的资产负债表得到明显改善，而美国的银行业则迅速转型。相反，中国的金融风险在各个经济部门的快速信贷扩张和加杠杆中不断加剧。

债务增长：根据国际清算银行的数据，2016 年 6 月，中国非金融企业的总体信贷规模累计达到 GDP 的 167%，远远高于美国的 72% 以及新兴经济体的 106% 的比重。企业债务和银行不良贷款的快速增长引发了各方高度关注。2016 年 9 月，国际清算银行发布报告，警告中国未来 3 年内爆发银行业危机的风险的比率将会不断上升。

房地产泡沫：中国 70 个大中城市的房地产价格急速上涨，加剧了政府和市场对资产泡沫的担忧。宽松的信贷是造成房地产市场投机行为的因素之一。金融危机通常来自债务的快速增长和资产泡沫的扩张，而这两个现象目前在中国都很突出。政府已经采取了严格的限购和限贷措施来抑制过热的一线和二线城市的房地产市场。

影子银行：影子银行体系在 2008 年金融危机的爆发和蔓延中起到了重要作用。因此，《多德・弗兰克法案》包含了很多与影子银行相关的条款。中国的影子银行发展迅速，预计已经占 GDP 的 58% 左右。传统上银行的表外业务并未被纳入监管，很大部分的信贷以理财产品的形式增长，削弱了监管透明度并加大了金融体系内的风险传染性。自 2016 年起中国人民银行将表外业务纳入了宏观审慎管理框架，这是加强影子银行监管的一项重要措施。在2016年12月召开的中央经济工作会议上，中国领导人将防范金融风险作为首要任务。央行也引入了短期政策工具调控利率（SLF和MLF）来遏制过度投机。

强化监管：从本质上看，中国当前的金融监管框架采用的是主体监管的模式，由金融机构的法律属性（例如，银行、证券公司或是保险公司）决定谁来监管其经营活动（如银监会、证监会、保监会）。然而，由于金融机构跨市场和跨部门业务日益增加，新的业务模式给监管机构带来了更大的挑战。在当前的监管模式下，不同类型金融机构相同或相似的产品或活动由不同的监管机构负责，从而导致了监管套利。此外，实践证明分割的监管模式难以对跨市场业务进行监管，因为单个监管机构缺乏对整个交易过程全方位的监控，因而难以准确判断市场风险。在2015年股市动荡中，信息不对称和监管措施无法协调一致就是最好的证明——证券监管机构没有及时获得基金从事保证金交易的真实信息，因为这属于银行监管的范畴。目前，中国正在讨论如何改革监管框架，包括重塑金融监管体系，目标是加强各监管部门的协作，制定统一标准化的监管规则，保障全方位覆盖市场风险。当前，中国人民银行、银监会、证监会、保监会四大金融主管部门正在致力于建立一套统一的资产管理产品规则，这意味着政府已在更高层面努力进行协调，以加强金融监管。

结论

美国的政策变化可能会对中国产生重要的影响，但这种影响因政策的性质不同而有所不同。美国货币政策正常化会对中国产生溢出效应。鉴于短期内经济增长复苏、房地产价格上涨和金融风险增加，中国实际上已在退出货币刺激政策。两国货币政策同步也将有助于防止人民币对美元贬值，这显然符合中美双方领导人对货币问题的理解。美国税收政策的变化可能会使美国更加吸引中国企业的投资，同时也促使中国的决策者开始本国的税收改革。贸易战绝不能解决中美之间的贸易失衡。中国可以增加对美国商品的进口并向美国开放一些服务业部门，而美国则可以放宽对技术产品出口的限制。鉴于中国强大的专业经验和资金可获得性，两国在基础设施建设领域的政策协调空间十分巨大。与美国不同，中国需要加强金融监管，提高监管机构之间的政策协调，从而遏制金融风险。

美国财政政策变化及其对美国经济的影响

卡伦·戴南[①]

提要：2016年美国大选以来，美国民众对美国经济乐观的支持率大幅度上升。然而由于财政和货币政策的调整受到诸多限制，很多问题尚不明确，新一届政府的政策为美国经济带来高速增长的预期很有可能不会成为现实。

2016年美国大选后，居民和企业对美国经济的信心显著上升，显示出美国人民期待新总统的政策能够提升短期和更长期的经济表现。但是，这些期望有可能会落空，原因是政策变化的范围可能会比较有限，而且变化的程度可能不及预期。

对美国经济的乐观情绪上升

近几个月来，美国民众对美国经济增长的乐观情绪显著上升。如图1-10所示，消费者对未来经济状况的预期在2017年底将显著好转。

① 作者卡伦·戴南（Karen Dynan）系PIIE非常驻高级研究员，美国财政部前助理部长、首席经济学家。本文版权由彼得森国际经济研究所所有，翻译版权由中国金融四十人论坛所有（）。

如图 1-11 所示，对小型和大型企业主的调查也显示出乐观情绪急剧增长。甚至对专业人士预测的调查也显示如此（见图 1-12）在经过了数年的不断下调后，专业人士预测调查显示，对未来 10 年实际 GDP 增长的中位数预测于 2017 年年初开始上升。

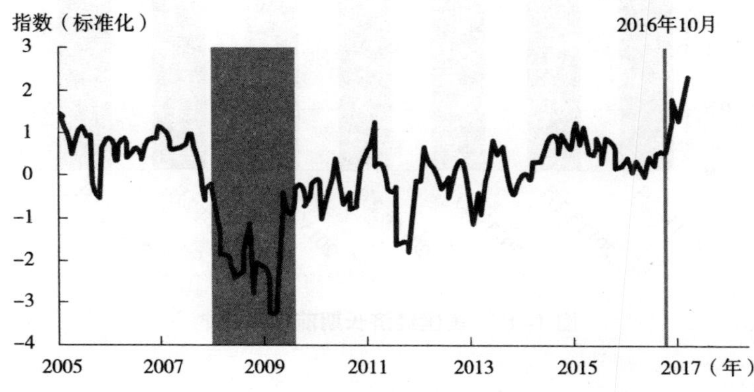

图 1–10　美国消费者期望 ①

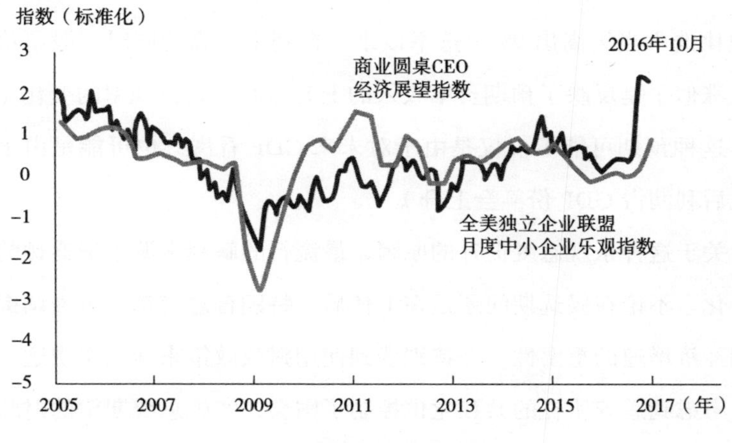

图 1–11　美国商业信心指数 ②

---

① 数据来源：世界大型企业联合会；最后数据时点为 2017 年 3 月。

② 数据来源：商业圆桌（最后数据时点为 2017 年 2 月），独立企业联盟（最后数据时点为 2017 年 3 月）。

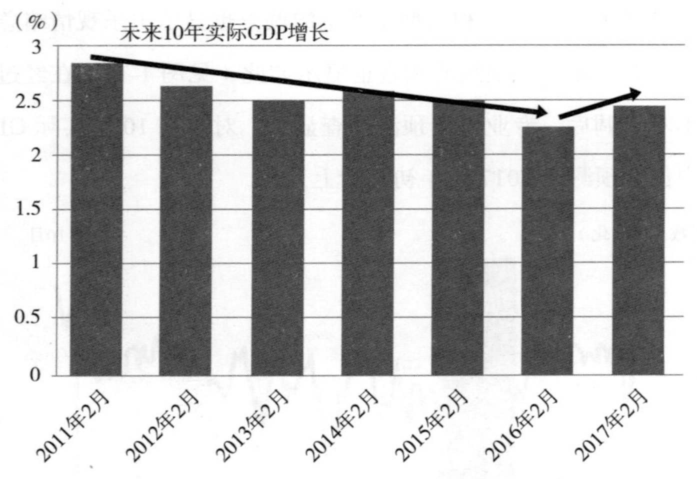

图 1–12　美国经济长期前景预测[①]

美国股票价格自美国大选以来的大幅上涨也证明了特朗普当选后美国民众对经济的乐观情绪。截至 2017 年 4 月中旬，标准普尔 500 指数比选举当天高出 9%。选举以来，在利率变高的同时，股票价格的上涨似乎是反映了预期资本收入的上升，而不是折现率的变化（当然，这种预期可能不仅仅是由于对未来 GDP 看涨，也可能是由于认为税后利润占 GDP 份额会上升）。

关于这种乐观态度提升的原因，最流行的解释来源于华盛顿的政治变化。不论在候选期间还是在上任后，特朗普总统都一再强调提升美国经济增速的重要性，并特别谈到使用财政政策来帮助实现这一目标。考虑到总统所在的共和党也控制了国会，实施总统期望的财政变革的预期也进一步加强。当然，由于共和党人在参议院通常仍需要 60 票才能通过立法（在“预算调整程序”之外），所以他们需要至少得

① 数据来源：专业预测人士调查。

到 6 位民主党或独立人士的支持[①]。尽管如此，总体来看，总统期望的政策变化将会得到实施，并将从根本上改变美国经济趋势的预期。事实上，如图 1-13 所示，自从选举以来，相信政府正在经济政策上“做得不错”的家庭比例急剧上升。

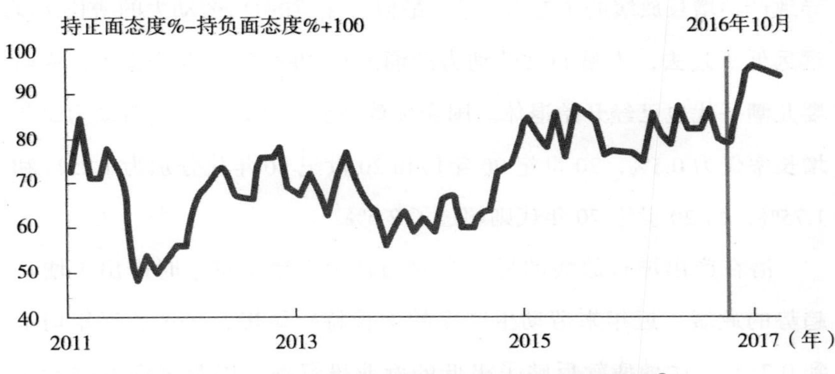

图 1–13　消费者对美国政府经济政策的看法[②]

美国经济增长面临的挑战

按照历史标准，美国国内生产总值近年来表现不佳。2011 年年末—2016 年年末，美国实际国内生产总值年均增长速度仅略高于 2%。这一增长速度略高于 2000 年以来的平均水平，但远远低于 25 年前（1991 年）3.25% 左右的平均水平。尽管专家们对于潜在产出增长的确切速度（以目前的政策和制度为基础的可持续的长期产出增长

---

① 预算调整程序允许某些类型的立法快速通过。作为每年预算过程的一部分，国会领导人通过的预算决议可以包括某些指示，例如通过税务改革降低预算赤字。调整法案不能在参议院遭遇议事阻挠，这意味着可以由简单多数通过（需要 60 票来阻止议事阻挠）。一个关键的限制是，根据伯德规则，调整法案不能提高 10 年或更长期的赤字。

② 数据来源：密歇根大学消费者调查（最后数据时点为 2017 年 3 月）。

率）存在一些分歧，但大多数预测者认为潜在的产出增长已经大幅下降。例如，无党派的国会预算办公室（CBO）估计，未来10年的潜在产出平均增长率仅为1.8%，低于1975—1999年3.2%的平均水平。

正如近期的评论和学术文章强调的那样，经济供给方面的趋势是导致产出增长放缓的主要力量[①]。最值得注意的是，劳动力的增长速度远远低于过去，大量妇女劳动力的涌入在2000年左右停止了，而且婴儿潮一代也已经开始退休。国会预算办公室估计，目前劳动力每年增长率仅为0.5%，20世纪90年代和20世纪80年代分别为1.25%和1.75%，而20世纪70年代则超过了2.5%。

潜在产出增长放缓的另一个原因是生产率（每小时产出）增长趋势的放缓。近年来劳动生产率的增长特别缓慢，过去5年年均不到0.75%，这种疲软反映了极低的商业投资率，以及缓慢的创新速度（后者在经济衰退之前就已存在）。大多数预测者预计生产率增长将从近期的低水平回升，但仍将保持在历史较低水平。例如，国会预算办公室预计非农业部门的生产率增长趋势在未来10年平均为1.75%。

当然，经济增长并不仅仅是由供给侧的因素决定的，对于货物和服务的需求也发挥着重要的作用。在目前的环境下，总需求的提振将如何影响GDP增长取决于美联储的态度。联邦储备委员会成员和联邦储备银行行长的最近声明以及联邦公开市场委员会会议发布的经济预测表明，至少联邦公开市场委员会的一些成员愿意让GDP增长在未来几个季度比潜在产出增长稍高一些。

虽然扩张性财政政策可能会通过增加需求在短期内提振国内生产

① 参见Furman（2017）及Fernald，Hall，Stock和Watson（2017）。

总值，但是面临着财政刺激措施，美联储可能会更快地提高联邦基金利率，因而对短期经济增长的净影响将会有限。此外，财政刺激措施本身并不能实现更长期的持续高增长。要实现这一目标，需要实施政策以影响供给侧的产出决定因素，包括劳动力参与率和生产率增长，或两者兼而有之。

税收政策

在共和党于 2017 年 3 月底废除美国平价医疗法案的行动失败后，税收改革在立法中备受瞩目。政府和国会的共和党领导人将税收改革作为一个关键目标。

在谈论税收改革促进经济增长的话题时，企业税是最经常被提及的。美国是世界各国征收企业税率最高的国家之一，而有效边际企业税率在二十国集团中位居第四[①]。较高的企业税率会打击商业投资，还会导致美国企业和外商企业将其业务更多地转移到国外。此外，美国的公司税制还存在一些扭曲经济行为的特征，在许多情况下，行业领先企业在投资时不仅要考虑项目的经济回报，还要考虑税收因素。许多改革公司税制的建议要求降低税率，并进行其他改革，以减少目前制度产生的扭曲。税率的大幅下调可以刺激更多的投资，增加存量资本，而减少扭曲可以使任何特定规模的存量资本更有生产力。

个人所得税税制也影响美国经济的增长。个人所得税税制还可以影响企业的行为，因为目前近 40% 的营业收入是通过个人所得税而

---

① 参见 CBO（2017）。

不是企业所得税来征税[①]。较高的个人所得税税率抑制了努力工作的动力和储蓄，从而也可能影响经济的增长。然而，大多数经济学家认为，这种税率对行为的影响小于税率对纯粹的财务决策（例如何时实现资本收益）的影响。

对税收改革前景的乐观来源于多个方面。过去几年来，国会两党对于税收改革一直很有兴趣。众议院共和党领导人在2016年夏天提出了自己的执政蓝图，对这一问题做出了重大承诺[②]。此外，如果改革建议不影响10年或以上的收入（只有某些改革建议如此），那么原则上税收改革可以通过预算调整程序进行，即仅需得到50名参议员的支持。最后，由于在医疗法案方面的立法辩论已基本完成，国会将尽快转向税收改革，并且将受到较少的干扰，信念也更加坚定。

尽管两党都长期对税改兴趣浓厚，但自上次重大税改以来，至今已有30年没有进行重大改革，其中原因复杂。收入中立的税收改革方案通常会使得受益和受损的人群各占一半，而利益受损的人群会努力反抗。减轻公司税收负担或减少对资本收入征税以支持经济增长的税收改革，往往会减轻高收入人士的税收负担，这在政治上难以具有说服力。此外，从收入和分配角度来看，中立的改革建议对经济的影响可能是有限的，这一点从国会议员戴夫·坎普（当时的众议院筹款委员会主席）在2014年2月发布的综合税制改革方案中可以看出来，该方案主要内容的设计着眼于大致符合收入和分配中立的目标[③]。而无党派的联合税务委员会（JCT）认为该方案对经济增长的影响非常小。

① 根据Tax Policy Center（2017），2012年36%的企业收入还要缴纳个人所得税（最新可得数据）。

② 参见 House Republican Leadership（2016）。

③ 参见 House Ways 和 Means Committee（2014）。

如图 1-14 所示，该方案预计可能在 10 年后提高美国国内生产总值 0.1%~1.6%。这个范围的中值意味着对年均增长率的提升不到 0.1%[①]。

当然，其他税收建议也可以达到收入和分配中立的目标，对经济的影响估计也会略有不同。此外，共和党国会领导人可能决定放松这些限制。但是，正如上文所述，大量选民不欢迎分配上不中立的建议，而放松收入中立要求也意味着该计划不能通过预算调整程序进行，所以共和党人需要赢得一些参议院民主党人的支持来凑齐通过方案所需的 60 票。

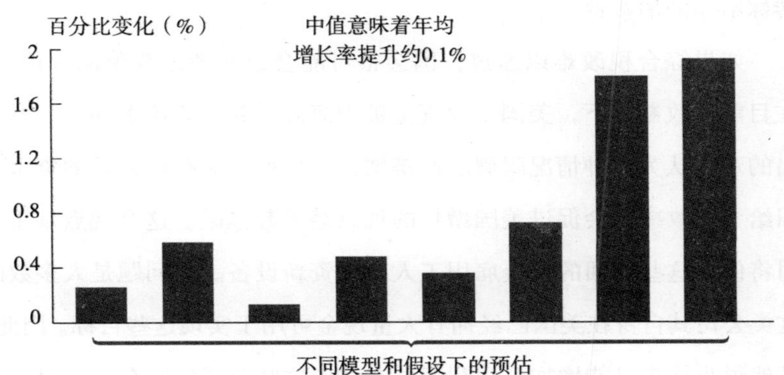

图 1–14　联合税务委员会对特朗普竞选方案在未来 10 年对实际 GDP 影响的预估[②]

目前关于税收改革的辩论中一个特别的问题是边境调整税（BAT）。边境调整税具有一些重要优势（包括可能使美国税收制度与采用增值税国家的税收体系相协调），这也是其能够得到一些顶尖的

① 参见 Joint Committee on Taxation（2014）。

② 数据来源：联合税务委员会，美国国会。

经济学家支持的原因[①]。然而，在评估边境税对经济的影响时，一个非常重要的问题是美元的价值将如何随之变化。经济模型表明，美元的价值将上升到足以完全抵消边境税对出口和进口的影响（在其他条件不变的情况下）。这种调整对经济是有积极影响的，但会削弱非经济学家常常提到的一个“好处”，即边境税会减少贸易赤字。此外，美元的全面调整边境税将会使美国在海外资产的美元价值大大降低，并有可能会破坏国际金融体系。反之，如果美元没有得到充分调整，美国进口商将面临巨大的成本压力，在一定程度上损害进口商利润或被转嫁给美国消费者[②]。

如果综合税改难以通过，国会很可能会退而考虑改革部分税法。在目前税收制度下，美国企业资金被困海外引起了广泛关注。一些突出的观点认为这种情况阻碍了经济增长。然而，对跨国公司的资金汇回给予税收减免会促进美国增长的观点经不起推敲。这个观点基于公司将使用这些调回的资金雇用工人或投资新设备。但问题是大多数的这类公司其自身在美国已经拥有大量现金可用于实现这些目标。因此，虽然税收优惠可能增加公司利润并有利于这些公司的股东，但对招聘和投资的直接影响可能是有限的[③]。

如果税改不成功，则有一个后备选择是国会简单地施行减税。这样做共和党领导人就可以说他们在税收方面做过一些事情。虽然在预算调整程序中通过参议院的简单多数法则无法通过永久性减税方案，但是可以像 2001 年那样，通过在 10 年内到期的减税方案。当然，一

① 参见 Auerbach 和 Holtz-Eakin（2016）。

② 彼得森国际经济研究所有大量关于 BAT 相关风险和收益的研究文章，对相关研究的概述参见 Freund（2017）。

③ 在对资金汇回的税收减免不会增加投资方面也有一些历史证据，参见 Gale 和 Harris（2011）。

些共和党人对于即使在短期内增加赤字的减税也可能难以接受，但是取得成果的另一个办法是将对中产阶级的支持纳入减税中，从而吸引一些民主党人的投票。

在对美国经济的影响方面，减税会促进总需求，但如上所述，美联储对需求刺激措施的反应将限制减税对经济增长的短期影响。同样，对增长的更长期影响可能也是有限的。如前所述，现有证据表明，减税对工作努力程度和个人储蓄的影响并不大。此外，更大的赤字对增长的负面影响还可能会抵消减税对增长的正面影响。

总而言之，实现重大税改虽有可能但可能性较低。而实现两个后备之一的可能性似乎要高得多，特别是减税。但是，即使是全面的税改对增长的影响也可能相当有限，更何况是后备方案。尤其是从中长期来看，税改所带来的影响要小得多。

财政拨款

在接下来的几个月里，美国国会将进行财政拨款，这是分配自主性的国防和非国防支出的过程。其中，第一要务是为政府提供自 4 月底（当前的“持续决议”到期）至 9 月底之间的财政年度剩余时间的资金，而这仅是 2016 年遗留下来的工作。共和党人需要民主党人的支持来通过拨款法案，这是由于此法案在参议院需要 60 票，而且“众议院自由核心小组”的成员不大可能支持其他大多数国会议员认为合理的支出水平的法案。在目前两极化的政治环境中，获得民主党人的支持并不容易，在 4 月 28 日截止日期之前不能达成决议而导致政府“关门”的风险一直存在。但是，由于共和党人要承担政府“关门”的大部分责任，因此他们会尽可能努力避免。

下一步将是确定2018财政年度的拨款。3月中旬，特朗普总统发布了所谓的"瘦身预算案"，概述了他在2018财年期间的联邦自主性支出计划。预算要求的2018年度自主性支出为1.151万亿美元，比2017年度的估计实际水平下降了140亿美元（见图1-15）[①]。总体来看，拟议的2018年度自主性支出额与《2015年两党预算法案》（"BBA"）所允许的国防和非国防自主性支出额上限的总和差不多。然而相比BBA上限，特朗普"瘦身预算案"将国防支出增加了540亿美元，相应地非国防支出有所下降。但该文件只能粗略地反映总统的预算计划，因为它没有讨论税收政策或强制性支出计划，如社会保障、医疗保险和医疗补助（目前占联邦政府总支出的60%以上）。

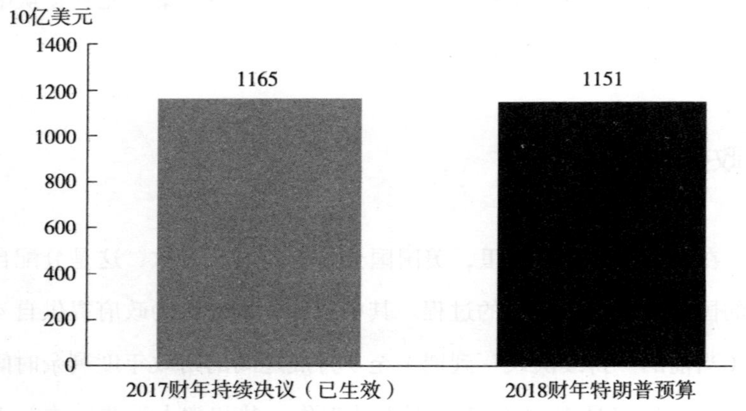

图1–15　联邦自主性支出（10亿美元）[②]

思考特朗普"瘦身预算案"在短期内如何影响美国经济，关键是要观察拟定的支出水平与2018年度实际的联邦支出相比会如何。相

① 参见White House（2017）。图15中的数字是"自主性预算总授权额度"，包含一些没有上限约束的自主性资金。

② 数据来源：美国第一预算蓝图。

对于 2017 年度联邦自主性支出水平，140 亿美元的下降意味着总需求将带来紧缩的压力。如果假设一个合理的乘数，这种下降的影响可能会相当小，大约为 0.1% 的水平。但更令人担忧的是，联邦非国防自主性支出大幅下降对经济增长的拖累。这一类别包括减少基础设施、重点教育和培训资金以及研究和开发方面的投资，而这些支出将影响经济增长的长期表现。在预算中，联邦非国防自主性支出将下降到国内生产总值的 2.75% 左右，远低于过去 50 多年的规模（见图 1-16）。由此看来，特朗普预算似乎并非“有利增长”，实际上，鉴于利率处于历史低位，许多人认为最好的决策是现在就增加这些长期投资[①]。

图 1–16 非国防自主性支出[②]

从实际情况看，总统的预算从未得到完全执行。相反，它们仅表明政府的优先事项，并为国会预算决定奠定基础。然而，特朗普预算（迄今为止）对于国会最终颁布的支出水平影响似乎非常有限。与

① 参见 Elmendorf 和 Sheiner（2016）。

② 数据来源：国会预算办公室；美国第一预算蓝图；作者计算。

2017财年的拨款法案相同，需要60票才能使参议院通过2018年度拨款法案；而此方案不能通过预算调整程序以简单多数通过。该情况实际的含义是，将削减程度减弱，以便国会领导人赢得一些参议院民主党人士的支持。

考虑到这些因素，预算谈判很可能导致联邦政府支出超出了《2011年预算控制法案》（BCA）所规定的上限，该规定本应于2013年1月1日起施行。总体来看，国防开支似乎很可能比2017财年有所上涨，因为这受到了国会成员的普遍欢迎。不过，相比2017财年的水平，非国防自主性支出下降的可能性很小，因为尽管国会的一些成员（和一些公民）一般都会嘲讽政府的计划，但在具体实行削减时，人们的立场就会发生动摇，例如削减美国国立卫生院的研究资金（事实上，参议院的一些共和党议员已经对特朗普削减预算计划的一些具体项目表达出了强烈的反对意见）。

总而言之，虽然我们可能看到2018年的拨款有所增加，但是仍不足以跟上潜在产出的增长速度。

其他增长相关政策

（一）强制性政府支出

国会将需要通过2018财年的预算决议，以使税改进入调整程序。这样做将意味着其他类型支出的计划，特别是与福利相关的计划。过去几年通过大幅削减福利支出进一步削减年度拨款，共和党预算计划已经实现了10年的平衡预算（获得国会更保守的成员支持的条件）。尽管支持这些预算决议，但共和党国会议员并没有提出任何纳入这些削减的立法。在现在共和党同时控制白宫时是否会这样做还有待观察。

（二）基础设施政策

特朗普总统提出创建一个可以提供1万亿美元用以支持基础设施投资的计划。然而，截至目前没有给出任何关于如何实现这一点的具体细节，包括支持的形式或方案的时间安排。目前，华盛顿只顾得上税改，并且国会共和党人尚未协商一致，因此关于基础建设的举措在短期内似乎不太可能发生。

虽然对基础设施的私人提供商进行一些补贴可能会被纳入税收计划。但这对长期增长的影响将是有限的。一般来说，基础设施的税收优惠对资本存量的影响要小于对基础设施的直接支出，因为这些补贴所支持的私人投资中的一部分本来可以通过其他渠道的融资来完成。此外，这种税收补贴不会解决基础设施方面一些重要问题，例如维修现存的基础设施。

（三）医疗政策

2017年年初，废除和取代平价医疗法案主导了新一届政府和国会的议程，但这一努力在《美国医疗保健法》未能通过的情况下以失败告终。政府目前仍有办法削弱平价医疗法案，例如，不执行与个人强制条款相关的处罚或不维护交换网站。考虑到私人保险市场由此受到的影响可能会被归咎于政府，政府是否会这样做还不确定。无论如何，削弱平价医疗法案都会对个人层面的经济安全产生影响，而其对宏观经济的影响并不大。CBO估计，即使平价医疗法案被完全废除，劳动力供给量会得到增加，也仅能使国内生产总值水平在5~10年间平均提高约0.7%[①]。

（四）监管政策

总统在竞选期间承诺削减企业法规，并于在上任后不久就发布了一项行政命令，要求联邦机构每发布一条新法规，需要同时废除两项法规。但是，政府对法规的整改面临着一些重要的障碍。第一，尽管改变联邦法规无须走立法程序，但改变已经完成的法规通常是漫长而复杂的过程。第二，正如奥巴马政府的重大监管变化因不符合法律而出现诉讼一样，一定会有认为新的监管变化不符合法律的诉讼出现。第三，一些被认为影响了经济增长或经济活力的法规是在州和地方层面制定的，例如妨碍基础设施项目的法规或者限制特定行业准入人群的法规等。

许多类型的法规的确会影响产出和就业的构成，但对经济总规模没有最直接的影响，因为它们仅会在很大程度上改变支出的构成（例如，从对一种能源支出转向对另一种能源的支出）。此外，货币政策总体上可能会抵消企业成本降低带来的短期刺激性影响。

关于长期增长，似乎有些类型的监管救济可能会刺激更高的投资或更快的生产率增长，然而，实证表明这些效应的规模其实并不明确。许多经济学家认为由于所使用数据的问题，这些文献的结果都不可信。当然，这些收益也可能会以牺牲社会目标为代价。

---

① 参见Congressional Budget Office（2015）。

（五）移民问题

特朗普·总统宣称应限制移民，包括沿墨西哥边界筑墙，虽然这个想法在其支持者中很受欢迎，但并不利于国内生产总值的提高。如前所述，美国经济增长速度比以往更为缓慢的一个主要原因是劳动力增长率下降，而减少移民只会加剧这一趋势。还有一些证据表明移民对生产力的增长是有好处的。例如一项研究发现，移民申请的数量是美国本地出生人口的两倍[①]。

结论

美国经济似乎正在以大约 2% 左右的速度稳定增长，与大多数预测者认可的目前可持续的实际 GDP 长期增长率相似，远低于 20 世纪后半叶平均每年超过 3% 的增长率，主要原因是人口因素导致劳动力增长放缓。政策的确也是促进经济增长的重要因素，但为了持续提高增长，需要改善供给侧驱动因素，如生产率增长和劳动参与程度增加。调查显示，消费者和部分企业对新政府的政策将会推动经济增长率提高备感乐观，但实际的政策变化不可能从根本上改变美国经济的发展趋势。一方面，财政政策变化可能有限，对经济长期增长影响不大。另一方面，其他领域的政策变化（如医疗保健、监管和移民）也可能小于预期，对国内生产总值的长期增长仅有很小的正面（有时也是负面的）影响。

① 参见 Hunt 和 Gauthier-Loiselle（2010）。

美国经济的潜在增长率及政策如何对其产生影响

杰森·福曼[①]

提要：当经济处于或接近充分就业状态，短期内通过增加总需求来促进增长的空间相对较小。长期来看，健全的政策可以提高潜在经济增长率，但是有问题的政策（例如史无前例的贸易限制）也可能减缓增长速度。总体来看，最可信的是，政策所带来的影响可能接近于零或略为负数。

若要评估特朗普总统经济政策的可取性，除了经济增长效应，还要考虑对收入分配的影响，移民的社会经济影响，或贸易政策对外交政策的影响等。总而言之，特朗普总统政策建议的推行将会加剧不平等现象，即使最后总体增长较高，中低等收入家庭的收入在未来相较于现行政策之下可能会更低。

国会预算办公室（CBO）预测未来10年（2016—2026年）美国的潜在国内生产总值增长率达1.8%，这与联邦公开市场委员会

① 作者杰森·福曼（Jason Furman）时任PIIE非常驻高级研究员、美国白宫经济顾问委员会前主席。

（FOMC）对长期增长的中位数预期相同。Blue Chip 专业预测员的结论则更为乐观，达到了 2.2%。同时还有人推测，3% 或 4% 的增长率也可能是一个现实的目标。究竟谁的理解是正确的，以及回答此问题的答案在多大程度上取决于政策制定者的决定呢？

关于“未来潜在增长点将是什么”这个问题的答案与其不可预知性同样重要。重要的原因在于增长是影响预算预测的重要因素，并对长期财政失衡的程度产生重大影响。同时，至少从历史经验来看，它的不可知性是因为它取决于影响经济的一些最难解释的或最不容易提前预测的因素，而这些因素中最重要的就是劳动生产率的增长。

但是，上述问题的答案中有一个至关重要的部分是众所周知的，即未来十年的人口结构。尽管未来 10 年美国人口老龄化的问题并不像其他发达经济体那样严重，但这一问题仍将是未来几年经济增长的主要阻力。

本文试图通过结合未知因素（未来生产率增长、劳动力市场表现）与已知因素（人口结构的演变）来回答增长前景的问题，这个问题通过两种方法来解答。第一种方法是，通过利用潜在劳动生产率增长、劳动力参与率及每周时间的历史经验来模拟未来潜在增长的一系列情况。通过建构，这些预测以 CBO（首席品牌官）预测的 1.8% 为中心，依据对潜在供给侧投入要素的历史变动情况，提供围绕 1.8% 预测值的置信区间。这一方法得出的结论是，在相对较坏的情况下（结果的第 10 个百分位），美国将在未来 10 年以每年 0.9% 的速度增长。相对乐观的情况是年增长率为 2.7%（结果的第 90 个百分位）。下一个 10 年的增长率只有 4% 的可能性会超过 3%，而超过 4% 的可能性小于 0.1%。值得留意的是，这些概率既反映了基础经济自身包括劳动生产率及劳动市场的不确定性，也包括一系列未来可能的政策变化以及这些变化在历史上对美国经济的影响。

本文探讨了特朗普当局可能采取的一系列具体经济政策对短期和未来10年的年平均增长率的影响。短期而言，财政刺激措施可能导致经济上涨，或者严重偏离此前的贸易政策从而导致经济下行，而这两种情形在政治上和经济上都是站不住脚的。粗略测算，未来10年特朗普总统提出的政策（原则上）将对美国年增长率有大约正负半个百分点的影响，最有可能的结果是接近零。当然，最终结果也与实际政策的颁布和实施程度紧密相关。

潜在增长率区间

本节旨在估算未来10年（2016—2026年）美国潜在实际国内生产总值（GDP）的增长[①]。因此，它剔除了任何可能导致增长高于或低于潜力的周期性发展因素。考虑到我们拟研究的周期的长短以及当前美国经济基本处于充分就业状态，这是一个合理的假设。

该估算是从以下等式开始：

$$\text{潜在产出}=\left(\frac{\text{潜在产出}}{\text{时长}}\right)\left(\frac{\text{时长}}{\text{潜在劳动力}}\right)\left(\frac{\text{潜在劳动力}}{\text{人口}}\right)(\text{人口}) \quad (1)$$

同样的等式也可以以增长率的方式呈现。

$$\begin{aligned}\text{真实 GDP 增长} = &(\text{劳动生产率的百分比变动}) + (\text{平均周工作时长的百分比变动}) + (\text{劳动参与度的百分比变动}) \\ &+ (\text{人口的百分比变动}) \quad (2)\end{aligned}$$

这个等式说明，GDP的增长可被理解为每小时产出的增长（或劳

① 由于国内一些生产总值供给方并没有经季节性调整的季度数据可用，因此以下分析使用年度平均值的变化（而不是第四季度相对于上年第四季度的变化）用于估算和预测潜在GDP及其投入要素。

动生产率）与劳动投入增长之和。劳动投入同时又是劳动时长增长，劳动参与率增长及人口增长的结果。

中间情形

该预测的中间情形使用 CBO 对 2016—2026 年潜在国内生产总值增长率为 1.8% 进行预测。CBO 预测的潜在非农业企业生产率年增长率为 1.7%，相当于整体经济 1.4% 的潜在劳动生产率年增长率[①]。将这一预测与历史对比更方便理解。1.7% 的非农业企业生产率年增长率相较于第二次世界大战后美国的经济表现，是一个相对悲观的数字（是 CBO 对 1949 年以来潜在生产率增长 10 年变化预测的第 27 个百分位），但与近年来的表现相比则非常乐观（根据 CBO 的估计，过去 10 年潜在非农业生产率的年增长率为 1.2%）。总的来说，CBO 的预测大致符合自 1973 年以来其对年平均潜在生产率增长的估计。

中间情形也在尽可能的情况下使用 CBO 对其他潜在实际 GDP 投入要素的假设。CBO 对 GDP 投入的预测意味着，在未来 10 年内，每个工人的平均周工作时数将保持不变，如图 1-17 所示。

CBO 还假设在未来 10 年内，经“年龄—性别”调整后的劳动力参与率将略有增加。然而，由于整个人口的“年龄—性别”结构将在未来 10 年发生变化，特别是考虑到国内人口红利优势渐渐失去，并且 CBO 预计剩余周期性差距将会缩小，整体潜在劳动参与率每年将

---

① 需要留意的是，该方程式中每小时工作量或劳动生产率涵盖了整个经济体。从历史上看，整个经济体的劳动生产率年均增长幅度较非农部门低 0.3%，而后者是劳动统计局（BLS）季度报告中更常见的衡量指标，因为前者包括如政府等行业，其生产率增长相对较慢（甚至为零）。在下面的分析中，我将用这个 0.3% 来预测潜在生产率增长，从而获取衡量经济总体潜在生产率增长的方法。

下降约 0.2 个百分点，如图 1-18 所示。自 20 世纪 50 年代以来男性年龄调整后的参与率基本一直处于下降趋势，而女性的参与率则自 2000 年左右以来也在不断下降，这一情形相对于过去劳动参与率而言是乐

图 1–17　非农行业单个工人平均周工作时数 ①

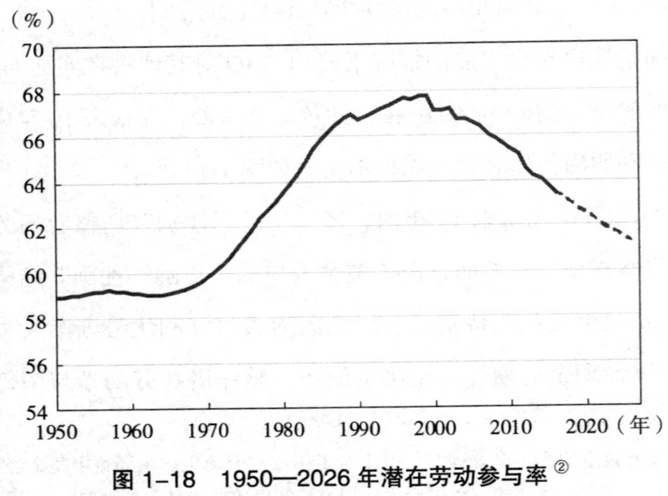

图 1–18　1950—2026 年潜在劳动参与率 ②

① 数据来源：生产力和成本数据来自劳工统计局；作者计算。

② 数据来源：当前人口调查数据来自劳工统计局；国会预算办公室；作者计算。

观的。这一参与率也被应用在了 CBO 对未来非集体户人口（Civilian noninstitutional population）增长的预测中，这与人口普查局对常住人口增长的预测相类似。

总体而言，CBO 对未来 10 年潜在国内生产总值增长率为 1.8% 的预测与 1949—2007 年年增长率为 3.5% 的预测率之间的差距，有 2/3 可归因于两个时期人口结构的差异，而另外 1/3 则源于潜在生产力增长低于战后平均水平的假设。图 1-19 显示出了黄金年龄段（25~54 岁）人口的增长，展示了人口变化的显著程度。20 世纪 80 年代人口增长率增至 2% 以上达到峰值，此后便不断下降直至目前刚超过零的水平，这一数字在未来 10 年也不大可能回升到 0.5% 以上。

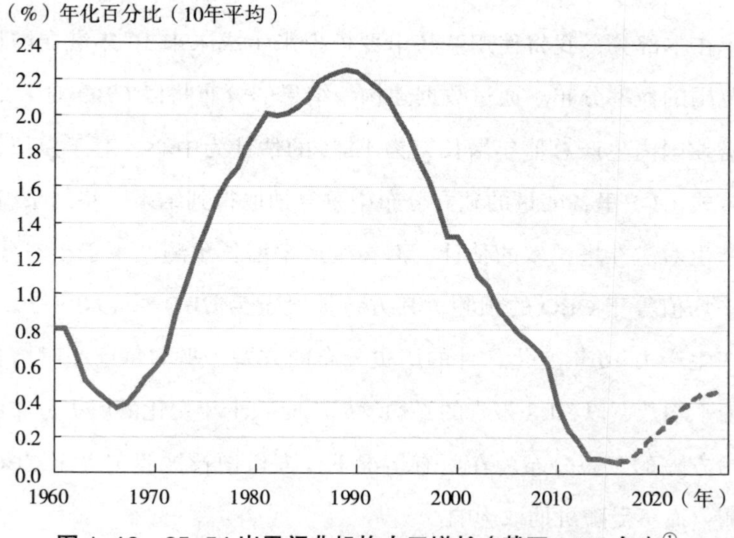

图 1-19　25~54 岁民间非机构人口增长（截至 2016 年）[①]

① 数据来源：当前人口调查数据来自劳工统计局；社会保障事务管理局；作者计算。

此外，导致生产率增长放缓的原因可能是由人口结构变化导致的。詹姆斯·费雷尔（2007 年）研究发现，劳动力年龄结构的变化与劳动生产率的变化相关。一般来讲，中年工人生产力最高，因此当人口变化导致黄金年龄的工人所占比例不断下降时，总体的生产力也随之下降。此外，最近对美国的研究发现，如果超过 60 岁人口的增长比率为 10%，与之相伴的是人均 GDP 增长在 10 年内下降 5.5%，而其中 2/3 的减少是由于生产率增长放缓所导致的（Maestas，Mullen，Powell，2016）。

预测环绕中间情形的区间

在本部分，我将使用蒙特卡罗模拟来生成未来 10 年潜在增长结果范围的概率分布。通过数据建构，结果的分布将以 CBO 对未来 10 年潜在国内生产总值年增长率为 1.8% 的估计为中心。对于模拟，先在等式（1）里各变量的独立分布中重复抽取得到结果，将结果组合，以产生对潜在增长率的估计。潜在生产率增长预测产生于正态分布，其平均值等于 CBO 的预测，其方差被设定为 CBO 对 1949—2016 年潜在生产力 10 年变化估计的历史分布的方差。平均每周小时增长以零为平均数，以 BLS 报告的平均每周小时数十年变化的历史分布的方差为方差的正态分布。在所有情况下，人口增长被假定等于 CBO 的预测，而不受随机抽取影响。

对于整体潜在劳动参与率的预测是对特定“年龄—性别”群体（16~24 岁、25~54 岁和 55 岁及以上；男性和女性）参与率预测的加总，同时还会用到社会保障管理局有关特定群体占人口整体份额的数据（比如假定总体人口的增长为给定值）。

$$\left(\frac{\text{工人}}{\text{人口}}\right)=\sum\left(\frac{\text{工人}_{\text{年龄、性别}}}{\text{人口}_{\text{年龄、性别}}}\right)\left(\frac{\text{人口}_{\text{年龄、性别}}}{\text{人口}_{\text{总计}}}\right) \quad (3)$$

在蒙特卡罗模拟中，对每个“年龄—性别”组，从参与率 10 年变化的独立分布中重复抽样。为了得到近似 CBO 的预测，即将潜在劳动参与率的下降主要归因于老龄化的影响，在此假设所有的分布均值为零（假设未来 10 年内各组内参与率无变化）。每个分布的方差来自相对应性别年龄组参与率 10 年变化历史分布的方差。一旦汇总，随机抽取的每一个组合都会形成一个相对于基线的未来 10 年劳动参与率的发展趋势，而这个基线假定“年龄—性别”调整后的劳动参与率没有变化；然后再结合 CBO 对潜在劳动参与率的估计，从而得到 2016—2026 年潜在劳动力参与率变化的趋势。

图 1-20（1）和图 1-20（2）展示了 1000 万次抽样模拟得到的潜在增长结果范围，其中包含概率密度函数及累积分布函数。汇总统计资料（如表 1-2 所示）。

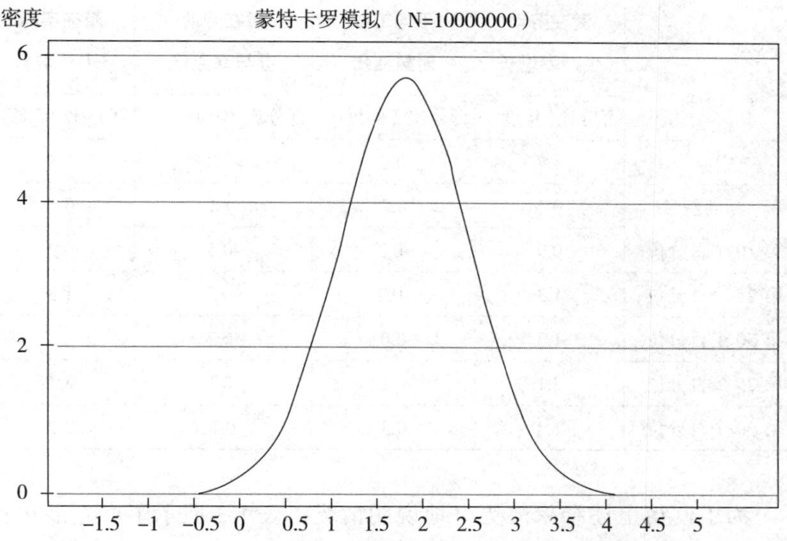

图 1–20（1）　潜在实际 GDP 增长（年度百分比，抽样模拟的结果）

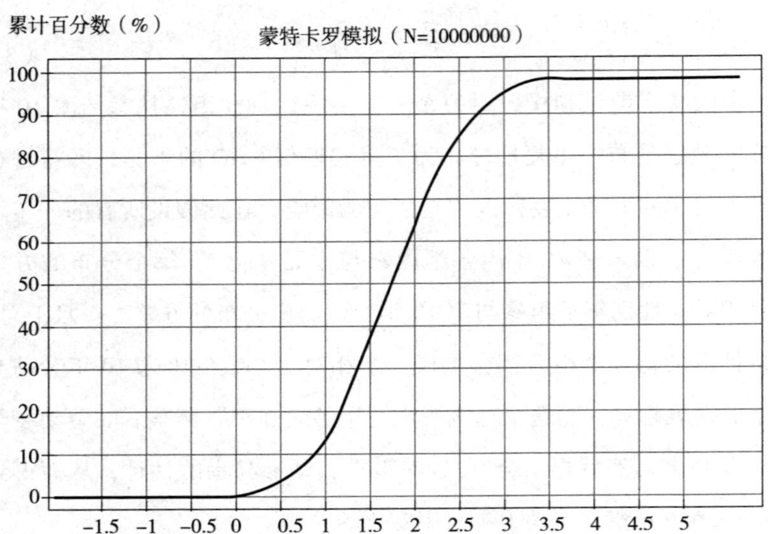

图 1-20（2） 潜在实际 GDP 增长（年度百分比，抽样模拟的结果）

表 1-2 蒙特卡罗模拟统计结果（n=10000000）

	潜在劳动生产率增长	平均工作时数变化	潜在劳动参与率变化	潜在实际 GDP 增长
	百分比（年度）	百分比（年度）	百分点（年度）	百分比（年度）
中值	1.7	0.0	-0.2	1.8
标准差	0.6	0.2	0.2	0.7
第 10 个百分位	0.9	-0.3	-0.5	0.9
第 25 个百分位	1.3	-0.2	-0.3	1.3
第 50 个百分位	1.7	0.0	-0.2	1.8
第 75 个百分位	2.1	0.2	-0.1	2.3
第 90 个百分位	2.4	0.3	0.0	2.7

为了使得上述结果能更好地说明情况，表 1-3 展示了产生潜在真实 GDP 增长在第 10 个百分位，第 50 个百分位和第 90 个百分位的具

体情形。该表分别显示了生产力增长及劳动力参与率的三种可能性，并显示了由每一个组合所产生的未来 10 年的潜在增长率（所有情形假定每周平均工时不变。生产率增长和参与度的不同情况［如图 1-21（1）和图 1-21（2）所示）］。

表 1-3 2016—2026 年不同的潜在真实 GDP 增长情形

生产率情景	劳动参与率情景		
	悲观（劳动参与率每年降低0.4%）	中性（劳动参与率每年降低 0.2%）	乐观（劳动参与率不变）
悲观（每年提高 1.1%）	0.9	1.2	1.5
中性（每年提高 1.7%）	1.5	1.8	2.1
乐观（每年提高 2.3%）	2.1	2.4	2.7

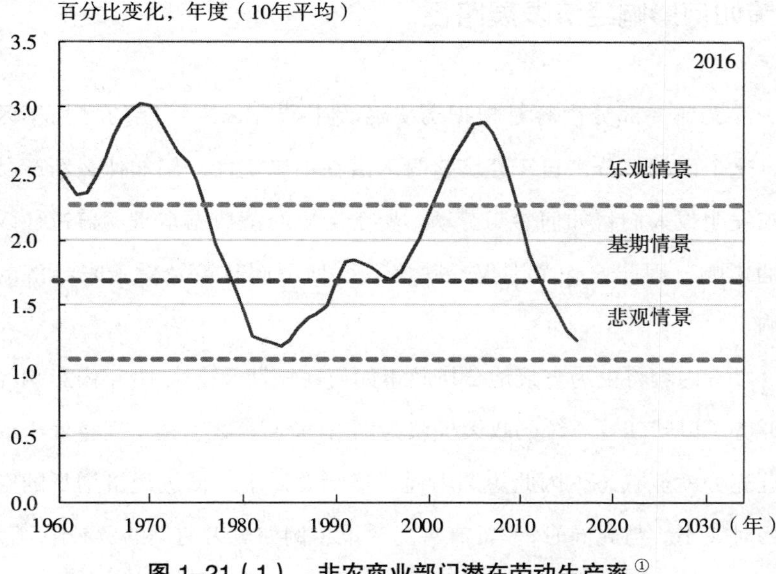

图 1-21（1） 非农商业部门潜在劳动生产率[①]

① 数据来源：国会预算办公室；由作者计算。

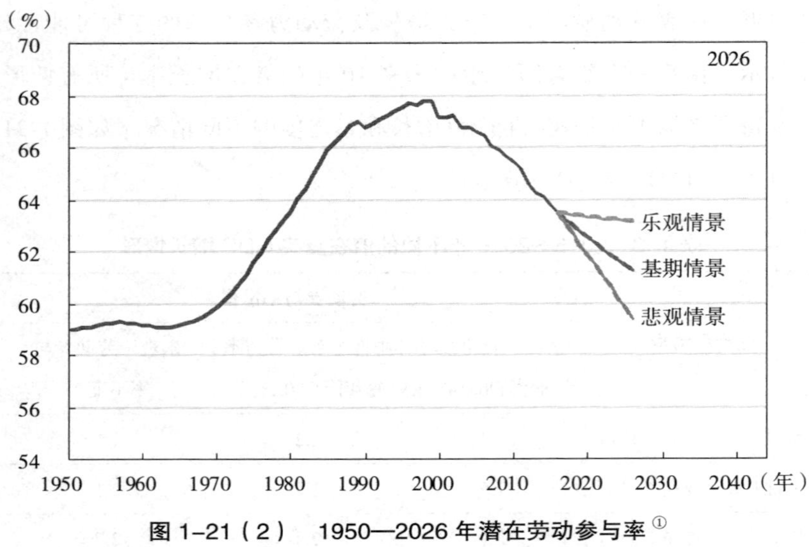

图 1-21(2) 1950—2026 年潜在劳动参与率[①]

政策如何影响经济发展路径

本文前一部分内容是根据历史经验来研究未来可能的增长率区间。这个区间部分来自于经济自身的潜在不确定性，例如什么新产品将被发明或人们将如何参与劳动。鉴于历史经济数据本身涵盖过往政策的影响，因此这一范围也反映出一系列不同政策及对未来经济的影响。

以下内容将更为直接地分析政策如何在短期及未来 10 年内影响经济形势（以特朗普总统的政策提议为例），简而言之，鉴于经济处于或接近充分就业状态，因此短期内通过增加总需求来促进经济增长的空间相对较小。与此同时，非常有害的政策（例如史无前例的贸易限制）可能导致短期增长大幅放缓，但这种政策至少短期内不会实施。迄

① 数据来源：当前人口调查数据来自劳工统计局；国会预算办公室；由作者计算。

今为止最有利于经济增长的政策将促进经济增长率每年提高约 0.5%，此为上限；相反，最不利于经济增长的政策则会导致经济增长率每年下降约 0.5%。总体来看，政策所带来的影响可能接近于零或略为负数。

短期政策

从理论上讲，财政刺激应该会对经济产生积极的短期影响，但是有 4 个原因可以说明上述影响很可能非常小。第一，特朗普总统和国会正在推动比奥巴马政府更大幅度、更快速度地减少赤字的举措。特朗普总统的“瘦削预算”意味着将大幅削减预算，而全额预算可能削减更多，并且，替代《平价医疗法案》的《美国医疗保险法案》也将导致赤字的净减少。第二，任何增加赤字的立法一般都不会立即取得较大的成效。一方面是因为通过相关立法的时滞，例如减税法案至少要等到 9 月才可能通过；另一方面是因为立法财政变动付诸实施的过程存在时滞，例如国防开支增加、基础设施投入耗尽等。第三，美联储有可能抵消大部分的财政刺激措施，而且时滞越长，美联储的反作用能力就越强。这些都基于他们认定经济处于或接近充分就业的前提，而证明上述前提的论据是大多数劳动力市场指数等同于甚至高于衰退前的平均值，除了劳动参与率这一指标，因其在衰退前的很长一段时间就一直处于下降趋势。第四，鉴于美国经济增长能力的制约因素，任何扩张性政策都会在刺激通货膨胀而非增加产出方面的作用更明显。

政策在短期内也可能带来下行风险。特朗普总统提出的对中国与墨西哥分别征收 45% 及 35% 关税的竞选建议是史无前例的，足以抵消半个多世纪贸易自由化的成果。彼得森国际经济研究所（PIIE）的 Marcus Noland，Gary Clyde Hufbauer，Sherman Robinson 和 Tyler Moran（2016 年）估计，这个提议将在短期内导致贸易大幅收缩，如果同时引发其他国家的报复行为，将会使美国经济陷入衰退。并且，这一估计可能并不包括破坏现有供应链的全部成本。但是这样的贸易政策在短期内似乎不太可能成为现实，因而成为当前经济下行风险的概率较小。

长期政策

从长远来看，分别有三项政策可以对增长产生积极的或消极的影响。

（一）对增长有积极影响的政策

营业税改革：促进年增长率提高 0.3%。共和党议员提出了一个税收改革的“更好的方式”，将企业税的征收建立在现金流量基础上，从而可消除对正常投资回报的征税。此外，这一方案还将包括旨在防止离岸逃税的边境调整政策。“更好的方式”税收计划有许多未明确的细节，而那些已明确的细节也并不与计划的收入中立声明相匹配。以前对美国财政部（2006）类似规划的估测称，如果相关规划的设计和实施有效，可以提升年增长率约 0.3%。但是，一些关于规划合理的调整或转向，包括增加长期赤字、一些关键行业的转型或业务剥离或撤销计划中的一些关键部分，都将导致对增长的刺激作用大幅降低。

监管改革：促进年增长率提高 0.1%。特朗普行政当局表达了对在银行业、电信业、劳动力市场、能源市场等方面监管改革的兴趣。从公共政策的角度来看，这些规定应从成本效益的角度予以评估，以衡量他们在达到更宽泛目标时的表现。当然仅从经济增长的角度来看，如果措施有效，有可能提高增长率。然而，因为对监管的宏观经济影响的相关研究非常有限，这一增长的幅度很难确定。道格拉斯·霍尔茨—艾肯（Douglas Holtz-Eakin）（2015）估计，如果没有《多德·弗兰克法案》，增长率每年将提高 0.06%，这表明《多德·弗兰克法案》任何可能的部分回归对增长的影响甚至更小。罗伯特·巴罗（Robert Barro）（2017）表示，提高美国监管实践以达到最高全球标准，将在各个方面促进当前的增长率提升 0.3%，但其效果很大程度上取决于那些不容易改变的国家和地方法规。上述结论表明，如果在监管改革效果较好的情况下，经济的年增长率应能增加 0.1%。

基建投资：促进年增长率提高 0.1%。目前，特朗普行政当局还没有提出一个明确的基础设施建议，竞选期间提出要为私人融资的基础设施提供税收抵免，这项建议将大大补贴现有投资，而不是逐步扩大的基础设施投资。如果这样的建议转为对基础设施的直接支持，将扩大公共资本的存量，从而提升增长率。依据国际货币基金组织研究人员（Gaspar，Obstfeld 和 Sahay，2016）所做的基于公共投资普遍持续增长的模拟实验以及经济顾问委员会（2016 年）总结的相关文献，基建投资每年可使年增长率提高 0.1%。

（二）对增长有消极影响的政策

大型贸易战争：降低年增长率约 0.2%。Noland 等（2016）估计，短期内，特朗普总统的竞选提案会导致产量大幅度下降，但之后会缓慢增加，总体将导致对未来十年测算的年增长率下降 0.2%。这可能低估了这些政策的经济后果，尤其是考虑到它可能会严重遏制创新，而这是模型本身没有涵盖的因素。即使10年后出现这种极端的贸易情形及贸易战争也是不大可能的。

移民限制：降低年增长率约0.2%。移民限制可能通过两个渠道降低增长率。第一个是劳动力增长放缓，这主要源于越来越多的现有工人被驱逐出境或未来的移民被禁止入境。第二个是由于能吸引到更少的有才华的移民和对现有无证件人口产生不确定性，导致全要素生产率的降低。根据CBO（2013a）的估计，参议员汤姆·科顿提出的相对限制性的法案中关于移民的限制政策将使年增长率下降0.2%。

赤字增长：降低年增长率约0.1%。特朗普政府可能会提出大幅度的净赤字削减。但是如果提案中诸如减税、国防支出或基础设施增加等一些成本成为现实，同时没有相应的收入，那么将会导致赤字规模扩大。如果由于政策导致赤字上涨至3万亿美元，远低于特朗普总统竞选提案，那根据CBO预测（2013b），增长率将会下降0.1个百分点。

在政治上最可能出现的情况是，在更小的程度上实施上述6种政策，相应的政策效果也低于上文的预测结果而接近于零，或部分抵消。总体来说，对增长不利的政策似乎更有可能得到实施，包括移民限制和赤字增长，但这些都是非常不确定的。

结论

与发达国家经济体及包括中国在内的世界其他经济体一样，美国经济面临的主要挑战也是人口问题，这个挑战来自几十年前的生育决策，在短时间内无法得以改变。因此，美国在未来10年中的增长率将维持在2%左右，更准确地说，处于0.9%~2.7%区间的可能性较大，而高于 3.0% 的可能性较小。

健全的政策可以提高这一潜在增长率，例如税收改革、监管改革和基础设施投资的结合预计可以提升增长率 0.5%。但存在问题的经济政策，包括限制贸易、移民或大幅增加赤字也可能降低增长速度。预测政治比预测经济更难，但合理的猜测是，不管最终出台何种政策，政治制度在执行和立法过程中趋于惰性的趋势，会使得两种极端情况发生的可能性减小，所以，这些政策在未来 10 年对经济的潜在增长影响并不会很大。

值得注意的是，本文并没有尝试对特朗普总统经济政策本身的可取性进行任何评估。除了上文所述的增长效应之外，可取性的评估还需要考虑一系列其他因素，比如对收入分配的影响、移民的社会经济影响或贸易政策对外交政策的影响等。总而言之，特朗普总统政策建议的推行将会加剧不平等现象，因此即使未来总体增长率较高，中低等收入家庭的收入相较于现行政策之下的可能会更低。

第二章

国际金融架构与中美汇率政策

二十国集团合作与国际金融架构：站在十字路口的美国

内森·希茨[1]

提要：过去，无论是由共和党还是民主党执政，美国政府都认为美国参与和领导国际金融架构是符合美国利益的。借助二十国集团，美国一直致力于促进全球经济的多元持续增长。同样，金融稳定理事会提供了一个框架，鼓励除美国以外的其他司法管辖区，包括一些本来可能不愿意这样做的司法管辖区，根据美国采取的类似步骤加强制度监管。特朗普政府使美国在国际参与方面站在一个十字路口前。目前，特朗普政府正在重新思考美国在许多相关问题上的立场，而其最终的政策将对美国在世界上的作用和整个全球系统的运作产生重要的影响。

过去，无论是由共和党还是民主党执政，美国政府都认为美国参与和领导国际金融架构是符合美国利益的。例如，在金融监管领域，国

---

① 作者内森·希茨（Nathan Sheets）系 PIIE 客座研究员，美国财政部前副部长。

与国之间的联系使得国际合作势在必行；对于如打击恐怖主义等其他挑战，全球合作的行动带来了明确且理想的道德力量。而美国的主导地位更有助于进一步确保全球资源和国际政策举措对于国内和国际均有利。

在此背景下，本文考察了美国最近参与二十国集团和金融稳定理事会（由二十国集团领导人创立）这两个重要的国际集团的情况。美国在上述两机构成立和之后的运转中起到了关键作用。二十国集团和金融稳定理事会取得了重要成果，而美国经济也从其产生的效益中受益匪浅。

借助二十国集团，美国一直致力于促进全球经济的多元持续增长。在金融危机之后的这些年里，全球经济无法实现持续增长的目标，因此美国把二十国集团作为一个平台，鼓励其他国家采取强有力的政策来支持增长。此外，最近该机构各成员的讨论还集中在确保经济增长的好处应具有普惠性。同时，美国也通过二十国集团强调世界各国应采取公平和负责任的汇率政策措施，以及对国际金融机构进行改革以确保其有效性，使新兴市场经济体在国际组织中发挥更大的作用，从而与其扩大的经济地位相符。

同样，金融稳定理事会提供了一个框架，鼓励除美国以外的其他司法管辖区，包括一些本来可能不愿意这样做的司法管辖区，根据美国采取的类似步骤加强监管制度。来自美国的金融稳定理事会成员已经在寻求建立与美国标准大体相符的全球监管标准，此举将带来多方面的好处，包括缩小监管套利的范围和为全球机构提供更为公平的竞争环境等。此外，非美国经济体发生金融风暴的风险降低，从而使溢出效应可能对美国经济产生的影响减小。

特朗普政府在未来几个月内面临着重要的决定，这些决定将确定美国在全球经济结构中的参与性质和程度（Truman，2017）。这些决定可以分为两类：第一，美国政府是否支持这些国际机构一直以来实行的政策，这些政策包括对贸易和资本流动的开放性、对支持和加强国际金融机构的承诺以及在各司法管辖区尽可能一致地校准金融监管。第二，除第一个问题外，美国政府是否会继续投入资源，积极支持和参与这些机构的运转。

美国政府对这些问题的最终回答将决定美国未来几年在世界经济中的领导地位，也将对国际体系的一致性和有效性产生重要的影响。当然，无论美国政府最终拥有何种立场，这些国际机构都可以作为美国政策制定者解释其思想、描述其政策立场和寻求其他国家理解的重要场所。

美国在二十国集团中的角色

二十国集团的既定目标之一是促进强劲、可持续、平衡和包容的全球增长。这需要提高经济的韧性、开放性以及为工人和企业提供公平的全球竞争环境。经济的韧性意味着需要加强增长的可持续性、强化重要的机构以及增强全球金融市场的稳定性，以减少危机发生的频率和降低危机发生时的强度。开放意味着商品和资本可以自由流通、跨越国界，从而得到最有效的利用。公平竞争的环境使得世界各地的公司和员工能够平等竞争，并有助于缓解潜在的不利于经济稳定的失衡程度。

强劲的全球经济表现要求所有国家遵守一套共同的规则，包括贸易、汇率政策和金融监管标准。

（一）寻求强劲的全球增长

二十国集团 GDP 总和占全球 GDP 的 85%，从目前情况来看，其总体增长表现达不到合理的期望。然而，各国对哪些政策能最有效地应对当前的挑战持有不同的看法。这些挑战包括在许多国家出现的高失业率、中产阶级收入增长落后、生产率上升缓慢等。

据此，美国一贯主张德国、韩国、日本等有大量超额储蓄和经常项目盈余的国家采取措施，以支持更强有力的国内和全球需求，如实行精确调整的刺激性财政政策。美国同时也认为，如果增长放缓超过预期，中国也应该采取有利于消费的财政刺激措施。

通过二十国集团，美国与各国合作就集体行动的需要达成共识。例如，2016 年 2 月，在上海举行二十国集团首脑会议之前，由于对中国经济转型、全球经济增长前景以及外汇市场波动的担忧，全球市场出现震荡。在会议前夕，美国与中国（当时的二十国集团主席国）和德国合作，制定了一系列措施，由此突出二十国集团维护稳定的共同承诺。

在上海会议之后的公报中，二十国集团财政部长和中央银行行长首次提出应利用货币、财政和结构性调整等一切政策手段，激励全球经济[①]。这一决策与早年倡导的财政紧缩政策形成鲜明对比，会后的市场状况由此得到改善。随后，二十国集团领导人在 9 月于杭州举行的首脑会议上肯定了这些政策承诺。

在杭州参会的各国领导人对于应该明确支持自由贸易和经济一体化表达出了强烈的意愿，这些举措的好处也应该更加具有广泛性和包容性。在此背景下，会上强调了加强教育制度、基础设施建设和扩大金融服务机会的重要性。

长期以来，二十国集团一直认为经济和金融开放有利于经济发展，

---

① 参见 http：//www.g20.utoronto.ca/2016/160227-finance-en.html。

并认可打击一切形式保护主义的重要性。扩大贸易和投资关系一直是“二战”后全球（包括美国）经济增长的主要动力。然而，值得注意的是，在 2017 年 3 月召开的财政部长和央行行长会议上，特朗普政府首次出席会议，美国拒不履行二十国集团长期以来抵制保护主义的承诺，使得各国转为同意“加强贸易对经济的贡献”[①]。虽然这可能代表美国政策发生了深刻转变，但由于白宫仍在审议许多贸易相关问题，因此，二十国集团会议的结果是否成为美国政府制定最终政策的良好信号目前仍不确定。

（二）鼓励公平的外汇政策

与促进全球公平竞争环境的目标一致，二十国集团日益成为鼓励其成员之间公正和透明的外汇政策的一个越来越强大的机制。

美国长期以来一直认为，各国不应该为了在贸易关系中获得竞争优势而采取不公平的外汇政策。为此，在全球讨论中，美国主导并做出了制定强势汇率政策的重要承诺。七国集团一直承诺将财政和货币政策用于实现国内目标，而不针对汇率采取行动。二十国集团已经承诺不进行竞争性贬值、不以竞争为目的调整汇率。2016 年在上海，经过谈判，二十国集团成员同意就外汇市场进行“密切磋商”，这一决定是过去七国集团公报的重要组成部分，但这次是第一次出现在二十国集团的承诺中。

这些成果在很大程度上得益于美国财政部长期不懈的努力，因为其在国内和国际的相关讨论中发挥了主导作用。美国财政部每两年向国会提交一次关于外汇政策的详细分析报告。从 2016 年 4 月开始，

① 参见 http：//www.g20.utoronto.ca/2016/160227-finance-en.html。

财政部制定了针对主要贸易伙伴的“监测清单”，根据法定标准对列入清单的国家予以密切关注。在2017年4月发表的最新报告中，美国的几大贸易伙伴被列入清单，包括中国大陆地区、德国、日本、韩国、瑞士和中国台湾地区[①]。

（三）改革国际货币基金组织

“二战”后，在美国的率领下，全球创立了新的国际机构，即国际货币基金组织和世界银行，以减少经济冲突，避免以邻为壑政策，并为危机或转型中的国家提供支持，推进经济增长的改革和政策的制定。多年来，美国在拉美、亚洲、非洲及欧洲的区域性开发银行也发挥了主导作用。

美国与这一系列国际金融机构之间的伙伴关系得到了双方决策层的支持，因为这些机构通过支持全球增长和发展证明了其价值。

作为世界上最大的发达国家和新兴市场经济体组成的集团，二十国集团在帮助管理国际货币基金组织和其他国际金融机构方面发挥了核心作用。2010年，二十国集团提出了一套国际货币基金组织配额和治理改革的方案。这些改革旨在加强国际货币基金组织的财务状况，使得巴西、中国、印度和墨西哥等更有活力的新兴市场的声音能够得到更多注意，同时也保持了美国的一票否决权。在经过长期拖延后，美国国会最终于2015年12月批准了这些改革。

作为国际货币基金组织的最大股东和对重大决定拥有一票否决权的唯一成员，其延期批准改革使得各国开始质疑美国对多边体系的承

① 参见http：//www.treasury.gov/resource-center/international/exchange-rate-policies/Documents/ 2017-04-14-Spring-2017-FX-Report-FINAL.PDF。

诺。对此，包括中国在内的一些国家已经以其他方式尝试追求相关利益，包括创建新开发银行（又称为金砖国家银行）和亚洲基础设施投资银行等新机构。

来之不易的经验告诉我们，资金充足和有效的国际货币基金组织对于实现经济和国家安全利益是不可或缺的。通过阻止各国发生危机并防止这些危机蔓延，国际货币基金组织促进了全球的经济增长和贸易，从而也有利于美国经济和就业增长[①]。

（四）扩大巴黎俱乐部

二十国集团也是促进新兴市场经济体在国际体系中承担更大作用和责任的平台，比如扩大巴黎俱乐部成员数量。巴黎俱乐部是主权债务重组的首要论坛，许多新兴市场国家已成为重要的国际债权国，因此他们应该超越传统的临时参与者的角色，成为巴黎俱乐部的正式成员。2016年韩国和巴西的加入使我们看到这些努力已取得了初步成效。此外，中国和南非也加大了参与力度，并正在考虑全面参与的可能性。这些行动步骤有助于提高全球经济的韧性，因为只有来自发达国家和新兴市场国家的债权人广泛参与俱乐部谈判，才能更有效和全面地处理主权债务问题。

（五）特朗普政府面临的主要问题

好消息是美国政府仍在继续参与二十国集团和其他国际机构开展

① 更多讨论参见 Nathan Sheets，“评论”（“Remarks”），2016 年 10 月，http：//www.treasury.gov/press-center/press-releases/Pages/jl0586.aspx。

的活动。然而，新政府对许多国际经济政策问题的立场依然不明确。如上所述，在3月的二十国集团会议上，美国财政部部长努钦（Mnuchin）拒不履行二十国集团长期以来抵制保护主义的承诺。美国政府对于贸易、外汇和国际金融机构支持方面的政策具体将如何落地仍有待观察。

美国参与金融稳定理事会的情况

针对全球金融危机，美国和全球其他各国期望应该更加全面和有力地实施金融监管。为加强金融监管，需要采取有效的措施，包括提高资本充足和流动性的要求，以及更全面地评估其业务战略和风险管理的实践。

另一个期望是使危机后各国的新制度尽可能地保持一致。这场危机证明，由于全球庞大的跨境资金流量和各国之间的金融联系，管制薄弱的司法管辖区所产生的不稳定因素可能会迅速蔓延到世界各地。同样，部分区域的监管薄弱也引发了监管套利，可能会促使市场主体过度冒险，增加这些管辖区以及国际上活跃机构的资产负债表的脆弱性（Posen，2015）。

针对这些风险，美国前财政部长盖特纳在早期就曾强调过，“仅靠美国加强监管是不够的。如果我们继续允许风险和杠杆向标准最弱的地方进行迁移，整个美国乃至全球金融体系的稳定性都会弱化”[①]。全球的目标应是使得监管向更高的标准靠近，而不是使其下降到更低的标准。[②]

① 摘自盖特纳的媒体发言，2009年9月，http：//www.g20.utoronto.ca/2009/2009geithner0924.html。

② 本部分的大部分讨论来源于Sheets（2017）。

（一）金融稳定理事会（FSB）的起源和结构

针对这些考虑，二十国集团领导人在 2008 年 12 月第一次正式首脑峰会上作了如下声明：

“我们将实施改革，加强金融市场和监管制度，避免今后的危机。……然而，我们的金融市场是全球性的，因此，需要加强监管机构之间的国际合作，并在必要时加强国际标准以及执行的一致性，以防止跨境、区域和全球性的不利因素影响国际稳定。”（二十国集团公报）

这一声明产生的结果是，在 2009 年 4 月的领导人峰会上，金融稳定理事会得以成立[①]。当时的各国领导人强调：

“我们都同意确保强有力的国内监管体系。但我们也同意建立国家间更加一致和系统性的合作，以及全球金融体系所要求的由共同商定的高标准框架。”（二十国集团公报）

根据这些指示，金融稳定理事会被赋予多重职责，以促进国际金融稳定。这些职责包括监测和评估全球金融体系的脆弱性及监督补救措施的执行；鼓励协调和交流监管政策信息，并促进这一领域的最佳做法；与标准制定机构（如巴塞尔委员会和国际证券监督委员会）合作以确保他们的措施具有及时性、相关性和协调一致性。

另外，金融稳定理事会的各成员同意制定政策来促进金融稳定，以及提高金融部门的开放度和透明度，并且还承诺执行国际商定的标

---

① 二十国集团领导人将 1999 年既已成立的“金融稳定论坛”变更为“金融稳定理事会”。之前向七国集团负责的金融稳定论坛现在向二十国集团领导人报告。此外，成员扩大至包括主要新兴市场经济体，金融稳定的职责也有所扩大。更多细节参见 Lombardi（2011）。

准和守则，并接受同行评议。

金融稳定理事会将具有全球金融广泛视角的各国官员组织在一起，包括来自财政部门、中央银行和市场监管机构的参与者。他们的专业知识涵盖了金融体系的各个方面，同时对于各个司法管辖区以及国际金融市场和机构的运作也有深入了解。

金融稳定理事会的组织结构自金融危机以来并未发生较大变化：共有70位“全体会议”成员来自25个不同的司法管辖区，包括发达和新兴市场的经济体与主要的标准制定机构（例如巴塞尔委员会、国际证券监督委员会、国际保险监督管理协会），以及国际金融机构（如国际货币基金组织和世界银行）（FSB，2016c）。全体会议对金融稳定理事会具有最终治理和决策权，一致通过相关决议。

金融稳定理事会开展同行审查，并期望成员国执行商定的政策。但即便如此，金融稳定理事会也仅是一个协作机构，并未正式要求各国必须执行协议。

（二）金融稳定理事会所取得的成就

近年来，金融稳定理事会围绕4个高层次目标制定工作，具体如下：①加强银行资本充足度和流动性；②改革场外衍生品市场；③解决“太大而不能倒”的问题；④减少影子银行带来脆弱性（也称为“市场化融资”）。金融稳定理事会在每一个领域都取得了不同程度的有意义的进展，但仍有大量的工作需要开展。

提高银行体系的资本充足度成效显著。过去10年来，许多国家的银行一级资本充足率即核心股本资本与风险加权资产总额的比率大幅攀升。自从就《巴塞尔协议III》的框架协议达成以来，在2010年，由金融稳定理事会确认为全球系统性重要银行的 30 家机构所持有的一级资本已上升至 3 万亿美元，同时一级资本比率也相应上升（见图 2-1）①；近几年来，美国和其他各国的全球系统性重要银行的一级资本持有量明显增加（见图 2-2）；同时，银行资产负债表上的流动性资金也在增加，基本上弥补了流动资金覆盖率的缺口（见图 2-3）。2016 年 8 月，金融稳定理事会报告指出，所有大型国际活跃银行都符合资本和杠杆率要求，80% 的银行符合最低流动性标准（FSB，2016a）。在加强大型机构的资产负债表方面取得的进展是危机后金融稳定理事会努力的核心成果，这些努力致力于减小全球金融体系出现危机的可能性，更好地支持增长。

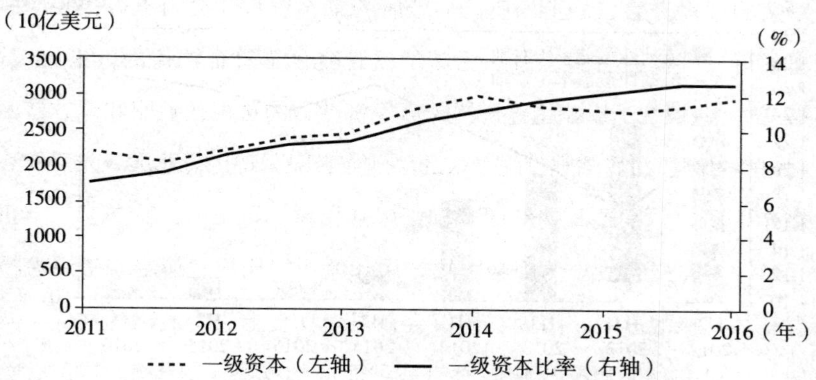

图 2-1　全球系统性重要银行一级资本充足率②

① 在 30 家全球系统性重要银行中，有 15 家欧洲机构（8 家欧元区机构）、8 家美国机构、4 家中国机构、3 家日本机构（“2016 年全球系统性重要银行”，2016 年 11 月 21 日，http://www.fsb.org/wp-content/uploads/2016-list-of-global-systemically-important-banks-G-SIBs.pdf）。

② 注：一级资本水平按照《巴塞尔协议Ⅲ》的要求计算；数据来自金融稳定理事会确认的30家全球系统性重要银行。数据来源：BCBS（2017）；数据源以欧元为计值。

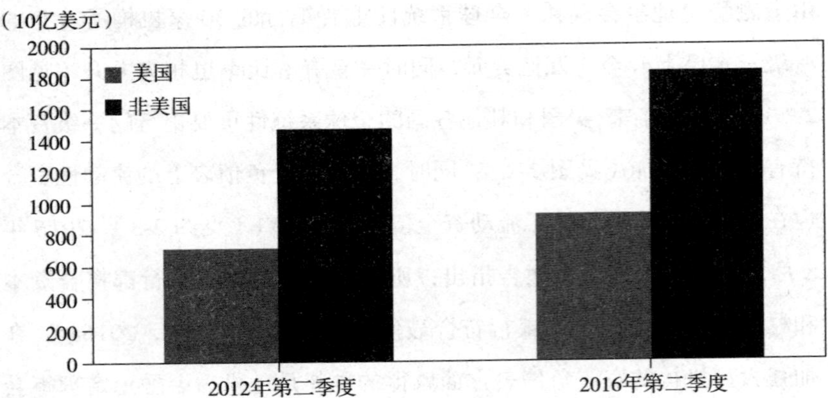

图 2-2　2012 年第二季度与 2016 年第二季度美国和非美国全球系统性重要银行一级资本水平对比图（10 亿美元）①

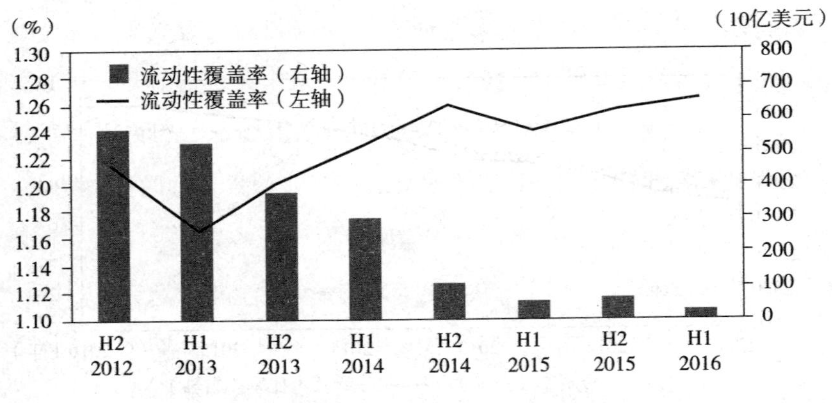

图 2-3　全球银行流动性缺口情况②

从金融危机中吸取了教训，金融稳定理事会还致力于使金融市场特别是场外衍生品市场更加安全透明。目前集中清算的衍生品合计价值大幅增加，而对于大多数衍生品的交易也已经向上报告。然而，各

① 数据来源：FDIC 全球资本指数。
② 数据来源：BCBS（2017）。数据源包括 82 家国际活跃银行，并以欧元计值。

个司法管辖区的执行标准不一致或监管机构之间无效的协调有时会给投资者带来不确定性，从而导致全球金融市场的分割。长期以来，美国对于采取相关改革的积极性都较高，但是所有司法管辖区都需要全面实行（FSB，2016b）。

通过增加大型机构在资产负债表上持有的缓冲资本以及加强处置框架，“大而不倒”的风险在一定程度上得到了控制。对于30家全球系统性重要银行目前的资本要求比危机前要高。此外，他们被要求持有额外的缓冲资本,以在处置时保护纳税人[①]。这些机构也受制于包括可处置性评估的处置方案规划要求，以及在风险管理和其他业务方面更高的监督标准。然而，使得处置制度在各国更加有效和更加兼容的挑战依然存在。另外，金融稳定理事会已经确定了9家全球系统性重要的保险公司，期望将其纳入国际标准约束[②]。

金融危机使得大家认识到需要更深刻地理解“影子银行”的潜在风险。鉴于该行业的异质性，首先采取的措施是记录和监测各种影子银行活动，并考虑建立一些弥补潜在漏洞的广泛原则。在加强货币市场共同基金韧性方面的进展最为突出，与此相关的努力包括金融稳定理事会于2017年1月阐述的旨在解决资产管理部门的结构性脆弱的14项建议（FSB，2017）。

金融稳定理事会面临着艰巨且漫长的工作议程。在未来的一年，

---

① 全球系统性重要机构被要求满足一个总损失吸收能力（TLAC）标准。参见“全球系统性重要银行处置中的损失吸收和注资能力原则：TLAC条款”，2015年11月9日，http://www.fsb.org/wp-content/uploads/TLAC-Principles-and-Term-Sheet-for-publication-final.pdf。

② 这一名单包括3家美国机构、5家欧洲机构和1家中国机构。参见“2016年全球系统性重要保险机构列表”，2016年11月21日，http://www.fsb.org/wp-content/uploads/2016-list-of-global-systemically-important-insurers-G-SIIs.pdf。

金融稳定理事会需要完成《巴塞尔协议Ⅲ》最后一章的规定；鼓励全面履行与场外衍生品相关的承诺；考虑如何进一步加强处置机制，包括对中央交易对手方的处置机制。在保险、资产管理和影子银行带来的潜在系统性风险以及金融科技（计算机程序和其他用于支持或实现银行和金融服务的技术）等带来的新的风险方面也需要继续努力。总体来说，金融稳定理事会主要侧重于采取现有举措，而并不急于制定新的政策。评估过去和目前各项改革的影响所受到的重视程度日渐提高。

（三）美国参与金融稳定理事会的好处

美国现任财政部部长努钦（Mnuchin）先生与金融稳定理事会主席马克·卡尼（Mark Carney）在会议中表示，"美国政府的金融监管核心原则之一是促进美国在国际金融监管谈判和会议上的利益"[①]。从目前来看，金融稳定理事会已经达到了这个标准，它通过明确阐述国际最佳做法，鼓励金融稳定理事会成员实施这些高标准的政策，使包括美国在内的各成员国受益，全球金融体系也更加透明和一致。此外，美国利用金融稳定理事会激励世界其他地区采取比以往更高的标准，而这些标准如果没有金融稳定理事会地推动，可能就不会得到采纳。

美国的一些观察家认为，金融稳定理事会使美国的机构相对于外国同行来说处于不利地位[②]，这一观点并不准确。金融稳定理事会的工

① 参见 http://www.treasury.gov/press-center/press-releases/Pages/sm0013.aspx。

② 参见 2017 年 1 月议员 Patrick McHenry 致美联储主席耶伦的信（http://www.fortune.com/2017/02/03/read-the-full-cease-and-desist-letter-a-senior-congressman-just-sent-to-janet-yellen/）。

作已经提高了世界其他地区的标准，尽管在某些情况下，仍达不到美国监管机构认为的能够促进金融稳定和保护美国纳税人的标准。在这些情况下，美国实际上是采取了“超同等”的标准（即超出了金融稳定理事会阐述的最低标准）。

更通俗地说，美国在建立金融稳定理事会上发挥了关键作用。盖特纳赞扬金融稳定理事会的成立是继国际货币基金组织、世界银行和世界贸易组织[①]之后的国际金融架构的“第四支柱”。在过去的几年中，美国官员也在不断地大力推动金融稳定理事会的议程。

然而，金融稳定理事会的运转并不完美，在众多方面仍存在不足并有待提高，包括重新考虑成员组成（跨地理区域和专业知识领域）的代表性、审视透明度做法、向公众扩大其数据的可获得性以及更好地记录改革取得的成效等。此外，金融稳定理事会的工作方案仍应着重于其维护全球金融稳定的核心任务，并有效化解试图使其转向其他方向的压力。

2017 年，金融稳定理事会领导层的变化为理事会内部及外部的人员提供了一个彻底的“盘点”机会。同时，改革需要渐进式推进。截至目前，金融稳定理事会已经为其成员搭建起了一个较好的平台。

站在十字路口的美国

特朗普政府使得美国在国际参与方面站在了一个十字路口。“二战”以来，两党执政的美国政府都力求推进全球贸易和金融一体化，培育国际货币基金组织的作用以及与国际同行合作使国际体系更加稳定、透明、规范。此外，自金融危机以来，金融稳定理事会的成立使

① Timothy Geithner，2009 年 9 月“新闻发布会”。

得国际金融监管与监管合作显著加强，而美国在这些努力中发挥了关键作用。目前，特朗普政府正在重新思考美国在许多相关问题上的立场，而最终的政策将对美国在世界上的作用和整个全球系统的运作产生重要的影响。

不可回避的现实是，世界期待着美国能承担领导责任。这不仅因为美国经济的规模和美国金融市场的重要作用，又因为美国能提供高质量的想法，其国际机构事务参与的广度和强度，以及其对开放、透明和有韧性的经济体系的持续承诺。如果美国不能在这些方面发挥作用，其领导力就会受到影响，而导致的结果很可能是全球经济和金融体系的规则和实践将沿着无法有效服务于全球利益特别是美国利益的方向发展。

汇率与国际货币体系：并非替罪羊

管 涛 鲁政委 郭嘉沂[①]

提要：有一种看法认为，汇率机制导致了全球，特别是中美之间的贸易失衡。然而，本文的研究结论显示，中美贸易差额与双边汇率之间的相关性并不强，美国经济重消费、轻储蓄以及国际货币体系美元“一家独大”的结构性失衡，共同决定了贸易失衡是美国的宿命。因而，从中美两国再平衡角度来看，结构性问题远比汇率问题重要得多。应推进国际货币体系更加多元化，并加强各国宏观经济政策的综合协调。

美元本位的国际货币体系

随着布雷顿森林体系解体，“二战”后建立起来的美元本位虽有所弱化，但美元在国际货币体系中仍处于独一无二的中心货币地位（见图 2-4）。

① 本文作者管涛系 CF40 高级研究员；鲁政委系 CF40 特邀成员，兴业银行首席经济学家；郭嘉沂系兴业研究高级分析师。

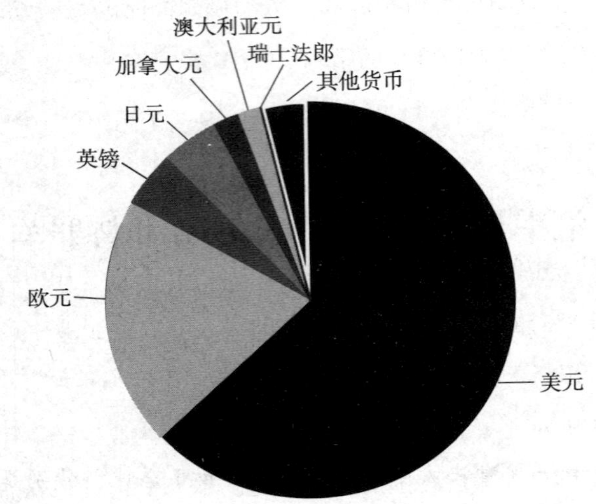

图 2–4　2016 年第三季度国际储备货币占比[①]

（一）美国从国际经济双向循环中获益

通过“美国买你商品，你买美国国债”的国际经济循环机制，美国消费者可以以较低的价格从全球进口商品，享受到全球化特别是新兴经济体快速发展带来的增长红利。

尽管国际收支中经常账户长期处于大额逆差，但是美元通过资本和金融账户回流美国，为美国政府和企业提供了廉价的资金，使美国国债收益率总体呈下行趋势（见图 2-5）。而且，这些外债多以美元计价，完全不存在新兴经济体货币错配的困扰和风险。美国作为最大的对外净债务国，其国际收支口径的投资收益却为正值（见图 2-6）。

① 数据来源：IMF，中国金融四十人论坛。

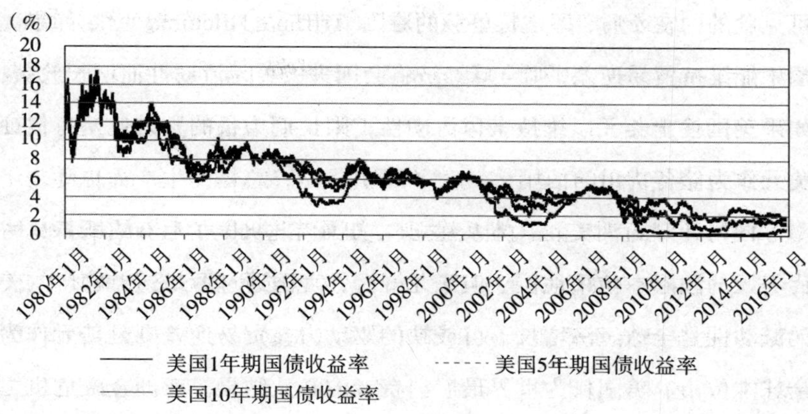

图 2-5 美国国债收益率 ①

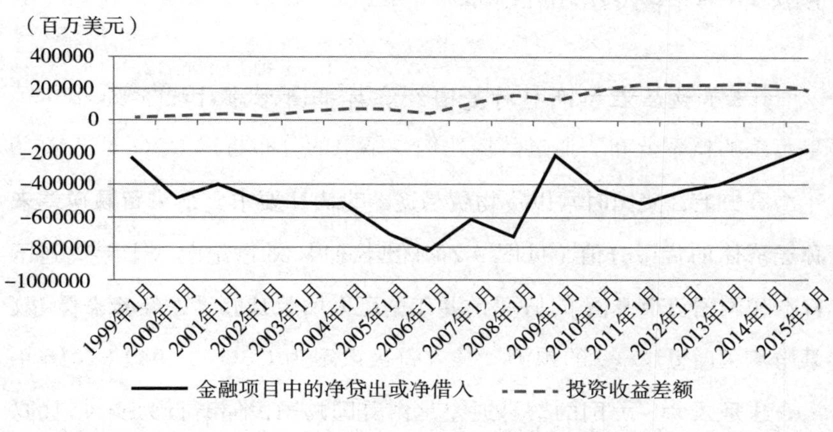

图 2-6 1999—2015 年美国国际收支情况 ②

（二）未解的特里芬难题

早在布雷顿森林体系建立之初，人们便已发现美元本位存在着不

① 数据来源：Wind，中国金融四十人论坛。

② 注：金融项目负数代表净负债，正数代表净贷出。数据来源：Wind，中国金融四十人论坛。

可克服的内在矛盾，即“特里芬两难”（Triffin's Dilemma）[①]：如果美国不能维持贸易逆差，则全球经济将会因失去美元流动性而增长放缓；如果美国输出美元以维持全球流动性，则长期增长的贸易逆差将侵蚀美元作为储备货币的信用。

1974年“石油美元”体系建立[②]，美国借此巩固了后布雷顿森林时代美元的国际本位币地位。但毫无疑问，美国通过贸易逆差输出的美元流动性是全球经济增长不可或缺的驱动力，贸易逆差则是美元作为全球本位币、美国作为世界最后消费者的必然结果。亚洲金融危机之后，预防性储备需求进一步增加了对美元的需求，相对应的是，美国贸易逆差进一步扩大。

（三）施压汇率调整对美国经济再平衡恐非对症下药

历史上，美国时常以货物贸易逆差为由，要求其最大贸易逆差来源经济体的货币升值（见图2-7）。但不论从20世纪七八十年代施压日本和德国货币升值[③]，还是前些年施压人民币升值[④]的经验来看，效果均不尽理想。

这是因为，美国的贸易逆差是由美国的国民储蓄行为所决定的。

---

① International Monetary Fund，2001，“Money Matters，an IMF Exhibit – The Importance of Global Cooperation，System in Crisis（1959–1971）”，Part 4 of 7.

② International Monetary Fund，2016，“Petrodollar Problem”.

③ Announcement the Ministers of Finance and Central Bank Governors of France，Germany，Japan，the United Kingdom，and the United States（Plaza Accord），September 22，1985.

④ U.S. Department of the Treasury Office of the International Affairs，2005–2017，“Report to Congress Foreign Exchange Policies of Major Trading Partners of the United States”.

正因为如此，费尔德斯坦（Feldstein）提出了著名的“孪生赤字说”（Twin Deficit Hypothesis）[①]：

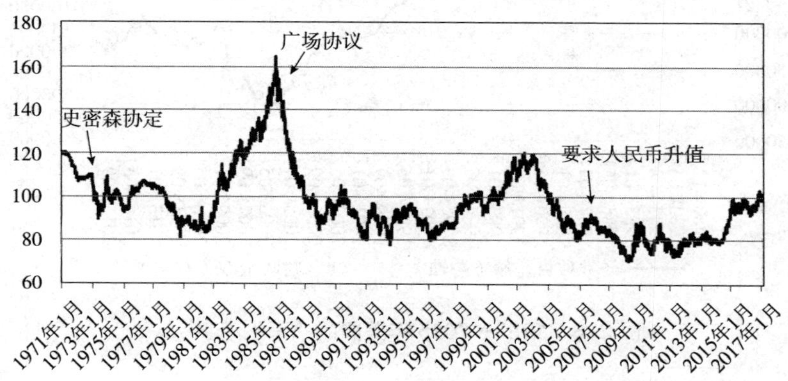

图 2–7 1971—2017 年美元指数[②]

净出口 =（私人储蓄 − 投资）+（税收 − 政府支出）

当经济体产出和私人储蓄确定时，如果财政赤字增加，为了维持等式平衡，要么降低投资，要么减少净出口，如果不能降低投资，则会导致经常项目逆差和财政赤字同时出现，互为表里（见图 2-8）。因此，除非美国提高国民储蓄率或者降低投资，否则，美国几乎不可能实现经常账户的盈余。但是，除非出现重大冲击，否则，居民储蓄行为是难以改变的，美国的政府支出短期内也不可能在明显缩减。

另外，日益加大的国际资本流动在汇率浮动中发挥了关键的作用，继续以货物贸易差额作为汇率政策的立足点可能已有些过时。以中国为例，2014 年之前，货物贸易在国际收支差额变化中发挥着极为重要

① Martin，F.，1983，“Domestic Saving and International Capital Movement in the Long Run and the Short Run”，European Economic Review.

② 资料来源：Wind，中国金融四十人论坛。

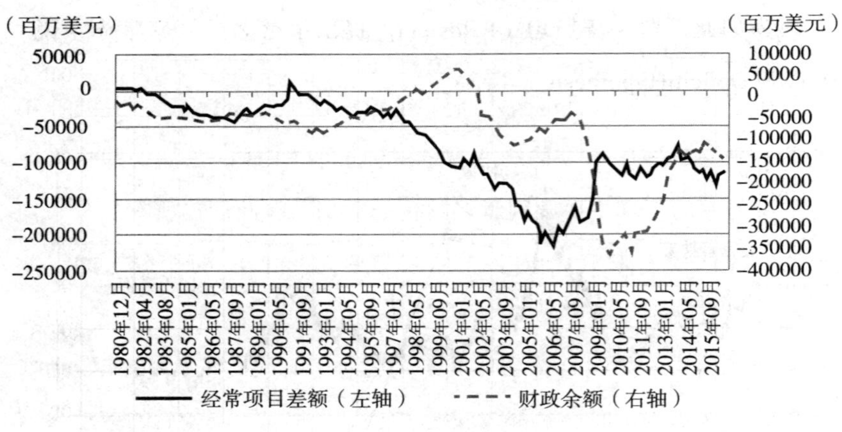

图 2-8 1980—2015 年美国的“孪生赤字”①

的作用；随着资本开放程度逐步提高以及宏观基本面发生变化，从 2014 年至今，中国国际收支总差额与货物贸易差额走势出现了明显的分化（见图 2-9）。

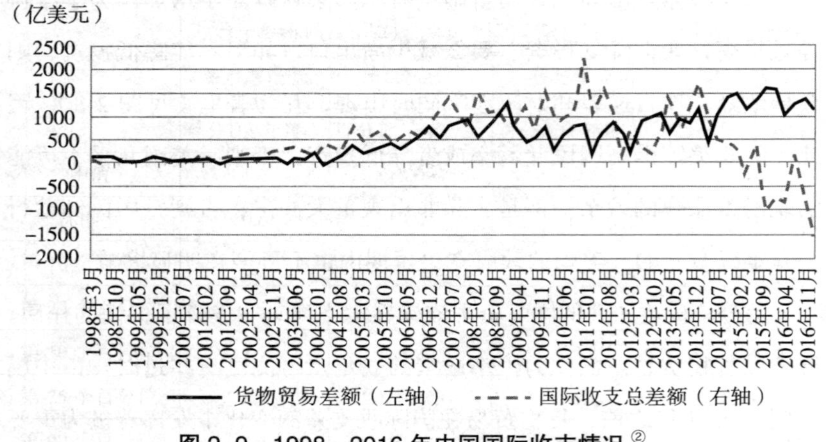

图 2-9 1998—2016 年中国国际收支情况②

① 数据来源：Wind，中国金融四十人论坛。

② 注：国际收支总差额 = 经常账户差额 + 资本账户差额 + 非储备性的金融账户差额。资料来源：Wind，中国金融四十人论坛。

中美贸易差额与双边汇率

（一）实证分析

中美之间的贸易是按比较优势进行的。虽然美国对华货物贸易处于逆差，但美国对华服务贸易却存在大额顺差（见图 2-10）。根据美方的统计，2002—2015 年间，美国对华货物贸易出口年均增长 14%，进口增长 11%，进出口逆差增长 11%，而对华服务贸易出口年均增长 17%，进口增长 11%，进出口顺差增长 23%。

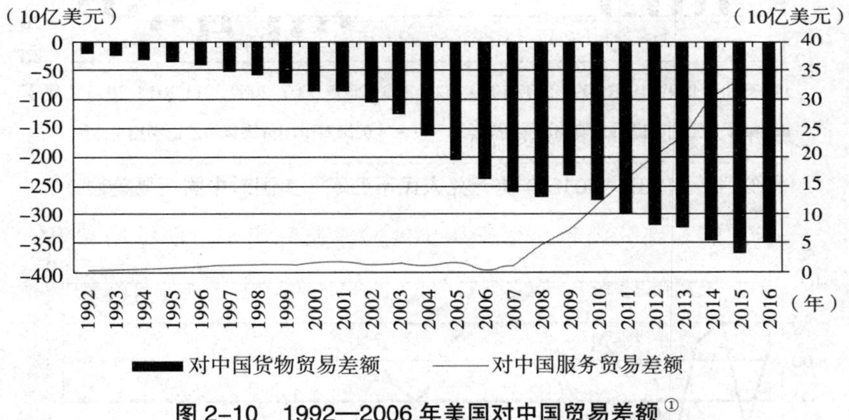

图 2-10　1992—2006 年美国对中国贸易差额[①]

中国对美国的货物贸易顺差并不取决于人民币兑美元的升贬值。历史上，美元兑人民币大幅升值时期，美国对中国的货物贸易逆差并未显著扩大，而 2014 年以来，人民币兑美元贬值，美国对中国的贸易逆差反而缩小（见图 2-11），中国在美国和全球的贸易份额也相应呈现出下滑趋势。

实际上，中美贸易差额更多地取决于美国自身经济结构失衡的程

① 数据来源：Wind，中国金融四十人论坛。

度。美国经济繁荣时，国内需求旺盛，从中国进口更多产品导致货物贸易逆差扩大，此时，即便压缩了对华贸易逆差，也会转化为对其他经济体的贸易逆差；相反，货物贸易逆差增速下滑甚至负增长的几个时点都对应着美国经济出现衰退，国内需求不旺（见图 2-12）。

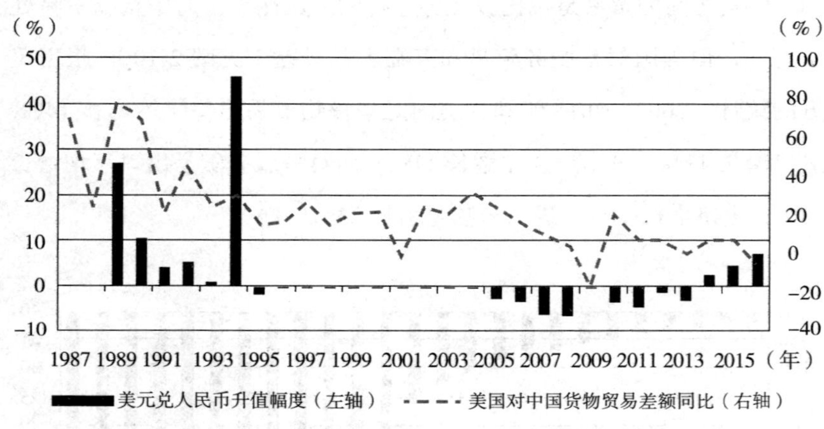

图 2-11　1987—2015 年美元兑人民币汇率和美国对中国贸易差额①

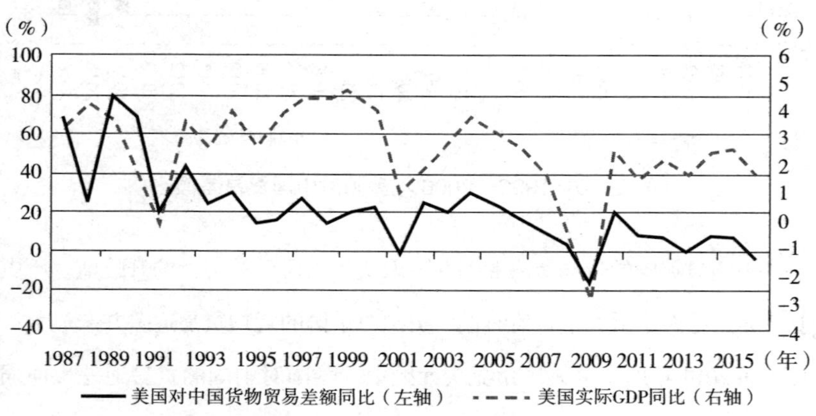

图 2-12　1987—2015 年美国经济增速和美国居民消费或财政赤字②

① 数据来源：Wind，中国金融四十人论坛。

② 数据来源：Wind，中国金融四十人论坛。

在全球价值链的贸易格局中，美国跨国企业利用海外相对廉价的劳动力和原材料进行生产，再将产品销往美国。据美国经济分析局（BEA）统计，美国海外分支机构直接向美国或者美国母公司出口的金额占到了美国进口总额的 40% 以上，近两年更是高达 45% 以上（见图 2-13）。中国也存在着类似的情况：尽管中国对美国存在巨额的贸易顺差，但事实上大量顺差是外商投资企业，包括美国在华企业创造的。

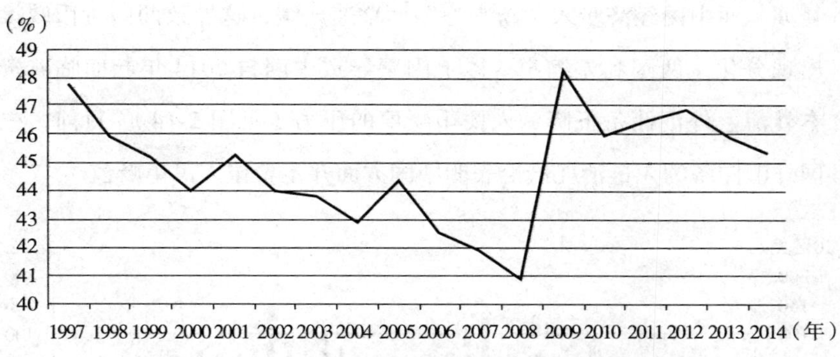

图 2-13　1997—2014 年美国海外分支机构对美国出口在美国进口总额中的占比情况[①]

（二）2008 年以来的人民币汇率变化

2008 年以来，美元指数经历了先跌后涨的过程。在 2014 年之前，美元指数总体趋势是震荡下跌。2008 年 3 月，美元指数最低触及 71。全球金融危机爆发以后，在美联储实施量化宽松（QE）货币政策的背景下，美元指数维持在低位，直到美联储启动货币政策正常化，退出购债并加息，美元指数才开始反转。美元指数自 2014 年下半年开启升值

① 数据来源：BEA，中国金融四十人论坛。

周期，在一年半的时间内，美元指数升值超过 20%。2016 年末大选之后，通胀预期的抬升和更快的加息节奏，推升美元指数突破了 100。

美联储货币政策存在着明显的外溢效应。以中国为例，在 2008—2013 年间，中国的经济高增长、资产高回报吸引了大量 QE 带来的廉价美元，这一时期中国的资本净流入和外汇储备都实现了显著增长，对人民币汇率持续升值造成了很大的压力。2014 年后，美国经济加速复苏，而中国经济步入“新常态”而增速放缓，这导致两国货币政策出现分化，两国利差缩窄。以上因素导致中国自 2014 年起面临着资本外流、外汇储备下降、人民币贬值的压力（见图 2-14）。目前，中国外汇储备的大量消耗恰恰表明中国方面并不希望人民币贬值。

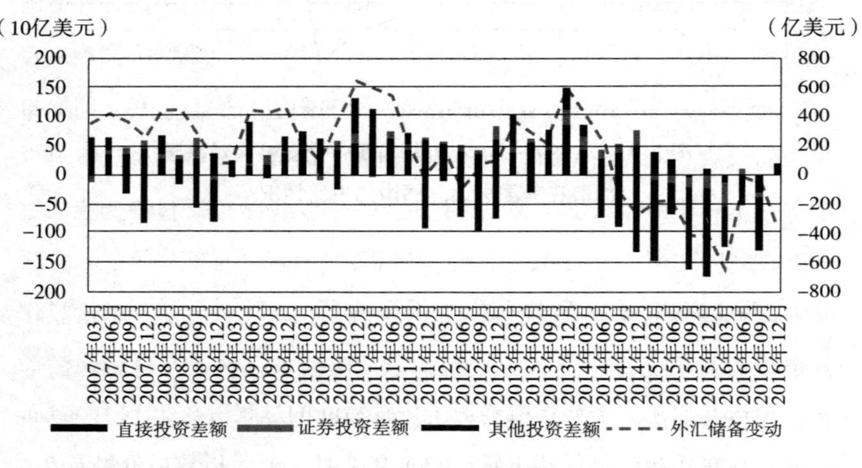

图 2–14　2007—2016 年中国金融账户和外汇储备[①]

2008 年国际金融危机以来，中国积极致力于加快经济发展方式的转变，促进国际收支基本平衡。2016 年，经常项目顺差和货物贸易盈余占 GDP 的比重分别为 1.8% 和 4.9%，较 2007 年的历史高点分别回

① 数据来源：Wind，中国金融四十人论坛。

落了 8.2% 和 2.5%。中国 2015 年启动的“8·11”汇率改革[①]并非旨在通过汇率贬值寻求贸易优势，而是为了满足 IMF 对于 SDR 篮子货币“可自由兑换”的操作性要求，消除中间价与市场价价差。“8·11”汇率改革之后，中国继续坚持逐步完善中间价形成机制，并提高汇率政策的透明度。2016 年 2 月，央行在中间价定价时引入了一篮子汇率的变动（参考人民币三大汇率指数），即中间价主要由前一日收盘价和人民币指数变动共同决定。后续又对于人民币指数篮子权重以及篮子汇率变动计算时段进行调整，以使得中间价更符合市场行为。

即使“8·11”汇改以来，人民币兑美元汇率出现了回调，但截至 2016 年底，依然较 2007 年底上升了 5.3%。考虑到过去 9 年中美之间的通胀差异，人民币兑美元的实际汇率升值了近 20%。

（三）美国新政府经济政策对人民币汇率的溢出影响

在美国新政府的财政政策愿景中，最吸引人眼球的便是减税和基建[②]。市场憧憬扩张性财政政策将使得美国经济增长加速，并且拉动消费、投资和商品价格，实现“再通胀”，进而迫使美联储加息提速。目前的市场表现已经充分反映了对于未来财政政策的正面预期。如果财政刺激兑现，将使美国经济增长提速，通胀水平走高，推高美元汇率，这将令包括人民币在内的非美货币普遍承压贬值（见图 2-15）。

---

① “8·11”汇率改革：2015 年 8 月 11 日，中国人民银行一次性上调美元兑人民币中间价 1136 个基点，以收窄中间价与市场价价差，此后中间价参考前一日市场价确定，两者价格显著收敛。

② “Bringing Back Jobs And Growth”，https：//www.whitehouse.gov/bringing-back-jobs-and-growth.

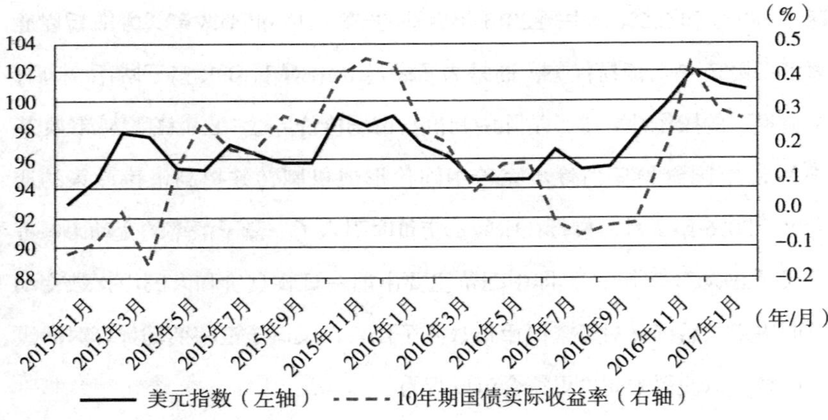

图 2–15 美元指数与美国 10 年期国债实际收益率 ①

但是，美国过高的政府债务负担制约了财政赤字的进一步扩大，而且设想的减税方案将使得高收入阶层更为受益。因此，美国国会最终通过的财政政策可能不及市场预期。届时，将导致市场情绪反转，利空美元。即便新政府最终兑现了财政刺激的承诺，却可能因为导致财政赤字恶化，在中长期形成美元贬值的压力 ②（见图 2-16）。

再来看贸易政策对于汇率的潜在影响。简单从贸易逆差和美元指数的关系看，在贸易逆差持续扩大的情况下，美元指数会遭遇贬值压力。但当贸易逆差持续扩大时，美国往往会通过政治手段寻求主要贸易逆差来源经济体的货币兑美元升值。美国政府换届以来，已多次威胁美国的几大贸易逆差来源经济体，包括中国、德国、日本、韩国，要将其认定为"货币操纵国"。在现有的国际贸易法律框架下，若被美国认定为货币操纵国，美国可以采取单边制裁措施，包括加征惩罚

① 数据来源：Federal、Reserve、Bank of St. Louis，Wind，中国金融四十人论坛。

② Hakkio，C.，1996，The Effects of Budget Deficit Reduction on the Exchange Rate. Economic Review，pp. 21–38.

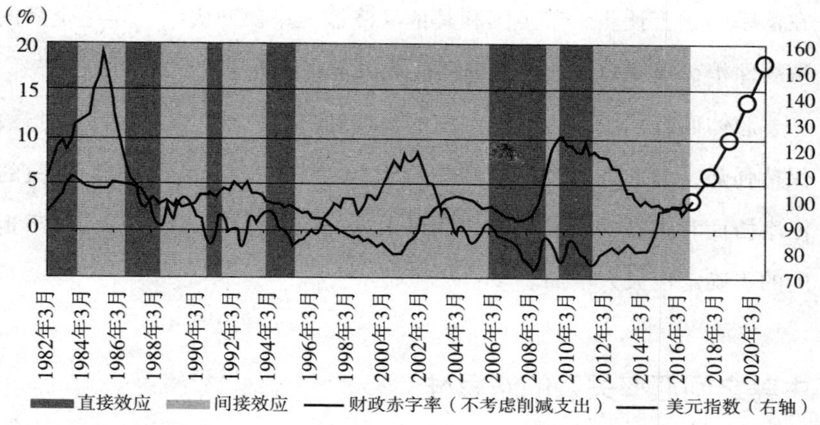

图 2–16　特朗普政府可能会使财政赤字迅速恶化 ①

性关税、对输出美国重点产品实施进口配额限制等。最近，美方表示不会将中国贴上“货币操纵国”的标签②。但是，据传美国正在研究以“汇率失调”取代“货币操纵”，评估对美主要贸易顺差国货币是否存在汇率偏离正常估值范围的情况，哪怕这种货币并没有被低估或者操纵。“汇率失调”明显比“货币操纵”的界定更为宽泛，由此引发贸易摩擦加剧的风险仍不容小觑。若被认定为存在汇率失调，美国有可能可以运用反倾销、反补贴等手段进行单边贸易制裁。

美国总统本人青睐弱势美元③，以增强美国企业和产品的竞争力。借鉴过去的经验，美国仍可能通过政治手段迫使贸易逆差来源经济体

---

① 注：直接效应指美元指数与财政赤字率正相关；间接效应指美元指数与财政赤字率负相关。数据来源：Urban-Brookings Tax Policy Center，中国金融四十人论坛。

② U.S. Department of the Treasury Office of the International Affairs，April 2017，“Report to Congress Foreign Exchange Policies of Major Trading Partners of the United States”.

③ “Trump breaks key rule for presidents：Don't talk down the dollar”，http：//www.money.cnn.com/2017/04/13/news/economy/dollar-currency-president-trump/.

在汇率问题上让步。若美国和其他经济体汇率协商失败，实施全面的贸易保护，短期内则会使资金回流美国推高美元。

总体而言，短期内财政刺激的预期和美联储加息仍将使美元指数保持强势，增加人民币汇率调整的压力。从中长期而言，悬而未决的汇率协商和潜在的贸易战都将使得未来美元指数以及美元兑人民币走向的不确定性大大增加。

中美之间汇率关系的新思维

（一）正确认识汇率在国际货币体系中的地位和作用

全球主要货币的汇率市场化是大势所趋。但是，浮动汇率存在的最大问题就是顺周期性质的汇率超调，导致资源错配、效率损失，给各国宏观调控带来困扰。无论是从中国还是美国的立场来看，目前的人民币汇率调整压力都不是人们所希望的。全球主要货币间的汇率关系需要有效的沟通协调，而不是强加于人的单边主义。中方愿意在人民币汇率逐渐市场化的前提下与美方合作，加强汇率政策的协调。同时，要认识到汇率是一个总量政策工具，主要对总量贸易收支状况发挥作用，不能强求用其来解决双边贸易失衡的问题。

（二）防止汇率无序波动需要各国宏观经济政策的综合协调

市场化的汇率水平主要是由经济体之间的资产回报率差异以及风险情绪变化决定的，而无论是资产回报率还是风险情绪都与宏观经济政策变化息息相关。所以，只有通过主要经济体之间财政、货币政策的综合协调，才可能平衡国际市场的汇率剧烈波动。通过政策协调，促进中国减少储蓄、增加消费，美国减少消费、增加储蓄，才能从根本上解决双边贸易失衡的问题。另外，汇率无序波动背后是市场情绪驱动的短期资本流动大进大出，这需要资本流出方和流入方共同采取措施，加强对跨境资本流动的监管协调。

（三）按照互利共赢原则进一步加强中美经贸关系的互补性

我们基于联合国网站（UNCOMTRADE）所公布美方口径的 HS6 编码数据，计算了 2006 年和 2016 年美国对中国所有进出口商品的贸易重叠度[①]。结果显示，从产业结构来看，中美之间的竞争性并不强，而是高度互补（见表 2-1、表 2-2、表 2-3 和图 2-17）。基于此，中美经贸之间存在很大的合作空间。发挥比较优势，有助于美国夕阳产业的顺利退出，更低的商品价格有助于美国消费者福利和储蓄率的提高；中国经济的持续增长，将从投资和消费、货物和服务贸易等方面，向美国产生正面溢出。中国有可能继续对美保持贸易顺差，但可以通过

表 2-1　2006 年和 2016 年美国对中国出口商品贸易组分类[②]

	2006 年		2016 年	
单向贸易	产品数	金额占比（%）	产品数	金额占比（%）
出口部门	2146	48	2193	40
产业内贸易	产品数	金额占比（%）	产品数	金额占比（%）
出口部门	1671	52	1686	60

① Turkcan，K.，2010，"Vertical Intra-Industry Trade and Product Fragmentation in the Auto-Parts Industry." Journal of Industry，Competition and Trade.11（2）：149-186.

② 注：产品数根据美国进、出口数据进行匹配，涵盖进、出口双向均有数据显示的产品。数据来源：uncomtrade，中国金融四十人论坛。

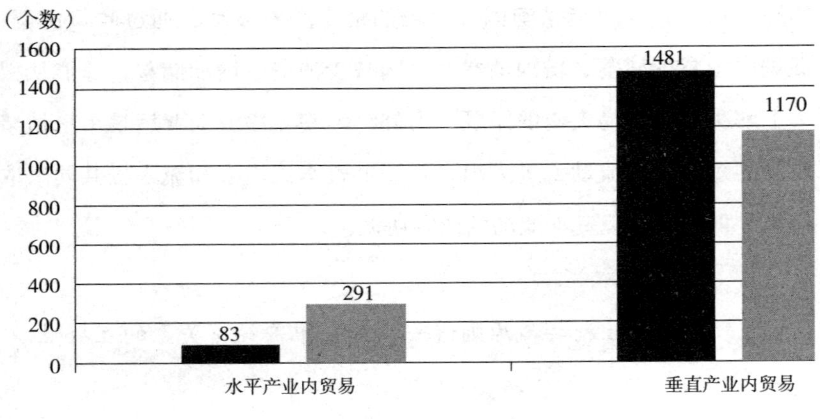

图 2-17　2006 年和 2016 年产业内贸易 HS6 分位产品数①

表 2-2　2006 年和 2016 年中美垂直产业内、水平产业内贸易指数②

	2006 年		2016 年	
	水平产业内贸易（%）	垂直产业内贸易（%）	水平产业内贸易（%）	垂直产业内贸易（%）
出口部门	2	91	10	51
进口部门	2	80	18	51

表 2-3　2006 年和 2016 年单位价格差异占产业内贸易出口总值比重③

（单位：%）

年　份	$\frac{P_{kj}^X}{P_{kj}^M}<\frac{1}{1.25}$	$\frac{P_{kj}^X}{P_{kj}^M}>1.25$
2006	50	50
2016	15	85

① 注：产品数根据美国进、出口数据进行匹配，涵盖进、出口双向均有金额和数量数据的部分。数据来源：uncomtrade，中国金融四十人论坛。

② 注：产业内贸易范围内，部分产品缺失数量数据，无法归类于水平产业内贸易和垂直产业内贸易。数据来源：uncomtrade，中国金融四十人论坛。

③ 数据来源：uncomtrade，中国金融四十人论坛。

民间投资的方式，为美国改善基础设施，创造就业机会，实现中美经贸合作的共赢。

（四）稳步推进现有国际货币体系多元化

当前国际货币体系的流动性基本上由美元来承担，美国一旦出现贸易盈余，则会导致全球流动性紧缩，全球经济因此而陷入低迷，由此也将反过来拖累美国（见图2-18）。不仅如此，美国有从国际借用他国储蓄的优势，实现低成本融资。也使得美国居民消费和政府支出在相当程度上面临着“预算软约束”。因此，推动国际货币体系多元化，其他经济体可以帮助美国分担国际贸易逆差，同时提供多元化的国际流动性。对美国而言，一个更为多元化的国际货币体系将有助于硬化美国居民和政府的预算约束，促进美国的经济结构转型。

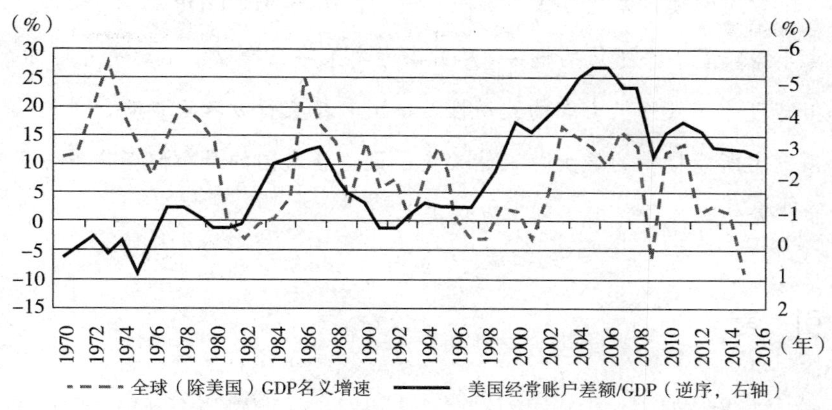

图2-18　1970—2016年全球（除美国）GDP名义增速和美国经常项目差额在GDP中的占比①

① 数据来源：Wind，中国金融四十人论坛。

以稳定为导向的中国汇率政策

乔·加农[①]

提要： 中国人民银行应该关注汇率政策的最终目标，即经常项目差额的稳定性和可持续性，而不是汇率本身。对中国来说，更好的政策是对外政策（外汇干预）以稳定经常项目差额为目标，同时货币政策（利率和货币供给）在财政政策的帮助下以稳定通胀和就业为目标。

以经常项目差额 0 作为基准、波动区间不超过 GDP 的 ±3% 的参考率策略是一个不错的框架。尽管参考率策略没有以汇率稳定为目标，但却可能有效降低汇率的波动性。中国若想实行参考率策略，首先必须确定所能接受的最少外汇储备量，最适合中国的最小储备衡量方式也许是短期外债，即不到 1 万亿美元。

引　言

从 1995—2014 年，中国参考美元来管理汇率，人民币对美元汇

① 作者乔·加农（Joseph Gagnon）系 PIIE 高级研究员。本文版权由彼得森国际经济研究所所有，翻译版权由中国金融四十人论坛所有（Copyright © 2017 Peterson Institute for International Economics,Simplified Chinese translation Copyright © 2017 by China Finance 40 Forum ALL RIGHT RESERVED）。

率在极度稳定期和受控的小幅波动升值期之间变动（见图 2-19 中的实线）。2015 年开始，中国允许人民币对美元贬值，这可能反映了中国转而关注更广义的人民币汇率衡量指标。J.P. Morgan 的人民币实际有效汇率（见图 2-19 中的虚线）从 2015 年末开始贬值，但此次贬值可能是 2014—2015 年升值后的调整，即重回 2010—2013 年期间形成的升值趋势线[①]。对美元汇率而言，2015 年以后人民币有较大贬值，但大部分其他货币都是如此。

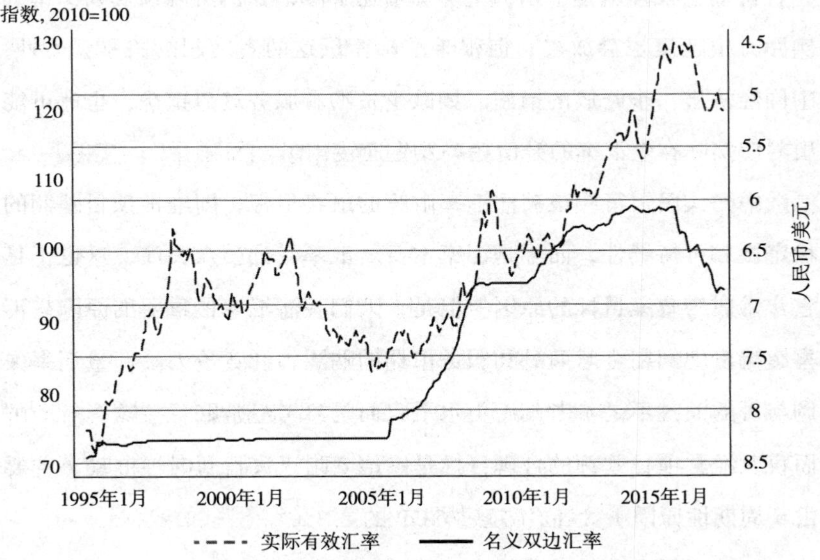

图 2-19　1995 年 1 月—2017 年 3 月人民币汇率升值趋势线[②]

就经济政策而言，实际有效汇率是优于对美元双边汇率的指标，但这并不意味着最好的政策就是稳定实际有效汇率。对中国而言，对

---

① 有很多衡量人民币实际有效汇率的指标，这里选用 J.P. Morgan 指数并不意味着其优于其他指标。

② 数据来源：Haver Analytics。

外政策应该更关注于稳定经常项目差额，同时将货币政策聚焦于稳定通胀和就业。

聚焦失衡：一种参考率策略

在过去的20多年中，人民币实际有效汇率呈现出显著的升值趋势。只要中国的生产率增速始终快于其他国家，这种升值趋势则很可能会一直持续下去。由于中国的生产率增速下降，我们可以预期人民币的实际升值速度也会放慢，但很难准确衡量这两者之间的关系。另外，中国经济进一步开放的措施，如减少货物和服务进口壁垒，也有可能暂时使实际有效汇率的升值趋势发生逆转[①]。

中国人民银行应该关注汇率政策的最终目标，即经常项目差额的稳定性和可持续性，而不是汇率本身。汇率受到公众关注，这也正是它常常成为政策目标的原因。但是，人们关注汇率最重要的原因是汇率影响着他们在全球商品和服务市场的购买力和竞争力。衡量汇率失调与否的关键不是参考其历史水平，而是参考经常账目差额。对中国而言，经常项目差额的合理目标是围绕0附近进行暂时性波动（主要由于周期性原因），区间不超过GDP的 ±3%[②]。

经常项目失衡将产生经济和政治的双重影响。在经济方面，经常项目决定了一个国家对其他国家而言是净借出者还是净借入者。考虑到中国目前的发展阶段，人们可能会认为中国是净借出者，但考虑到

---

① 标准经济学理论认为贸易壁垒会导致一国货币升值。

② Cline 和 Williamson（2008）推荐大多数国家采用这一目标区间。

中国居民较高的储蓄率，经常项目差额为 0 可能是一个合理的常态[①]。

经常项目还会产生重要的政治影响。美国长期的经常项目赤字在特朗普成功当选美国总统的过程中起到了重要作用，他的口号引起了美国工人的共鸣，这些工人或因进口贸易而失去了工作，或者担忧由于进口的竞争将面临失业。即使经常项目处于平衡状态，也存在由进口贸易造成的失业和随之而来的对贸易保护政策的呼吁。但当美国处于经常项目赤字而非盈余时，贸易保护政策能获得更多普通民众的支持。

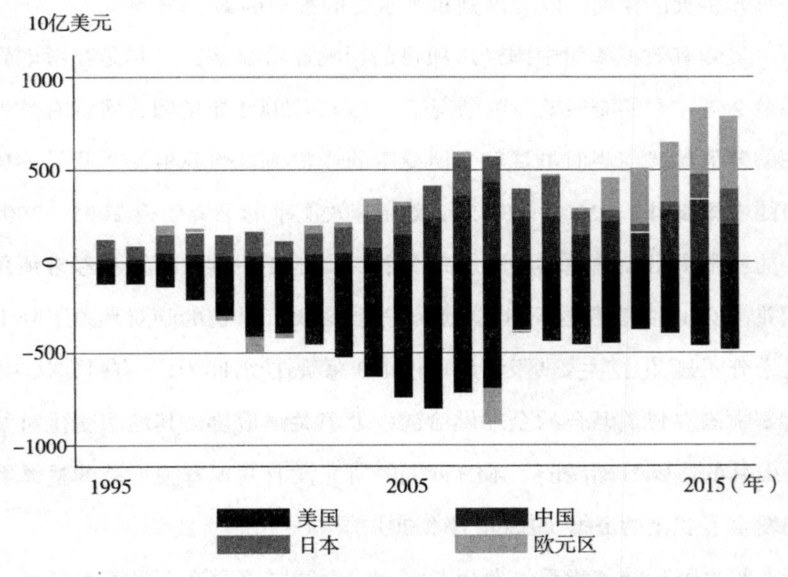

图 2-20　1995—2016 年经常项目失衡情况[②]

① 在 2015 年的对外部门报告中，IMF 为中国设定了经常项目差额为 0 的目标。在其 2016 年的报告中，这一目标被上调至 GDP 的 1%，但并未给出变化的原因。不仅如此，2016 年报告还将主要经济体的经常项目差额标准都向其实际值靠拢，这可能是希望通过认可目前成员国贸易失衡的现状来避免与其成员国政府部门的冲突。另一种可能是，这种贸易失衡更多的是由各种市场力量导致的，而不是来源于已知的政策差异。然而，事实已经不止一次地证明市场不能很好地分配国际资本。

② 资料来源：IMF 世界经济展望数据库，2016 年数据来自 Haver Analytics。

从图 2-20 中可以看出，全球主要经济体的经常项目失衡在大约 10 年前达到了顶峰，在国际金融危机期间迅速缩窄。随后几年，贸易失衡比较稳定，规模相对缓和，但目前又呈现出了扩大的趋势。如果原油价格没有急剧下降，美国 2015—2016 年经常项目赤字的扩大将会更加明显。由于近期美元升值的延迟效应，美国的赤字在未来两年中可能会更加严重（Cline,2016）[①]。由于商品价格下跌,中国 2016 年经常项目顺差本应扩大,但实际却减少了[②]。因此，中国并不是全球失衡重新扩大的原因。欧元区则是更重要的推动因素。

实际有效汇率对中国经常项目的影响非常显著，尤其是在考虑到一般 2 年左右的滞后效应的情况下。1995—2002 年期间，实际有效汇率的升值趋势与当时虽然较少但稳定的经常项目顺差相关（见图 2-19 中的中国部分）。2002—2005 年实际有效汇率的下降使得 2005—2007 年的经常项目顺差达到历史最高水平，2005 年后的升值又将经常项目顺差占 GDP 的比例拉回 3% 以内。虽然以美元计价的绝对顺差下降不是十分明显,但这主要是因为中国 GDP 总量在高速增长。有研究认为,由于中国在日益融合的全球供给链中处于关键地位，其汇率变化对贸易失衡的影响日渐减弱。IMF 近期的研究没有发现有关汇率的整体影响发生了变化的证据（Leigh 等，2017）。

作为国际储备货币的发行者之一，中国应该允许人民币汇率自由浮动，然而，这并不意味着可以放任汇率和经常项目差额的波动。正

① 在 2016 年 10 月的预测报告中（待更新），IMF 不认为美国经常项目逆差将显著扩大，不过 IMF 历史上并未成功预测到贸易失衡的扩大。

② Brad Setser 认为近年来统计上的技术性变化夸大了中国旅行项下的进口数据，但即使对这一数据进行较大修正也无法使中国 2016 年的经常项目顺差大于 GDP 的 3%。（http：//blogs.cfr.org/setser/2017/04/04/chinas-confusing-trade-and-current-account-numbers/#more-8371）。

确的做法是采取 John Williamson（2007，2016）提出的参考率策略。图 2-21 说明了参考率策略在中国的历史经常项目数据下的运行情况。长期目标是经常项目差额为 0，在 GDP 的 ±3% 范围内周期性波动（见图 2-21 中的虚线）。当经常项目顺差高于 GDP 的 3% 时，不能买汇而鼓励卖汇[①]。当经常项目顺差在 GDP 中的占比低于 3% 时，买汇将受到一定限制，卖汇仍将被鼓励，虽然在差额趋向于 0 时鼓励力度会减小。当经常项目为逆差时，规则与上述相反。为了简化，这些规则对应于同期的经常项目数据，在较为理想的情况下，规则应该对应于两年后经常项目差额的预测。

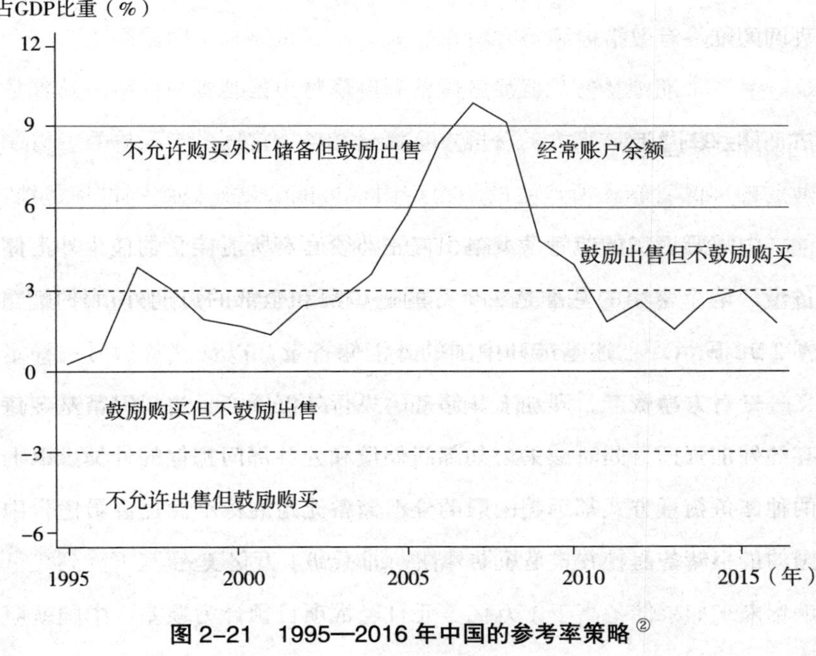

图 2-21 1995—2016 年中国的参考率策略[②]

① 如果一国的外汇储备低于最低充足水平，卖汇将不被鼓励。下文将讨论中国的这一临界值。

② 资料来源：IMF 世界经济展望数据库，Haver Analytics。

需要强调的是，参考率策略并不直接调控汇率水平本身，它指导我们进行外汇干预，核心是防止过度的经常项目失衡。这样做，干预就能最小化经常项目失衡。近期的研究也报道了外汇干预政策对经常项目收支的重要影响（Gagnon 等，2017）.

如果参考率策略清晰地传达至金融市场，很可能将有助于减少汇率的过度波动。金融市场易受市场参与者们过度乐观和悲观情绪的影响，导致短期内大额资本跨境流动，以及汇率的失衡。针对国际资本过度流动的官方干预政策不仅有利于减少失衡，而且有助于纠正汇率失调。很多因素影响着一个国家的汇率，仅仅参考历史数据很难判断汇率是否失调，而经常项目差额（以及其短期预测值）则是反映汇率失调的唯一有效指标。

向新框架过渡

中国要想实行参考率策略，首先必须确定所能接受的最少外汇储备量。两个常用的基准是 3 个月的进口额和全部的短期外币外债[①]。图 2-22 显示了上述基准和中国的外汇储备量，以及储备的另一种定义——官方净资产，即加上非储备的央行外汇资产、主权财富基金持有的外汇资产，同时减去公共部门外债和公共部门担保的外债。以上两种储备衡量方式都远超一般的外汇储备充足度标准。也许最适合中国的最小储备衡量方式是短期外债，即不到 1 万亿美元。

未来如果储备高于 1 万亿美元且经常项目预计为顺差，中国就应

① 在IMF最近的一篇文章中（2015），提出了一种替代性的储备充足度衡量标准，由于这一标准依赖于广义货币供应，因此对中国来说较一般标准要高。对于采取灵活汇率的国家，国内货币存量不应是评估储备充足度时的主要指标。

通过卖出外汇的方式减缓实际有效汇率的下降趋势；当储备接近1万亿美元，应该允许实际有效汇率贬值并卖出外汇储备；当储备低于1万亿美元时，应允许实际有效汇率自由贬值。只有当经常项目可能在两年内变成逆差，或储备低于1万亿美元时，才可以抑制汇率升值压力。只要中国的生产率增长速度快于其他国家，实际有效汇率就很有可能继续保持上升趋势。

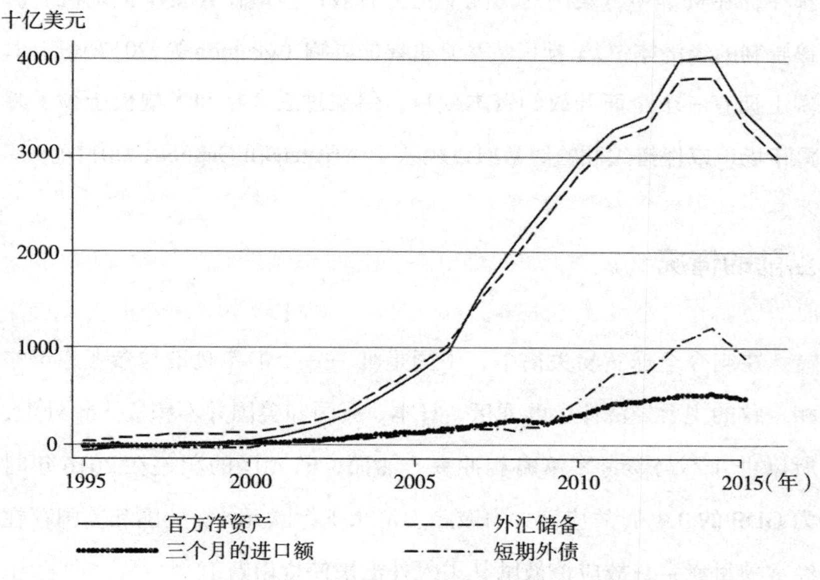

图2-22　1995—2016年中国外汇储备充足度[①]

据报道，2015年8月以后，中国收紧对资本外流的限制，或至少强化现行限制。从长远来看，中国应该开放资本市场，但最好缓慢进行，而将改善金融监管和放宽国内市场限制作为重中之重。只要人民币是

① 数据来源：IMF国际收支数据库，世界银行外债数据库，Bergsten和Gagnon（2017）。

国际货币基金组织“特别提款权”货币篮子的一部分（这反映出中国要使人民币成为国际储备货币的愿望），那么就应该继续对外国投资者开放债券市场。

有人可能会认为，在具有独立货币政策和开放资本市场的经济体中，参考率策略是无法奏效的。这个结论在包含有效资本市场的模型中成立，但实际上，金融市场效率并不高。研究表明，经过对冲的外汇干预在存在资本项目限制的情况下更为有效，但即使在资本流动没有法律限制的经济体中，干预仍然具有重要的影响（Gagnon 等，2017）。例如，瑞士拥有一个全面开放的资本项目，但在过去 8 年间大规模干预了外汇市场，以保持大额的经常项目顺差（Bergsten 和 Gagnon，2017）。

当前的情况

在当今全球贸易失衡中，中国是唯一一个汇率政策与参考率策略相一致的主要经济体。欧元区、日本、英国和美国并不积极干预外汇，所以也并不与参考率策略相冲突。然而，欧元区的顺差在 2016 年时为 GDP 的 3.4%，故应该大力鼓励卖汇来支撑欧元[①]。英国和美国存在经常项目赤字，故应该鼓励其买入外汇来使货币贬值[②]。

中国非常高的储蓄率和投资率加大了中国和全球经济的风险。投资的崩塌将有可能导致中国经济的衰退并扩大中国的经常项目顺差。如果衰退伴随着汇率突然贬值，那么对其他国家的溢出影响将更大。

① 经常项目数据可从以下地址获取：https：//www.ecb.europa.eu/press/pr/stats/bop/2017/html/bp170217.en.html。

② 英国逆差大于 GDP 的 3%，但 2016 年以来的英镑贬值意味着这一逆差可能会在 2017 年缩窄。

另外，中国经济的再平衡进程过于缓慢，为了减少过度和不可持续的储蓄和投资，应该鼓励消费以实现较以往更快速度的增长。

研究表明社会保障（如健康和教育）方面的公共开支对消费具有非常显著的促进作用，每花出 1 美元，有至少 50 美分至多 1 美元的消费增加，即使开支的资金完全来源于税收增加也是如此（IMF，2012；Gagnon，2013）。对全世界而言，通过改善社会保障体系来增加居民消费将会是双赢的举措，将会使中国日益增大的投资风险减小，提高中国居民的生活标准，减少中国对其他国家的贸易顺差。

结 论

很显然，中国的政策制定者对于经济发展的稳定性非常关注。然而，无论是以对美元的双边汇率还是以贸易加权的实际有效汇率来衡量的汇率稳定，都将无法给中国带来稳定的对外平衡，而对外平衡从根本上讲是更重要的。对中国来说，更好的政策是对外政策（外汇干预）以稳定经常项目差额为目标，同时货币政策（利率和货币供给）在财政政策的帮助下以稳定通胀和就业为目标。旨在减少过度储蓄的结构性改革也非常关键。放开国际资本流动从长期来看是必需的，但首先应进行国内金融改革。

以经常项目差额 0 作为基准的参考率策略是一个不错的框架。当经常项目顺差与 GDP 之比超过 3% 时，中国就不需要买入外汇，并且当经常项目逆差与 GDP 之比超过 3% 时，也不需要卖出外汇。当经常项目差额高于 0 时应鼓励卖出储备，当经常项目差额低于 0 时应鼓励买入储备。尽管参考率策略没有以汇率稳定为目标，但却可能有效减轻汇率的波动。

第三章

中美双边投资与贸易的前景

中美双边投资的现状、展望及问题

郭　凯　王碧珺　杨元辰[①]

提要： 中美经济的互补性和中国经济的转型升级是驱动中美双边投资的主要动力。中美双边投资是一种双赢，而且发展潜力巨大。需要客观看待中美投资关系中双方的一些关切。致力于达成一个高标准、现实的中美投资协定是充分发挥中美双边投资的潜力，造福两国人民的最佳路径。这意味着要充分认识两国国情的差异，避免“对等开放”等极端措施，对不同行业有所区别，同时妥善处理好双方敏感的关切。

中美经济差异巨大、高度互补

作为世界第一大和第二大经济体，全球最大的发达和发展中国家，无论是从生产要素还是从产业结构而言，中美两国经济高度互补，整体上不属于竞争关系。

首先，中国和美国的资本密集度存在显著差别，中国总资本存量

① 郭凯系 CF40 成员、中国人民银行国际司副司长；王碧珺系中国社科院世界经济与政治研究所助理研究员；杨元辰系清华大学在读博士生。

约为美国的42%，人均资本仅为美国的10%。①

其次，中美的劳动力数量和素质存在巨大差异。中国的劳动力人口规模庞大，但受教育水平显著低于美国。2014年，中国高中及以上受教育程度人口占比只有36%，远低于美国90%的高中及以上受教育程度人口占比。

最后，中美的技术水平仍存在巨大差距。美国在很多产业处于国际技术前沿，中国仍然整体上处于追赶和学习过程中。例如，从增量和创新能力角度看，美国的科研投入是中国的2倍，每百万人口中科研人员是中国的4倍（见表3-1）。

表3–1　中美主要生产要素对比 ②

	中国	美国
资本存量（万亿元）	160	382
人均资本（万元）	12	119
劳动人口（亿人）	8.0	1.6
平均受教育年限（年）	7.5	12.9
科研投入（万亿元）	1.4	3.0

与这些差异相对应的是两国在产业结构和劳动生产率方面的巨大差异。产业结构方面，从增加值上看，中国第一产业增加值占8%，美国仅为1%；中国第二产业占国民经济的比重为20%，显著高于美

① 根据美国经济分析局（Bureau of Economic Analysis，BEA）的统计，2015年美国资本存量为59.32万亿美元，约合人民币382万亿元，人均资本119万元。至于中国，虽然官方并没有公布资本存量的数据，但不同学者给出了大体相似的测算结果（张军和章元，2003；单豪杰，2008；雷辉和张娟，2014）。沿用永续盘存法，2015年中国资本存量约为160万亿元，人均资本12万元。

② 数据来源：中国国家统计局，美国经济分析局，世界银行，联合国开发计划署。

国同期的 12%；美国第三产业发达，第三产业增加值占 GDP 的比重为 79%，而中国的这一指标数字仅为 53%，第三产业相对落后（见表 3-2）。从劳动生产率[①]来看，美国在所有行业全面领先，中国的平均劳动生产率仅为其 1/5。总体来看，在第一、第二、第三产业中，中国第三产业的劳动生产率与美国的差距最小，人均增加值相当于美国 33%；其次是制造业，劳动生产率为美国的 16%；中国第一产业人均增加值仅相当于美国的 9%（见表 3-3）。

表 3-2 中美产业结构对比[②]

	就 业				增加值			
	中国		美国		中国		美国	
行业	人数（万人）	占 GDP 的比重（%）	人数（万人）（%）	占 GDP 的比重（%）	增加值（亿美元）	占 GDP 的比重（%）	增加值（亿美元）	占 GDP 的比重（%）
第一产业	28995	38	483	3	12298	8	2178	1
第二产业	17267	22	2109	14	61219	39	32426	21
- 采矿业	871	1	83	1	5460	4	4261	3
- 制造业	12067	16	1233	8	31519	20	19562	12
- 供应业	747	1	55	0	5392	3	2614	2
建筑业	3582	5	738	5	17849	12	5989	4
第三产业	30706	40	12484	83	81839	53	126392	79
- 金融业	1232	2	612	4	8892	6	11113	7
- 房地产业	812	1	192	1	12968	8	18990	12
- 其他服务业	28662	37	11681	77	59979	39	96289	60

① 注：本文中劳动生产率为行业增加值与本行业就业人数之比。

② 数据来源：中国国家统计局，美国劳工统计局，美国经济分析局。

表 3-3　中美劳动生产率对比[①]

行业	中国（美元 / 人）	美国（美元 / 人）	中国 / 美国（%）
全行业平均	20052	106783	19
第一产业	4241	45093	9
第二产业	35454	153751	23
- 采矿业	60681	513373	12
- 制造业	26120	158654	16
- 供应业	72177	475273	15
- 建筑业	49831	81152	60
第三产业	26652	101243	26
- 金融业	17517	86519	20
- 房地产业	12966	87423	15
- 其他服务业	11795	35750	33

贸易结构是产业优势的延伸。2016 年，中美贸易总额为 5196 亿美元。从产品结构看，中国主要从美国进口芯片、飞机等资本和技术密集型高附加值产品，而出口美国的大多是纺织制品、塑料制品等劳动密集型、低附加值产品。从行业结构看，中美服务贸易额已超过 1000 亿美元，美方对华保持巨大顺差，既反映了中国制造业相对发达，服务业发展落后的现状，也体现了美国在服务业领域的世界领先地位。

综上所述，无论从资源禀赋、产业结构还是对外贸易角度来看，中美均存在着巨大差异，强烈的互补性为两国提供了互利共赢的合作机会。中美两国的巨大差异和互补关系决定了两国之间的投资关系也是互补多于竞争，合作共赢的空间多于分歧摩擦的领域，中美投资

① 数据来源：耿德伟．中美行业结构及劳动生产率差异比较研究[J]. 发展研究，2016（10）：11-15。

增长和惠及两国人民的潜力也许要超越全球其他任何一对双边投资关系。

中美投资现状、驱动因素和展望

（一）中国对外投资和对美投资（ODI）

1. 中国对外直接投资：起点低、增速快、结构有所优化

继2015年中国对外直接投资首次仅次于美国、位列全球第二之后，2016年中国非金融类对外直接投资创新高，达到1701.1亿美元，同比增长40.1%。自2003年以来，中国非金融类对外直接投资流量实现连续14年增长，平均增长速度高达37.9%。

从行业结构来看，制造业增长强劲，部分服务业发展较快，采矿业大幅下降。2015年制造业ODI（对外直接投资）同比增长108.5%。其中，对外装备制造业直接投资大幅增长158.4%，达到100.5亿美元，占制造业投资的半壁江山（50.3%）。此外，部分服务业海外投资增长迅速，文化、体育和娱乐业，住宿和餐饮业，水利、环境和公共设施管理业，信息传输、软件和信息技术服务业，以及科学研究和技术服务业的投资均有大幅上涨，2015年涨幅范围在100.6%~236.6%之间。与制造业和部分服务业ODI如火如荼的情况相比，采矿业ODI遇冷，继续大幅下降。2015年较2014年减少了32%，不到2013年248.1亿美元的1/2（占比为45%）。

2. 中国对美直接投资：增速更快、规模被低估、转向先进制造业和消费行业

美国是中国对外直接投资的重要目的地。根据中国官方数据，从

流量上来看，2015年美国成为中国ODI第五大目的地。从存量上来看，2015年末中国对美直接投资408.02亿美元，占比达3.7%，美国成为中国ODI第四大目的地。2004—2015年，中国对美直接投资平均增幅达到58.2%，高于同期中国ODI整体增幅（44.1%）14.1%。事实上，中国官方数据还很可能低估了对美直接投资规模，因为有部分对美投资是通过中国企业在中国香港、开曼群岛等地区设立的平台公司进行的再投资。与此相比，美国商务部下属的BEA统计显示，2004—2015年，中国对美ODI平均增幅为33.8%，同样呈高速增长的态势。

从行业上来看，中国对美直接投资集中在制造业和金融业，两者占中国对美ODI存量的的比重分别为26.3%和25.3%。但近年来，中国对美先进制造业、消费和高新技术产业的直接投资明显增多。2015年，中国对美制造业的直接投资居于首位，同比增长122.2%，占对美投资流量的49.9%；对科学研究和技术服务业的投资位居第三，同比增长447%，占对美投资流量的15.3%。此外，中国对美文化、体育和娱乐业，信息传输、计算机服务和软件业的投资也实现了较快增长。美国方面同样提供了中国对美ODI的行业数据，虽然行业分类与中国不尽相同，但二者呈现出了大体一致的分布结构：金融业和制造业占据了中国对美ODI存量的前两位，占比分别为22.6%和21.8%，紧随其后的是电子工业等新高技术产业，均呈现出较快的增长趋势。2004—2015年，中国对美直接投资（ODI）流量情况如表3-4所示。

表 3–4　2004—2015 年中国对美直接投资（ODI）流量对比

年份	中国官方数据[a]		美国官方数据[b]	
	流量（百万美元）	增速（%）	流量（百万美元）	增速（%）
2004	232	—	151	—
2005	198	–15	139	–8
2006	196	–1	211	52
2007	196	0	-201	–195
2008	462	136	521	–359
2009	909	97	519	0
2010	1308	44	1676	223
2011	1811	38	298	–82
2012	4048	123	3478	1067
2013	3873	–4	779	–78
2014	7596	96	1998	156
2015	8029	6	4985	149

3. 中国对外直接投资对本国和东道国都产生了多方面的积极影响

在对中国自身的积极影响方面：首先，对外直接投资显著提升了企业的生产率和技术效率，延长了企业创新的持续期。其次，对外直接投资对中国国内就业产生了显著的正向促进作用。最后，对外直接投资成为中国对外贸易结构转型升级的重要加速器。

在对东道国的积极影响方面：首先，为东道国贡献了大量税收。2015 年，中国境外企业向投资所在国家（地区）缴纳各种税金总计 311.9 亿美元，同比增长 62.9%。其次，为东道国贡献了大量就业。截至 2015 年末，中国境外企业员工总数 283.7 万人，其中雇用外方员工 122.5 万人，占比为 43.2%，其中中国境外企业雇用美国当地员工达 8 万多人[③]。

---

① 数据来源：中华人民共和国商务部。

② 数据来源：美国经济分析局（BEA）。

③ 中华人民共和国商务部、中华人民共和国国家统计局和国家外汇管理局 . 2015 年度中国对外直接投资统计公报［M］. 北京：中国统计出版社，2016。

（二）美国对华直接投资（FDI）

1. 美国对华直接投资：占比较低、增速较快、行业分布均匀

中国商务部数据显示，2016 年美国对华直接投资金额为 38.3 亿美元，较 2015 年同比增长 83.3%，增速创下近 10 年内新高，美国对华直接投资整体上呈现波动上升的趋势，美国方面的数据和中国相比虽差异较大，但这种趋势是一致的（见表 3-5）。

美国官方提供了关于对华直接投资的行业分布数据（见图 3-1）。从行业分布上看，电子及计算机行业在前期的美国对华直接投资中占据较大份额，但其比重却日益下降，交通业、金融业、食品业等后来居上。2015 年外商直接投资存量按行业细分科目表明，美国对华直接投资中各行业之间的整体分布较为均匀，各大类累计投资均超过 100 亿美元。制造业总体虽仍占据接近 60% 的绝对份额，但其内部结构日益优化：低附加值的采矿业占比大幅下降，交通和运输设备业的占比逐年上升，目前已约占总量的 1/7。与此同时，食品业等直接服务于消费者的行业投资额稳步上升。值得注意的是，受到经济周期和宏观政策的影响，金融业占比波动较大，2008—2010 年金融危机期间，金融业直接投资流量大幅收缩，2009 年占比不足 1%，2011 年有所反弹，后稳定在 10% 左右。1992—2015 年，美国对华直接投资（FDI）流量如表 3-5 所示。

表 3-5　1992—2015 年美国对华直接投资（FDI）流量对比

年份	中国官方数据[a]		美国官方数据[b]	
	流量（百万美元）	增速（%）	流量（百万美元）	增速（%）
1992	511	—	137	—
1993	2 063	304	353	158
1994	2 491	21	1 641	365
1995	3 083	24	208	–87
1996	3 443	12	1 083	421
1997	3 239	–6	1 302	20
1998	3 898	20	1 200	–8
1999	4 216	8	3 051	154
2000	4 384	4	1 739	–43
2001	4 433	1	941	–46
2002	5 424	22	–1 511	–261
2003	4 199	–23	691	–146
2004	3 941	–6	6 355	820
2005	3 061	–22	1 400	–78
2006	2 865	–6	7 443	432
2007	2 616	–9	3 251	–56
2008	2 944	13	24 217	645
2009	2 555	–13	142	–99
2010	3 017	18	4 927	3370
2011	2 369	–21	-5 335	–208
2012	2 598	10	853	–116
2013	2 820	9	5 940	596
2014	2 371	–16	7 046	19
2015	2 089	–12	7 060	0

① 数据来源：中华人民共和国商务部。

② 数据来源：美国经济分析局 BEA。

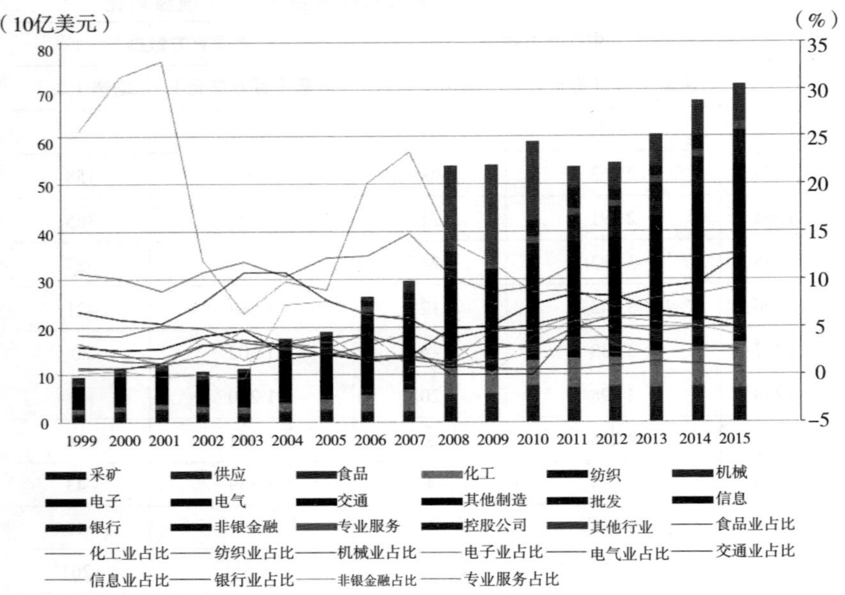

图 3-1 美国对华直接投资行业分布

2. 美国对华直接投资的经济效益

BEA 于 2014 年针对跨国经营的美国公司一项最新的调查显示，在华经营的美国跨国企业总资产为 5750 亿美元，较上年增长 41%，其中有近 40% 的资产集中在制造业，30% 的资产分布在金融业，其余的 30% 的资产均匀分布在批发零售、信息等多个行业，整体资产收益率为 7%，制造业收益率为 8%。国别之间横向对比，美国跨国企业对华直接投资的收益率超过了其整体平均值的 50%，体现了在华资金投入回报高的特点。

（三）中美投资驱动因素

1. 中国对美直接投资三大驱动因素

一是寻求技术等战略性资产，助力企业实现价值链升级。随着中国经济转型升级和国际竞争日益激烈，企业需要从低附加值的经营活动向高附加值的经营活动转移。与白手起家、自主研发相比，中国企业更倾向通过跨国并购来实现核心技术、研发设施、人力资本、品牌、消费者基础、市场渠道、管理技能等战略性资产的积累。这一因素在加快推进供给侧改革后更加显著。美国是全球最大经济体，科学技术尤为领先，成为中国企业优选标的。

二是获得美国巨大的消费市场。美国市场规模大、市场增长快，但中国企业担心面对贸易和非贸易壁垒。因此，有部分中国企业通过在美直接投资转移生产基地，从而保持在当地的市场份额，甚至打开中高端市场。以海尔为代表的中国制造业企业，通过在美国投资建厂、直接销售商品，绕过可能存在的壁垒，缩短贸易距离。

三是资本多元化配置。美国是世界上最大也是最重要的经济体，有高度发达的现代市场经济、良好的运营环境以及健全的法制。因此，美国成为中国资本全球多元化配置的重要目的地之一，部分企业加强对包括美国在内的海外优质资产的配置。

2. 美国对华直接投资三大驱动因素

一是中美之间的比较优势。美国的优势产业集中在高端制造业和服务业。美国对中国进行直接投资，降低成本的生产转移，专注于关键部件生产、高技术研发和客户服务，如此一来，双方都能发挥彼此的比较优势。

二是产业链的全球布局。在中国直接投资，有利于美国跨国公司实现全球产业链一体化，提高全球竞争力和国际影响力。同时，资源全球配置还有利于确保企业的产品供应，提升抗风险能力。

三是中国巨大的消费市场。近年来，中国的社会消费品零售总额一直保持着两位数的高增长，2016年居民零售总额达到33.2万亿元，同比增长10.4%[①]。例如，2016年，通用汽车公司的全球销售增长率为1.6%，中国区销售增长率则达到了7.2%。中国庞大的市场规模和快速的经济增长令全球无数企业从中获益，也成为驱动对华直接投资的巨大动力。

（四）中美投资展望

中美双边投资潜力巨大。首先，中美双方对对方的投资都还较少，与两国的经济地位和贸易关系不完全对称。由于起步较晚，中国ODI存量规模仍然不大。同时，中国对外直接投资占GDP的比重偏低。在美国对华直接投资方面，截至2015年，美国累计对华直接投资存量为756亿美元，仅占其对外直接投资总额的2%[②]。

其次，驱动中美双边投资的基本因素不仅长期存在，有的甚至不断增强。中美两国在资源禀赋和产业结构方面的巨大差异和强烈互补性会长期存在，且在可以预见的未来都是互补的。伴随着中国经济转型升级，不论是技术、市场寻求型动机，还是全球多元化资本配置需求型动机，都会推动中国对外直接投资蓬勃发展；而美国如果能够在中国拉动内需的背景下积极拓展中国市场，则双方均可借助彼此的力量实现长期可持续发展。

---

① 数据来源：国家统计局《2016年国民经济和社会发展统计公报》。

② 数据来源：美国经济分析局BEA。

然而，要想充分发挥中美双边投资的潜能，就意味着必须处理好双边投资关系，尤其要处理好双边投资产生的摩擦。

中美投资问题和分析

（一）双方关切

近年来，中美双方在双边投资领域都存在一些关切，这些关切主要集中在营商环境、公平竞争、准入限制、数据流动与信息技术、国家安全审查、知识产权保护等领域。

1. 营商环境

在美国的企业界、智库和政府机构中间，关于中国的营商环境较过去有所恶化的观点正在受到越来越多的关注。美国中国商会 2017 年年初的一份调查显示，参与调查的美国公司中有 81% 在中国感到“更不受欢迎”，而 2016 年这一比例是 77%。美国亚洲学会的一份报告则称，自 2007 年以来，中国改革开放逐渐放缓，目前已实际停滞，中国的商业环境日益具有挑战性。随着吸引外资优惠政策的淡出与近期对外汇业务审查的加强，部分在华企业认为中国的营商环境正日益变差。

2. 公平竞争

亚洲学会报告认为，中国政府出台了一系列零和博弈、重商主义的贸易与投资政策，这些政策严重地倾向于国有企业与中国本土企业，例如：通过信贷、补贴及其他政策性手段支持国有企业，鼓励国有企业占有市场，对希望进入中国市场的公司强制要求技术转移，对外国企业与投资者歧视性执法等。这些政策加剧了市场的激励扭曲，导致美国企业在竞争中处在不公平的劣势地位，经营更加困难。美国希望中国进一步推进改革开放与市场化进程，减少对国有企业的补贴与政策支持，实现企业的公平竞争。

3. 准入限制

目前，中国在一些领域仍然存在着部分限制或者完全限制外资投资准入的情况，包括粮农食品加工、金融、文化与出版、通信、教育及能源等行业。以金融业为例：2012 年 10 月，经修订的《外资参股证券公司设立规则》规定，合资证券公司外资持股比例不得超过 49%，同时基金管理公司外资持股比例仍不能超过 49%。目前美国希望中国能够放宽外资投资准入，包括采取措施提高外资金融机构参股证券公司和基金管理公司的持股比例上限。美国对外资投资虽然整体上较为开放，较少有准入限制，但过去的一些案例让中国企业担心部分行业对中国投资存在歧视或政治阻力，例如中海油收购优尼科的案例以及贝恩和华为收购 3Com 公司的案例。

《中华人民共和国网络安全法》规定，关键信息基础设施的运营者在中国境内运营中收集和产生的个人信息及重要数据应当在境内存储。此外，中国实施针对信息通信产品的网络安全审查制度，要求使用“安全可控”的技术，要求银行业使用国产密码算法等。美国希望中国放开金融服务业对数据流动的严格限制及对数据本地存储的相关要求，修改不必要的安全审查制度和数据安全许可制度，确保“安全可控”技术的定义是非歧视性的、不危及有关企业的知识产权保护，各项技术安全措施均应与 WTO 规则及国际最佳实践相匹配。

4. 国家安全审查

中美双方都担心彼此的国家安全审查可能成为双边投资的障碍。中国企业广泛认为，美国负责外国投资审核的美国外资投资委员会（CFIUS）以国家安全理由限制中国企业在美投资文化传媒、通信产业或半导体等高科技企业。美国部分参议员还呼吁扩大 CFIUS（美国外资投资委员会）的权限，进一步加强对中国在美投资的国家安全审查。中国希望美国能够提高美国国家安全审查的透明度和公平性，切实解决中资企业赴美投资中遇到的问题，反对以“国家安全审查”为由实行投资保护与歧视行为。另外，中国此前公布的《中华人民共和国外国投资法（草案）》征求意见稿中，对国家安全审查也进行了具体规定，美国对中国国家安全审查的范围、程序等也存在一些关切，担心中国的国家安全审查成为新的投资壁垒，但该法规仍在制定中。

5. 知识产权保护

尽管中国的知识产权保护法律法规不断完善，保护力度也日益增强。然而，2015 年美国贸易代表办公室的报告指出，外资企业的专利、版权、商标及药品数据等知识产权在中国无法得到有效保护，信息技术领域的安全审查与“安全可控”要求亦对该领域的知识产权保护产生了不利影响。

（二）双方关切背后的客观因素

世界银行发布的《营商环境报告》显示，中国近三年的营商环境便利度排名依次为第 90 位、第 84 位、第 78 位，尽管仍然处于中下游位置，但营商环境是在改进而不是恶化。美国企业的主观感受和实际情况并不完全吻合，生发不对称误读可能存在以下原因。

第一，中美仍处于不同发展阶段。中国仍是发展中国家，在开放程度上不及发达国家。随着中国市场变得日益重要，美资企业进入中国市场的愿望更加强烈。高期待和现实之间的差距导致美国产生了中国不再欢迎外资。

第二，更多外资企业开始进入开放度相对较低的产业。总体来讲，中国制造业开放程度较高，而部分服务业在准入和开展业务方面还存在一定门槛。随着中国经济转型升级，越来越多身处金融服务、文化、通信、教育等领域的美资企业希望进入中国市场，这些企业在准入限制、公平竞争环境等方面遇到的问题较原来更加突出，似乎感到投资环境有所恶化。

第三，在中国经济转型升级的大背景下，企业面临的整体商业环境更加复杂。从经济增速来看，中国 GDP 增速在 2000—2008 年之间的平均水平为 10.4%，但危机后一路波动下行，到 2016 年已经降至 6.7%。根据有关研究，中国企业的投资回报率在 2000—2008 年还大致稳定在 8%~10% 的水平，但目前已降至 2%~3%。此外，受劳动力成本上升、产业政策调整等因素的影响，企业之间的竞争更加白热化，不论是中资企业还是外资企业，都感受到较大的生存压力。

第四，过去美资企业在华享受了很多“超国民待遇”，不能认为这是外资在华发展的常态。前些年，一些地方政府在招商引资过程中存在不规范行为，通过出台各种优惠政策，为外资企业创造便利。近年来，中央政府更加注重投资环境的规范化和法制化，严禁各地区自行制定优惠政策，强调对不同企业一视同仁。一些外资企业在“超国民待遇”回归常态之后产生了一定的心理落差，误认为受到“歧视”。

第五，中国本土企业的竞争力不断提升，对外资企业的确造成了一定压力。近年来，中国本土企业的整体竞争力持续提高，中美企业之间的差距不断缩小。一批优秀的中国企业依靠技术创新，在竞争中脱颖而出。以金融支付领域为例，腾讯公司、阿里巴巴等企业在移动支付领域的创新能力已经达到世界先进水平，成为行业“排头兵”，给在华外资企业造成了一定的竞争压力。

与此同时，中国企业对美国投资环境也存在一些误解。部分中国企业在“走出去”过程中感到美国安全审查过于严格，其实也有中国企业自身的原因。在赴美投资过程中，一些中国企业存在国际化水平不高、与当地部门沟通能力不强、应对法律风险和政治风险能力不足等问题。这些因素可能是导致中国企业在国际竞争中碰壁的真正原因，由于中国企业对美国具体国情不够了解，有可能将失利原因归咎于美国安全审查机制过于严格。

尽管中美双方企业的认知程度因受上述客观因素的影响存在一定的差异，但双方的关切确实存在，需要得到妥善解决。中美两国经济互补性强，合作空间巨大，若能创造良好的双边投资环境，将能充分发挥两国经济潜能，造福两国人民。

政策建议

（一）中美双方应尽力避免按照“对等原则”开放投资

美国应避免在开放问题上对中国采取较为严厉的措施，“硬碰硬”的做法只能导致两败俱伤。近期，美国一些专家提出，可通过较为严厉的措施“胁迫”中国开放市场，比如按照“对等原则”开放投资：如果中国的开放程度达不到美国要求，就对中国国有企业在美收购设立更高的门槛，或施加更严格的国家安全审查。这种“对等原则”忽略了中美处于不同发展阶段的客观事实，可能会导致两败俱伤的后果。

中美双边投资体现了两国经济的互补性和各自的比较优势，对双方互惠互利。在美投资的中资企业为美国社会创造了越来越多的就业机会，让美国消费者得以享受低价的商品和服务，为美国带来了实实在在的利益。如果按照“对等原则”开放投资，实际上是美国在对外开放的问题上走“回头路”，结果只能导致美国市场对中国企业更加封闭，势必影响在美企业的投资环境，是一个两败俱伤的选择。

（二）高标准、符合现实的双边投资协定是最佳路径

解决中美双方在投资中的关切，充分实现双方投资潜力的最佳途径是达成一个高标准、符合现实的双边投资协定。高标准的双边投资协定才能保证充足的开放水平，有助于中国全面提升对外开放水平，以开放促改革，带动国内相关产业的转型升级。符合现实的双边投资协定才更有实现的可能。考虑到中美两国国情差异较大，美国期待中国在短期内“一劳永逸”地实现完全开放是不现实的。美国要有合理和恰当的预期，在推动双边投资协定时不能急于求成，要有所侧重，从重点行业入手，区别对待。可将谈判重点放在金融、医疗保健、制造业等开放空间大、敏感程度相对较低的领域，对于其他一些相对敏感的行业，要有足够的耐心。中美两国仍应继续加强沟通，力求先在某些领域达成“早期收获”，避免过于追求“全面”和“完美”而导致谈判停滞。

营造彼此开放、鼓励竞争的投资环境是“双赢”的选择。中国在制造业方面具有一定的比较优势，而美国在高端制造业和金融服务业等领域更加领先。如果中美双方都对彼此开放市场，将会带来良性竞争，激活各自经济活力，为两国创造更多就业，实现“双赢”。政策制定者应尽力避免保护主义思维，不应“把蛋糕做小”，而应关注如

何更好地分配“更大的蛋糕”。

（三）妥善解决双方关切的具体建议

1. 国家安全审查机制应更有针对性，避免被“滥用”

中美两国对于自身国家安全的关切应该得到尊重和理解，但同时要避免以国家安全为幌子，将所有相关的外资企业一律拒之门外。在国家安全审查机制设计上，一是要有针对性，要清晰地界定哪些领域、哪些技术属于国家安全的范畴，避免过于宽泛或过于模糊；二是要有清晰的审查流程和审查标准，让外资企业对具体审查流程和标准做到心中有数；三是如果外资企业对安全审查结果持有异议，要保证其可以通过有效的申诉渠道进行申诉，并有补充材料和要求解释的权利。

2. 在数据流动性方面，两国可以考虑针对不同的行业商定不同的解决方案

数据流动对不同行业的重要性有所差异，敏感性也不同。试图用统一的方式和标准一次性解决数据流动性方面存在的问题，达成共识的过程有可能会十分漫长，也存在无法形成共识的可能性。针对不同行业商定不同的解决方案，不仅有可能在一些数据敏感度相对较低的行业较快地形成共识，在这些领域的合作也可能会增加双方的信任和尝试不同的解决方案，从而为寻找更为敏感行业的解决方案提供时间和可能性。

3. 加大对知识产权的保护符合中美双方的共同利益

中国已经明确要加快实施创新驱动发展战略。如果知识产权保护不到位，势必会影响企业和个人自主创新的激励，进而影响创新驱动战略的实施。因此，进一步完善知识产权保护机制，加大知识产权保

护力度，符合中国自身的利益，同时也有助于减少美国的关切。出于担心竞争的考虑而限制投资的做法，不仅使美国的创新失去重要的资金来源和市场，在中长期还将激励替代技术的创新和使用。

4. 自主可控和自主创新与公平竞争不应有冲突

自主可控针对的是技术和标准，一个国家应有权利制定符合自己国情和需要的技术和标准。在制定技术标准时，一国可将自身国家安全和其他方面的考虑融入标准，但一旦标准确定之后，就应同等适用于本国企业和外国企业，保证公平竞争，避免额外施加技术标准以外的基于国别的条件和限制。

5. 国有企业改革的讨论应去意识形态

中国在《中国共产党十八届三中全会公报》中已明确指出，要让市场发挥决定性作用，使国有企业真正发展为自主经营、自负盈亏、自我约束的市场经济主体。这一目标的实现将可以有效解决美国对国企补贴政策和要求更公平竞争环境的关切。从这个意义上讲，双方在国有企业改革的问题上并不存在严重的分歧。但如果关于国企改革的讨论过于意识形态化，双方形成的共识空间将会十分狭小。

美中双边投资的重要性：潜在经济收益

李·布兰斯泰特　布雷塔·格莱农　布拉德·詹森[①]

提要： 虽然中国在经济开放方面已经取得了重大进展，包括允许私营企业、国际贸易和外商投资等进入市场，但这一进程还远未结束。外商直接投资（FDI）中国服务性行业的壁垒相对较高，从而降低了服务行业生产力，抬高了价格，限制了中国消费者和企业的选择，最终抑制了经济增长。美中双边投资协定（BIT）则能在消除外商直接投资壁垒、促进两国经济发展方面发挥重要作用。一个高标准的BIT将对深化开放外资以及提高中国服务行业的竞争与发展水平产生重大影响。加大外商直接投资或将成为缩小中国第三产业和国际先进标准间生产力鸿沟的契机。若放开本土竞争与实施BIT同时进行，则一个高标准的BIT将在很大程度上提升中国经济增长潜力。

① 李·布兰斯泰特（Lee Branstetter）系PIIE非常驻高级研究员，卡内基梅隆大学经济学及公共政策教授；布雷塔·格莱农（Britta Glenno）系卡内基梅隆大学博士生；布拉德·詹森（J.Bradford Jensen）系PIIE非常驻高级研究员，乔治华盛顿大学国家商业与经济学教授。本文版权由彼得森国际经济研究所所有，翻译版权由中国金融四十人论坛所有（Copyright © 2017 Peterson Institute for International Economics,Simplified Chinese translation Copyright © 2017 by China Finance 40 Forum ALL RIGHT RESERVED）。

中国欠发展的服务业是未来经济增长的关键

目前，中国以前所未有的速度发展，已经成为世界制造业大国和出口大国。然而制造业在中国当代经济中所担当的重任既反映了中国制造行业的实力，同时也暴露了服务业相对弱势的地位。Lardy（彼德森国际经济研究所，2012，2014）的研究表明服务业在中国改革开放初期阶段的规模较小，这表明在计划经济体制下，服务业的发展受到了限制。当中国经济开放水平逐渐提升时，服务行业发展迅猛，截至 2002 年，服务业占 GDP 的比重翻了一番。这一快速的增长体现了市场经济发展更加倚重服务业的自然规律。然而，在 21 世纪初期，服务业占 GDP 的比重停止了增长。与此同时，利率、汇率和能源价格的下跌有效地维持了庞大制造业的发展，但同时也限制了服务行业的自然增长。图 2 为第一、第二及第三产业占 GDP 比重的变化情况，是对 Lardy 论文中图表的更新。

利率、汇率以及能源价格的扭曲在近些年得到了很大改善。相应地服务业在 GDP 中的占比于 2010 年之后恢复了其增长态势。尽管如此，这些价格扭曲所积累下来的影响，使中国服务业在 GDP 中的占比始终低于我们的预期，尤其是在考虑到中国现在人均收入水平的前提下。亚洲开发银行的研究人员（Park and Shin，2012）已经通过研究证实：中国的服务业发展水平已远落后于亚洲的其他发展中国家。

很多服务产业都会对一个国家的经济发展产生深远影响，其中，商业服务产业的重要性尤为突出。商业服务为包括制造业在内的很多产业提供了关键的中介作用。例如，银行、法律、市场营销、研发、设计策划、项目管理、软件，以及电子通信都在各项经济活动中发挥着重要的中介职能，提高了企业的运营质量、效率及竞争力。此外，它们

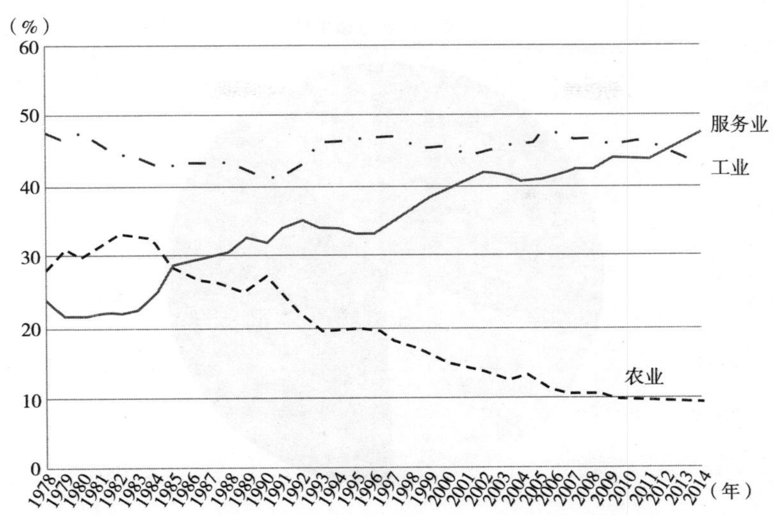

图 3–2　1978—2014 年农业、工业和服务业占中国 GDP 的百分比 ①

还建立了链接全球经济的纽带，因此也是出口增长（甚至是制造业出口增长）的关键推动力。中国如果想继续升级制造业产业链并获得全面发展，那么完备国际标准、价格合理的商业服务与支持将是必不可少的。

美国公布的数据表明商业服务产业在发达国家经济体系中的重要性可见一斑（见图 3-2）：2012 年，美国商业服务产业的从业人数占全部劳动力总人数的 24%。尽管中国的数据没有美国的详尽，但我们也能够粗略地比较两个国家商业服务产业的规模。

图 3-3 从产业和城乡地域两个方面展示了中国总劳动力的组成情况。中国服务业从业人数仅占总劳动人口的 43%，而美国 2014 年的同一指标数据为 80%，中国在这一比例上只略高于美国的 1/2。

图 3-4 提供了更详尽的中国城市劳动力的组成情况。城市商业服

① 注：工业包括制造业和建筑业。数据来源：国家统计局。

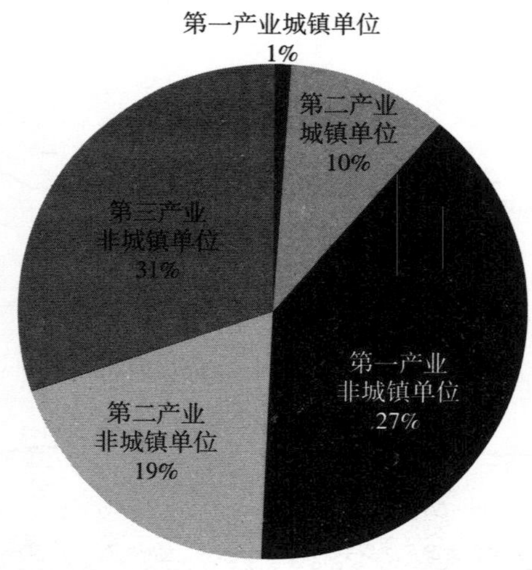

图 3–3　2015 年就业劳动力按照城乡地域和行业的分布情况[①]

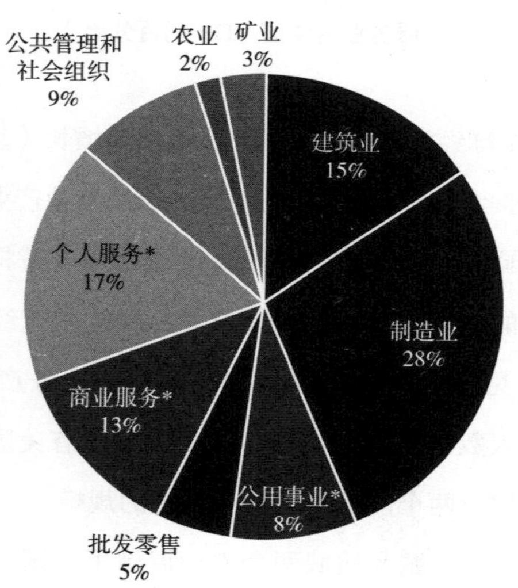

图 3–4　2015 年中国城市就业情况[②]

① 数据来源：中国国家统计局，2015 年国家统计年报。

② 数据来源：中国国家统计局，2015 年国家统计年报。

务业的从业人数仅占整个城市劳动力总数的 13%。这一数据同样仍略高于美国同一数据的一半——美国 2012 年的同一数据为 24%（见图 3-4），假设非城市地区的服务产业更集中于非商业服务，那么由此可以推断：中国总的商业服务产业的劳动力占比将会低于 13%。

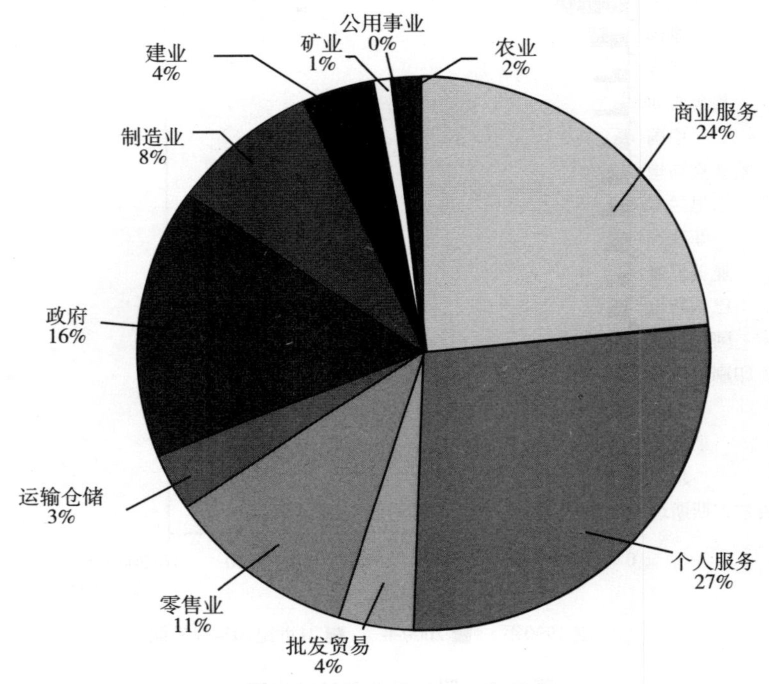

图 3–5　美国 2012 年就业情况[①]

除了规模小之外，中国服务业的劳动生产率也相对较低。Park 和 Noland（2013）在他们的研究中指出：中国服务业的人均生产率低得惊人：如图 3-6 所示，中国服务业的劳动生产率不及 OECD（经济合作与发展组织）会员国平均值的 1/5，并且落后于很多其他发展中国家。

① 数据来源：经济调查共识，农业调查共识，总统经济报告。

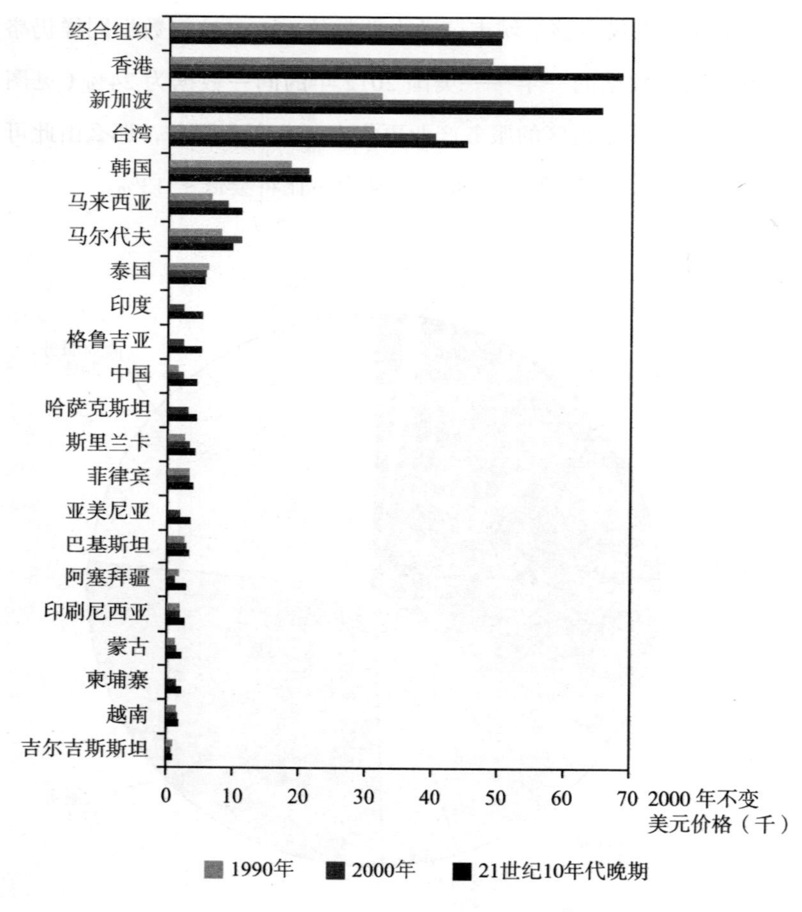

图 3–6 服务行业劳动产出率 ①

许多研究都曾对中国服务业的低生产率给予了巨大的关注。Holz（2006）发现中国在改革开放早期，制造业产出率的高增长和服务业产出率的低增长之间存在巨大的鸿沟。而 Dong 等（2012）更是在研究中指出，中国服务业产出率的低增长一直持续至今。Ahuja（2013）

① 数据来源：Estrada. Noland. 和 Park（2012）。

则声称，中美制造业间的生产率差距仅为 1.3，而这一差距在服务业中的数值则为 13，两组数据反映出了中国在服务领域生产率的落后。中国服务产业缺乏竞争力这一情况，在相对较低的高附加值出口比例中更能得到证实。Park 和 Shin（2012）发现，在亚洲，唯一一个低于中国的高附加值出口比例的发展中国家是巴基斯坦，而越南、菲律宾、印度尼西亚以及马来西亚，都是更为成功的服务型出口国。综上所述，相对较小的服务业规模和其较低的生产率，是中国继续经济增长和发展的巨大阻力。

人力资本是中国商业服务行业发展的瓶颈

相较于个人服务（如教育、健康、餐饮、宾馆）、批发零售，制造业等其他行业，商业服务具有一个本质上的区别：对劳工的技能水平要求较高。Jensen（2011）曾经报道了美国各行业拥有大学或更高学历的劳工人数在该行业总劳工人数中的占比情况。该报道指出，相比之下，商业服务业对教育的要求更为苛刻。在商业服务行业，40% 的劳动力拥有大学学历，而在制造业中该比例仅为 25%。商业服务业中，有更高学位的劳动力占比更是达到了制造业的两倍之多。由此可见，商业服务业是对技能水平要求非常高的产业。

商业服务技能要求与中国年长劳工低水平的受教育程度结合，给出了中国商业服务业规模相对较小、生产率低下的原因。图 7 显示了一些国家在 2010 年时，25~29 岁的青少年（深灰色圆圈）与 60~64 岁的劳工（浅灰色圆圈）的平均受教育程度水平（圆圈的大小代表了劳动力人口的多少）。最引人注目的特征是美国在职业高峰期人群的受教育程度是最高的，特别是与中国 60~64 岁的低学历情况相比。因此，美国历来拥有经验数量丰富的技术工人，而中国的技术工人刚刚才开始出现。虽然很难精确证明，但至少在过去40年中，这种技能禀赋模式在塑造各国商业服务业的规模和生产力方面均发挥了重要作用。由于商务服务行业属于技能密集型行业，故具有熟练劳动力的国家可能会有更大的行业规模（占劳动力的份额较大）和更高的生产力。中国过去相对较低的受教育程度无疑是商业服务发展水平低下的主要原因。

然而，过去并不一定会代表未来。图3-7也展示了不同国家25~29岁人群的平均受教育程度。令人震惊的是，所有新兴市场的平均受教育程度都在迅速攀升。随着中国劳动力受教育水平逐渐向美国靠拢，中国商业服务业的规模和生产率也将会逐渐接近美国的水平。因此，从长远来看，教育程度的提高很有可能会让服务业的生产率有所提升，并相应地提升其重要的中介功能，而所有的这些发展均会提

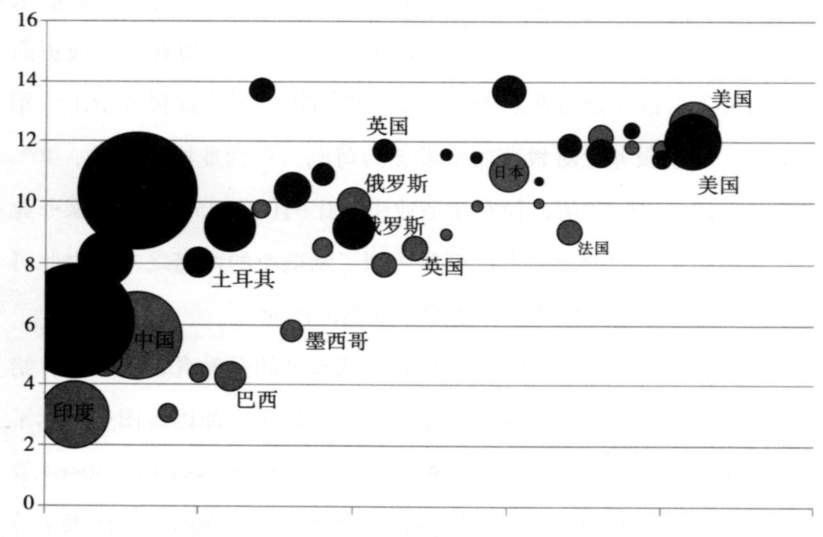

图 3–7　2010 年各年龄段平均上学时长[①]

① 注：圆圈大小代表劳动人口的多少。数据来源：Barro and Lee（2010）。

高经济体系的生产率。这里关键的问题是中国的商业服务产业能否快速地做大做强，从而足以支持其他重要产业乃至整个经济体的成长。

增加中国服务行业的生产率：FDI和服务贸易的催化剂效应

由世界银行和国务院发展研究中心共同发布的《中国2030》报告指出：过去的价格扭曲和其他政策导致了制造业和欠发展的服务业的过度增长。这份报告强烈建议提高服务业在GDP中的比重，呼吁服务上的创新，并指出，一个强有力的服务产业能够帮助中国的制造商向价值链上游转移。这篇报告专门指出：向国外直接投资开放服务业将会是提高中国服务业生产率的有效措施。

Jensen（2011）在其报告中指出，服务正变得越来越可贸易化，而且美国在这方面具有很强的相对优势。即使全球经济增长在近些年有所放缓，美国的高级服务出口以及服务业的贸易顺差，都在不断增长（Economic Report of the President，2015）。作为全球服务业的领导者，美国的服务公司可以为中国的服务行业添砖加瓦，使其更高效更有活力。

不幸的是，在中国对服务业进口，以及对外商直接投资服务业进行高度限制的背景下，美国对中国的服务出口约束也很多。上述这些限制对美国的服务业出口产生了巨大的影响，因为美国服务公司在服务海外客户的时候，经常把海外员工的表现与美国母公司的专业化技能和科技相结合，因此服务贸易的高壁垒会成为外商直接投资的强大阻碍，而低水平的外商直接投资本身就是服务贸易的强劲阻力。中国对服务贸易的高壁垒被记录在了OECD服务贸易限制指数中（见图

8）。由图 3-8 可知，股权投资在服务行业中的限制和制造行业相比更加普遍，这些限制存在于从保险到云计算几乎每一个商业服务行业中。中国是世界第二大经济体，占世界 GDP 的 17%（以购买力平价计算）和全球贸易流量的 11%。然而，中国仅占美国对外直接投资的 1.5%。从行业来看，中国在美国服务业、金融与保险业、科技服务业对外投资中的占比分别为 0.8%、0.6% 和 1.7%。

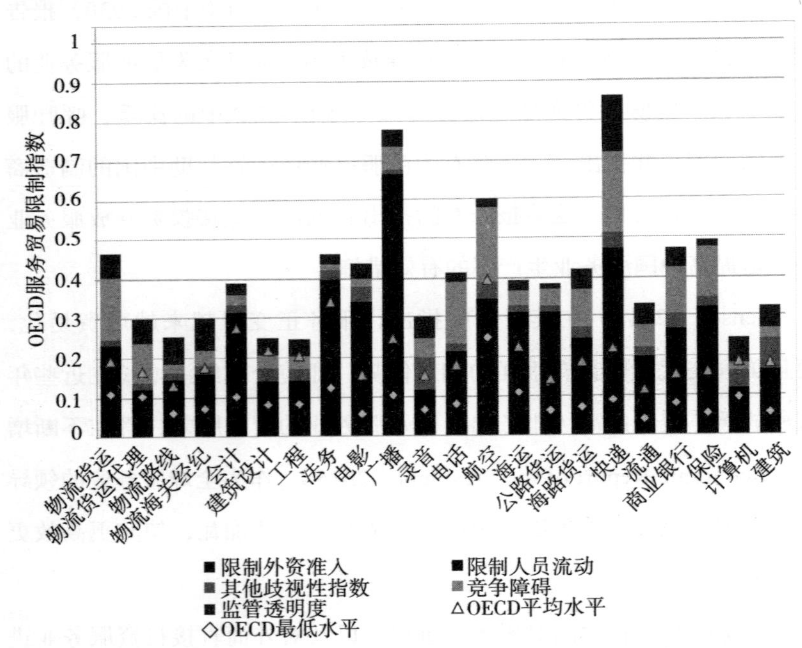

图 3–8　2015 年 OECD 中国服务贸易限制指数（按行业分类）[①]

我们可以通过比较图 3-8 和图 3-9，来说明中国的外商直接投资壁垒对服务业具有怎样的关键影响。如上所述，图 3-8 展示了 OECD 服务贸易限制指数衡量的中国服务贸易壁垒，这个指数里也包括了外

① 数据来源：OECD。

商直接投资壁垒。图 3-9 只去掉了外商直接投资壁垒（这种壁垒通常表现为对外商持有中国子公司的股权比例设定上限），仅仅这一个变化就可以使中国整体的服务贸易壁垒接近 OECD 的平均水平，甚至某些子行业更是低于 OECD 的平均水平。

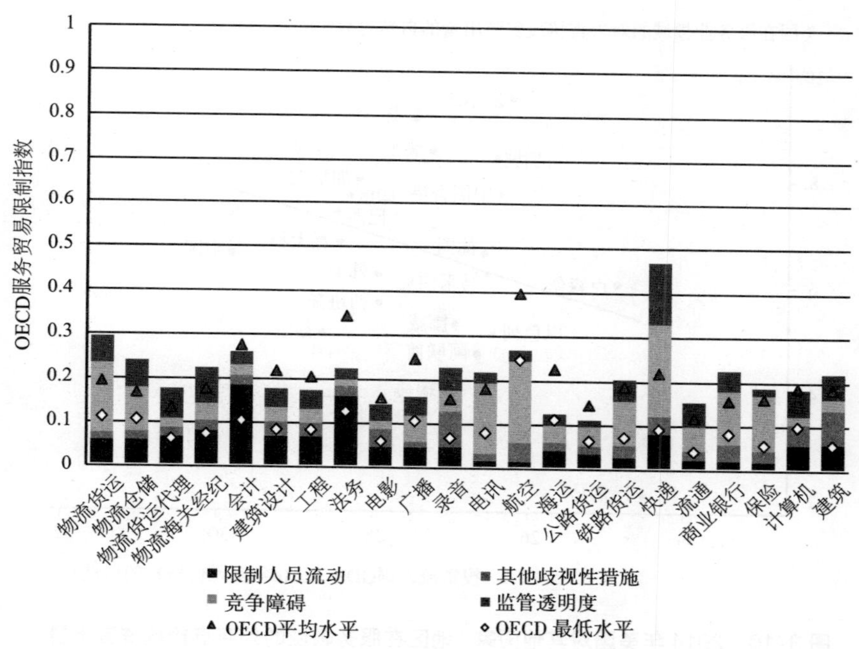

图 3–9　2015 年 OECD 服务贸易限制指数（中国没有外商直接投资限制条件下的分领域数据）①

这些壁垒阻碍了美国对中国的直接投资。图 3-10 显示了 2014 年美国向主要经济体的服务业的外商直接投资总额，图中横坐标轴表示的是投资流入国的 GDP。根据数据点绘制的趋势线显示了这两个变量之间的简单线性关系；代表中国的数据点明显低于这条线。如果图

① 数据来源：OECD。

中所用变量改为投资流入国 GDP 和美国对其外商直接投资的实际值，而不像图 3-10 一样用自然对数，则中国将会成为一个极端的异常点，因为它的经济总量规模巨大，而来自美国的服务业外商直接投资相对较低。

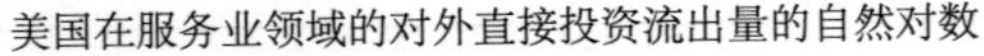

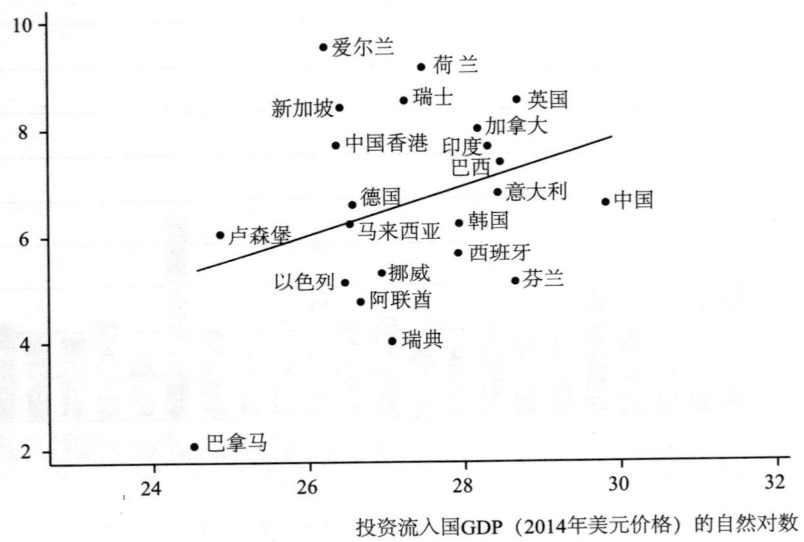

图 3–10　2014 年美国对其他国家 / 地区在服务领域的外商直接投资流出量[①]

图 3-11 显示了美国对其他国家外商直接投资以及被投资国家 GDP 的关系，此图同样使用自然对数来限制中国巨大规模的 GDP 对数据点分布的影响。通过数据点绘制的回归线显示出两个变量之间的简单线性关系；从这个图上可更加明显地看出中国是个异常值。如果将中国与其他大型发展中国家（巴西和印度）相比，中国依然会显得

① 数据来源：经济分析局和世界银行。

异常，以上两个国家的数据点都比较接近回归线。

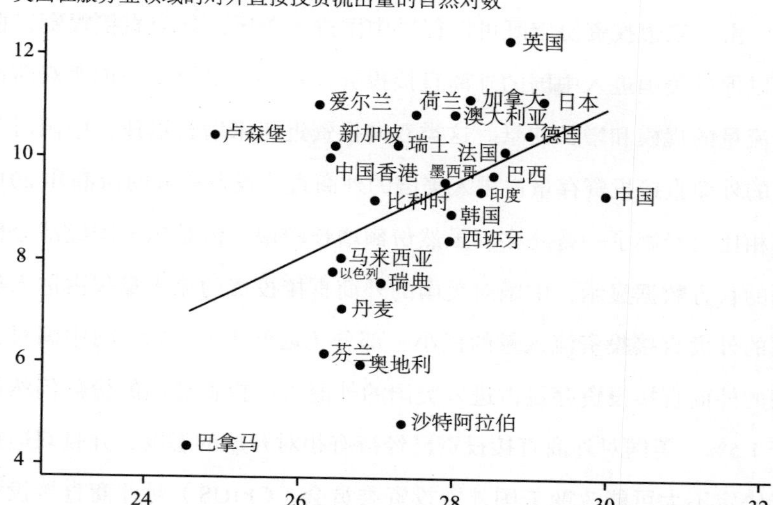

图 3–11 2014 年美国对其他国家在服务领域的外商直接投资存量①

不仅美国一个国家在中国的投资与中国巨大的经济体量和重要的经济地位不相称。根据 OECD2012 年的数据做比较分析显示，绝大多数 OECD 成员国在中国的外商直接投资占其境外外商直接投资总额的比重不到 1%，因为篇幅原因此处暂不赘述。只有 4 个成员国的上述比例大于 2%，意大利为 3%，德国为 4%，日本作为中国的邻国此比例为 9%。只有位于被中国领土包围的半岛上的韩国，比例达到了两位数。美国在中国面临的外商直接投资壁垒似乎同样对其他发达经济体的外商直接投资产生了抑制作用。那么如果双边贸易协定可以促使

① 数据来源：美国经济分析局和世界银行。

中国取消对所有境外投资者的类似限制，也将可以吸引更多其他发达经济体的外商直接投资。

由于双边投资协定既可以促进中国进入美国的外商直接投资，也可以促进美国进入中国的外商直接投资，我们需要简要地说明双向投资流量的规模和增长前景。这类双向投资近年来增长迅速，中国对美国的外商直接投资存量占进入美国的外商直接投资总额的份额和 2010 年相比已经翻了一番还多。虽然份额增长较快，但是据美国经济分析局的官方数据显示，中国对美国的外商直接投资的流入量仅占进入美国的外商直接投资流入量的极小一部分（远低于 0.5%），而中国对美国的外商直接投资存量占进入美国的外商直接投资总额的份额仍然低于 1.5%。美国对外商直接投资已经持有相对开放的态度，并且双边投资协定不大可能改变美国外资投资委员会（CFIUS）对外商直接投资的法定审查的意见方向，而他们之前的意见引发了中国投资者的一些忧虑。所以说，虽然我们可以预期双边投资协定将把中国的外商直接投资流量扩大到美国，使两国共同获益，但从近期来看这种规模的增幅将会相对有限。

向外商直接投资开放服务业可以快速提高服务生产力

外商直接投资流入量的增加可以通过一系列众所周知的渠道，提高中国服务业的生产力。基于对其他国家的研究，我们知道高规格的外商直接投资会带来更新更好的服务，一部分服务是通过外国公司的本地子公司完成的[①]，这直接提高了当地服务业的生产力，也同时提高

① Tarr（2012）的研究对此提供了有力的证据。

了购买这些服务的制造业企业的生产力。由于中国本土企业面临与高绩效的外国子公司相抗衡的竞争压力，他们会被迫变得更加高效，相应地进一步促进了生产力的提高。中国服务业公司提升能力的一种途径是收购美国的小型、专业化的服务供应商。良性竞争将降低成本，提升中国服务业质量，为与中国情况相适应的进一步创新创造强大动力。

Matoo 等（2006）发现，对外开放电信和金融领域国家的经济增长速度可能比未开放这两个领域的国家高 1.5 个百分点。国际货币基金组织（2013）指出，如果中国实行这种对外开放，将会在 2030 年使其经济增速提高 1 个百分点。Tarr（2012）总结了一系列世界银行的研究发现，在东欧和苏联的转型经济体中，服务业的重大自由化措施对生产力产生了深远的影响。在乌克兰，服务业的劳动生产率在 2001 年至 2007 年间翻了一番以上，而且生产力更高的服务业推动了乌克兰制造业总体生产总值的大幅增长。Bloom 等（2013）发现，在印度运用了管理咨询服务的制造业企业生产力提高了近 17%。

中国服务行业广泛开放会带来巨大收益

即便在最好的情况下（有详细数据可用时）计算这些传递渠道所造成的影响都很困难，在缺失关键数据的时候将会难上加难。为了度量一项双边投资协定会为中国经济带来的潜在收益，我们使用现有的服务业改革方面文献里的估算，进行了几项粗略计算。

图 3-12 显示了各行业在中国 GDP 中的占比。我们将这些行业 GDP 份额用作增长计算的输入变量。从图 3-12 可以看出，虽然服务类的各个子行业各自的份额不如制造业那么大，但服务业总体份额约

占 GDP 的 48%[①]。

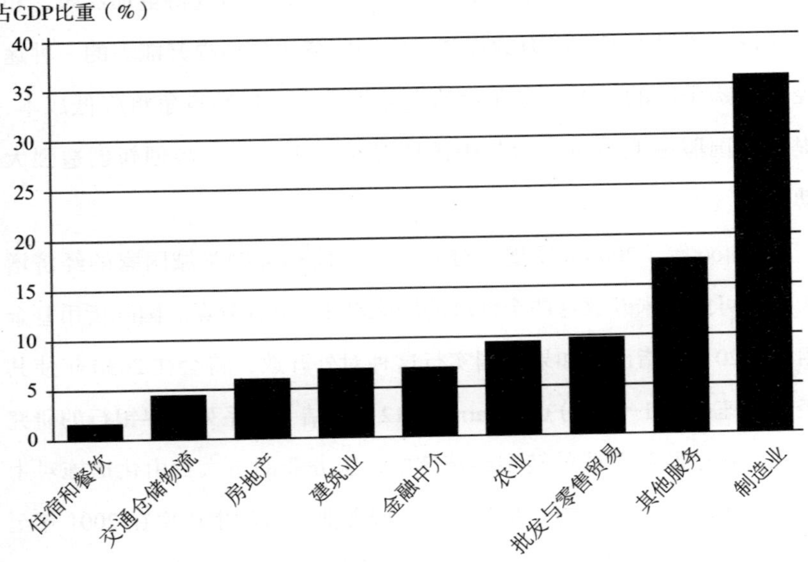

图 3–12　2014 年中国 GDP 行业构成[②]

国际货币基金组织（2013）认为，服务业大幅度的开放可以使中国从现在到 2030 年每年的经济增速都提高 1 个百分点。如果于第二年（2014 年）实施，那么到 2030 年，中国 GDP 将相比于不实行开放的情况累计增加大约 4 万亿美元（约合 26.2 万亿元人民币）。这个数字背后的算法简单明了。首先，我们计算从现在到 2030 年间每年的 GDP 基准水平，先用 2014 年的官方名义 GDP（美元计价）乘以 2015 年的官方 GDP 增长率，估算 2015 年的 GDP 水平，然后使用瑞士银

① 我们将批发零售、金融中介、房地产、交通运输、邮递仓储和住宿餐饮纳入服务业。

② 数据来源：中国国家统计局。

行对中国 2016 年和 2017 年的经济增长预测计算这两年的 GDP。在 2018 年至 2030 年间，我们假设每年中国经济增速可以达到官方增长目标即 6.5%。鉴于缺少重大改革的支撑，官方增长目标很有可能超过了中国的实际增长能力，因此我们计算出的 2030 年的 GDP 基准水平（28.3 万亿美元）会偏高。再根据国际货币基金组织的预计，我们把基准情景下每年 GDP 提高一个百分点，到 2030 年预期 GDP 水平将达到 32.3 万亿美元。在这一假设下，中国的 GDP 相对于基准情景增长了 14%。

Matoo 等（2006）估算出的服务业自由化的收益更大，如果他们的研究成果适用于中国，2030 年中国预期 GDP 水平将达到 34.5 万亿美元，相对于基准情景 GDP 总量的增加将达到 6 万亿美元（约合 39.4 万亿元人民币），GDP 增长了 22%。Bloom 等（2013）在研究印度相关问题时发现，现代服务会影响制造业的生产力，如果他们的研究成果适用于中国，则服务业开放带来的中国 GDP 总量的增加将有望达到近 5 万亿美元（约合 32.8 万亿美元）[①]。在乌克兰，服务业的外商投资使得劳动生产率翻倍，这在中国相当于至少 4.7 万亿美元（约合 30.9 万亿元人民币）[②] 的收益。服务业自由化的潜在收益如表 3-6 所示。

① 我们把 2016 年 GDP 水平乘以制造业份额，得到制造业的 GDP 水平，再将其扩大 17%，得到最终结果。

② 我们把 2016 年 GDP 水平乘以服务业份额，再乘以人工劳动生产在服务业中的比重，将其翻倍，得到最终结果。

表 3–6　服务业自由化为中国带来的预期经济收益

研究	服务业自由化的预期影响	至 2030 年为中国带来的经济收益总量
IMF（2013 年）	每年的经济增速都提高 1%	4 万亿美元（约合 26.2 万亿元人民币）
Matoo 等（2006 年）	每年的经济增速都提高 1.5%	6 万亿美元（约合 39.4 万亿元人民币）
Bloom 等（2013年）	制造业生产力提升 17%	5 万亿美元（约合 32.8 万亿美元）
Tarr（2012 年）	服务业劳动生产率翻倍	4.7 万亿美元（约合 30.9 万亿元人民币）

虽然在以上这些假设下估算的经济影响大到超乎想象，但它们都基于两个无法否认的经济事实：①当今中国服务业生产力水平相对较低；②众多证据表明，彻底开放外商投资和贸易将极大地提升发展中国家和发达国家之间的生产水平的趋同速度。必须强调的是，以上这些假设描述的是中国服务业广义上的开放，既包括国内企业的准入，也包括来自多元的外国企业的准入。这样一个广义上的开放不仅仅需要与美国的双边投资协定。上面计算出的经济收益能够直接归因于美中双边投资协定的必定有限，因为即使中国服务业的市场完全自由化，美国公司在其中的市场份额必定也是有限的。这些条件限制也说明了，上述经济收益中能够直接归因于美中双边投资协定的不超过 5%~10%，合理的占比可能将围绕更小的百分比分布。然而，从中国经济改革的历史可以看出与外国贸易和投资伙伴达成协议的极端重要性，它可以助推政策变革，为本土企业家创造机会（Lardy，2004）。我们也可以从历史经验中看到，为了使中国加入世贸组织，中国前总

理朱镕基同意按照贸易伙伴的要求为其提供优惠措施，这也成为他进行市场化改革的有效途径。如果没有这些外部要求，这样的市场化改革在政治上将不可行。高标准的中美双边投资协定可能以类似的方式成为更广泛的政策变革的催化剂，使得表 1 中所列出的种种收益随着时间的推移而成为现实。

若中国负面清单的范围最小化，中美双边投资协定的收益将会最大化

双边投资协定内容复杂，由于篇幅所限我们不能详细讨论最佳情况下双边投资协定将包含的所有特征。然而，高标准双边投资协定的最重要属性就是它的范围。尽管中国出于政治考虑可能会希望列出一个“负面清单”，将大部分服务业排除在双边投资条款之外，但是如果一些重要领域不被列入高标准的中美双边投资协定约束范围之内，外商针对中国服务业直接投资所能给中国带来的巨大潜在长期利益将会被大大削弱。政策制定者可能会认为，如果开放一半也能带来一半的收益，但这是很难实现的，因为服务行业各类严格监管的影响不是叠加的，而是相乘的。相乘的性质一是来自于服务业在 GDP 中的占比较大，二是服务业对制造业和农业发挥了重要的中介作用。Kremer（1994）一个极富影响力的理论研究说明了个别行业的弱势如何损害整个经济质量和增长前景的整体状况。中国企业家们不得不面对表现不佳和效率低下的金融行业、信息服务行业、交通运输行业、航空运输行业、能源生产 / 运输行业和电信行业，它们累积起来的影响是巨大的，这也是中国服务业表现如此低迷的原因。

开放所有这些服务业部门可能会产生巨大的潜在收益。但如果只

改革其中的一部分，就只能得到全面开放成果中的一小部分。在中国经济发展的关键时刻，如果中国的政策制定者只想采取部分自由化措施，那么可以参考澳大利亚和日本的经验。自 20 世纪 80 年代初以来，澳大利亚执行了一个非常彻底和完整的服务自由化计划，并取得了相应的经济成就，而日本则是以碎片化的方式追求服务开放的例子。

美中贸易合作与冲突：风险与现实

翟 凡[①]

提要：中美双边贸易关系中存在的困难和问题主要是两国经济宏观和结构性失衡的结果，这需要从更长远和更宽泛的视角出发来解决，诉诸保护主义贸易政策不仅不利于解决美国贸易不平衡和制造业就业问题，也会危及全球经济贸易发展。中美经济发展阶段和禀赋结构不同、经济结构互补性强，为合作奠定了坚实的基础。

对中国来说，与美国在双边贸易方面采取以牙还牙的对抗或许并非最好的选择。中国需要考虑超越商品贸易之外的办法来应对特朗普的贸易威胁，可以在协商中展示出一定程度的让步及和解意愿。另外，中国可以考虑在单边贸易和投资自由化方面做出更大胆的举动，在促进区域一体化安排方面发挥更大的主导作用，但是，致力于国内经济再平衡并推动市场化改革，将会是中国纠正中美贸易失衡的最终解决方案。

在5年的增长放缓后，全球贸易自2016年第四季度起出现回升，这主要是由于全球制造业的周期性复苏和大宗商品价格的稳定。然而，尽管产生了复苏的萌芽，全球贸易前景依然被日益增长的贸易保护主

① 作者翟凡系CF40访问学者（时任）。

义阴云所笼罩，这很有可能会危及全世界的贸易联系并削弱经济扩张。在新一轮的贸易保护主义浪潮中，唐纳德·特朗普的当选成为去全球化抬头的重要标志。鉴于美国经济在全球贸易体系中的重要地位和巨大规模，特朗普的贸易政策取向将会对全球贸易和经济关系产生深远的影响。

唐纳德·特朗普一贯反对美国长期持续的巨大贸易逆差，并指责中国的“不公平”贸易做法是导致美国贸易逆差的根源。减少与中国的双边贸易逆差是美国新政府政策议程的重中之重。虽然目前还不清楚如何实现这一目标，但人们普遍预期中美之间将会有更多保护主义措施，导致贸易紧张局面。唐纳德·特朗普在竞选期间承诺要将中国指定为货币操纵国，并对中国的进口商品征收45%的关税。如果这些威胁能够实现，贸易战可能将不可避免。

2017年4月6—7日的“习特会”为中美双方达成妥协从而避免最坏结果带来了希望。在峰会期间，中美同意实施旨在解决中美贸易失衡和投资争端的“百日计划”。计划的目的并不是限制中国对美国的出口，而是促进美国对中国的出口，因而提升了双方达成增进经贸关系的建设性方案的可能性，“百日计划”大大降低了近期贸易战的风险。但是，“百日计划”如何降低中美贸易逆差在很大程度上仍不确定，两国之间的贸易紧张态势有可能在特朗普执政期间再度爆发。

中美贸易关系正处于十字路口。世界最大和第二大经济体之间不断上升的贸易摩擦和将要爆发的全面贸易战，将会危及世界经济的增长和繁荣，而以一种协作、建设性的途径去解决双方贸易冲突将有助于防止全球经济跌入贸易保护主义的悬崖。该问题如何演变取决于两国决策者的选择。

一、中美贸易关系和贸易失衡

随着中国经济的快速增长和开放，中美贸易规模在过去 30 年里迅速扩大。作为最大的贸易伙伴和增长最迅速的出口市场，2016 年，中国在美国货物和服务出口中的份额为 7.7%，在货物和服务进口中的份额为 17.7%（见图 3-13）。根据中国海关数据，美国是中国的第二大贸易伙伴（在欧盟之后）和最大的出口市场，在中国货物出口和进口中的份额分别为 18% 和 8%。

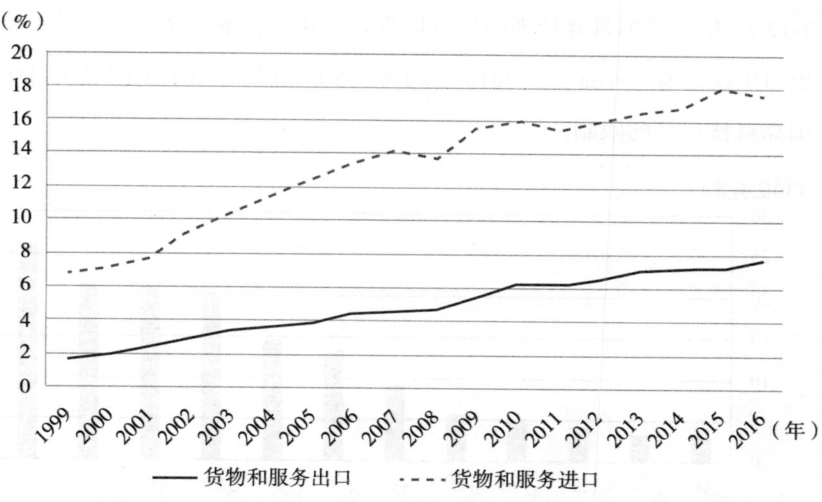

图 3–13 1999—2016 年中国在美国贸易中的份额[①]

中美两国在双边贸易中的相互依赖程度，反映了两国各自的经济规模以及经济结构的互补性。作为一个拥有大规模人口和劳动力的土地稀缺国家，中国在生产劳动密集型制成品方面具有很强的比较优势，但在农业方面却处于劣势。相反，美国拥有丰富的土地和资本，拥有

① 数据来源：美国商务部。

大量的高科技人才和组织，因而在农业和高科技产品方面具有比较优势。两国禀赋结构的差异性和互补性，支撑了贸易合作的扩大，并在很大程度上决定了双边贸易的部门结构（如图 3-14）。美国对华出口最多的是运输设备、食品、电子和服务业。中国传统上向美国出口了大量劳动密集型制成品，如纺织品、服装、家具、玩具等。但是近年来，电气机械产品和一些资本密集型产品（如钢铁）等更为先进的制成品在中国对美国的出口中的占比也实现了较大的提升，反映出了中国在全球增加值链条上的上升和高投资率带来的大量资本积累（见图 3-15）。尽管美国具有较强的比较优势，但高新技术产品在美国对中国出口中仅占有一小部分（2010 年约为 7%），这反映出了美国对出口中国高科技产品的限制。

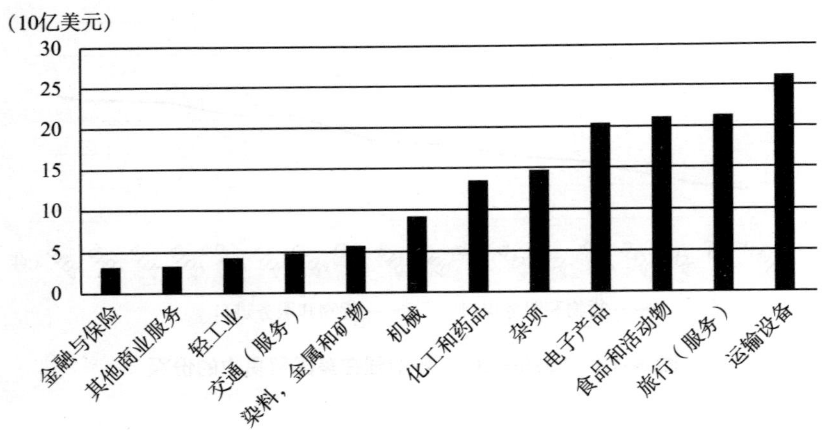

图 3–14　2015 年美国对中国的主要出口产品[①]

尽管两国之间的贸易往来日益加强，但双边贸易持续大额的不平衡引起了美国的担忧。2001—2016 年，美国对中国的货物贸易赤字从

① 数据来源：牛津经济研究院（2016）。

830 亿美元猛增至 3470 亿美元，占美国货物贸易逆差的 46%①。考虑到服务贸易，2016 年双边贸易逆差略微下降至 3100 亿美元（见图 3-15）。

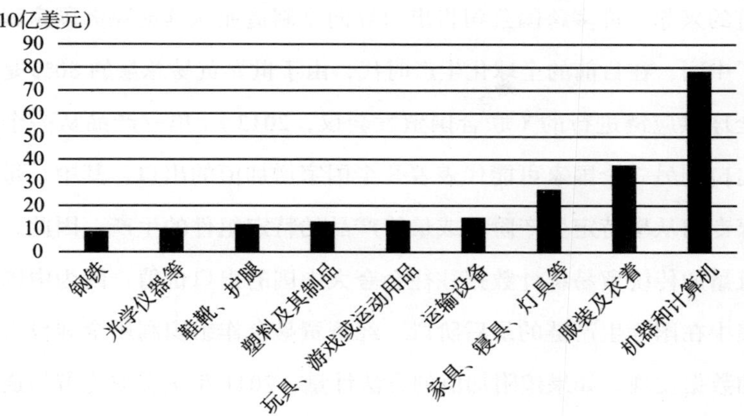

图 3-15　2016 年中国对美国的主要出口产品②

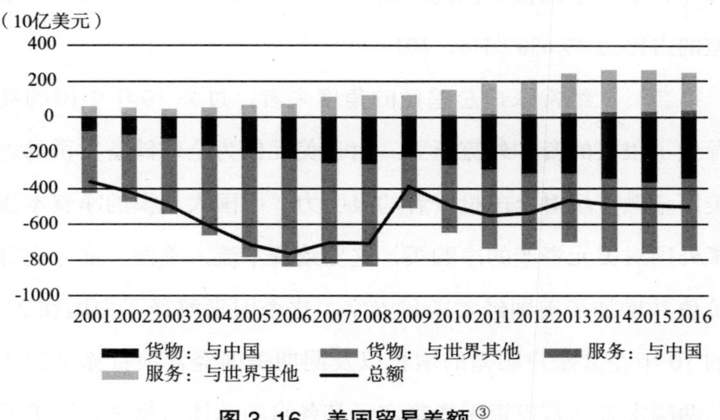

图 3-16　美国贸易差额③

① 根据中国海关统计，2016 年双边货物贸易差额为 2507 亿美元，较美国经济分析局的数据低 30%。导致数据存在差异的原因包括技术和非技术两个方面，如贸易统计中使用的价格不同、货物原产地申报、汇率因素和低报价格等。2004 年中美合作开展的研究发现，大部分差异可以归因于中国产品从第三国再次出口到美国。对近期相关研究的综述参见 Martin（2016）。

② 数据来源：中国海关。

③ 数据来源：美国经济分析局。

中美双边贸易失衡的不断扩大有两个结构性的原因。第一，美国从中国进口的大幅增长主要由于20世纪90年代末以来东亚地区生产链的兴起，许多跨国公司将出口导向型制造业从其他亚洲国家转移到了中国。在目前的全球化生产时代，由于世界贸易总量的80%是通过全球供应链进行的（联合国贸发会议，2013），单一产品从一个国家出口到另一个国家可能代表着几个国家增加值的出口，其中，每一国家专门从事特定生产阶段或最终产品的特定组件的生产。因此，基于流量的传统贸易统计数据往往会夸大中国的出口价值，因为中国往往集中在国际生产链的最后阶段。经济贸易合作组织利用全球投入产出的数据发现，如果按附加值的方法计量，2011年中美双边贸易逆差将减少1/3（经合组织，2015）。一项最近的研究将经合组织数据更新至近几年，发现中国占美国附加值总贸易逆差的33.4%，低于贸易流量逆差的占比为49.6%（Ha，2017）。

第二，从经常账户总差额的角度来看，过去10年中国的高储蓄率导致了很大的资本外流压力。由于美元作为全球储备货币的地位以及美国金融市场对全球投资者的吸引力，中国大规模的净资本流出驱动了外国对美元资产的净购买，这导致资本流入美国，部分提升了美元价值并增加了美国经常项目赤字。这个因素解释了中国在21世纪初的10年经常账户顺差的增长以及同期美国经常项目赤字的相应上升。两国宏观储蓄投资平衡确定了其各自的总体贸易平衡，美元的特有地位使美国可以长期处于贸易赤字状态（见图3-17）。

鉴于中美两国双边贸易失衡背后的宏观和结构性因素，美国可能会在较长时期内保持与中国的贸易逆差。大多数实证研究表明，贸易政策对这些宏观经济平衡的影响非常有限。在不影响整体储蓄和投资的情况下，利用关税解决双边贸易不平衡问题只会将贸易赤字从一国转移至其他国家，并且以贸易总额的缩减和效率下降为代价。

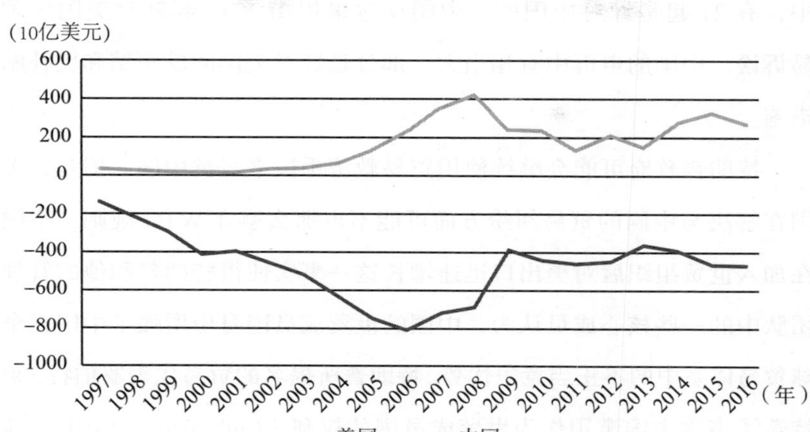

图 3-17　1997—2016 年中美经常账户差额[①]

二、中美可能发生的贸易冲突

减少贸易逆差并将制造业岗位带回美国可能是特朗普政府贸易政策议程中最显著的两项目标。鉴于中国与美国的双边贸易顺差较高，以及中国作为制造业大国的现实，中国很容易成为美国贸易保护主义新浪潮中的打击目标。

自 2001 年中国加入世贸组织以来，美国主要利用其《贸易救济法》来处理中国的“不公平”贸易行为问题。在奥巴马主政期间，美国对中国采取了日渐敌对的贸易政策取向。美国国际贸易委员会报道称，自 2008 年以来 314 起反倾销、反补贴的调查案件中，有 218 起是针对中国的。WTO 争端解决机制也是美国解决与中国贸易争端

① 数据来源：IMF。

的重要平台。在自 2000 年以来美国向 WTO 提起的 53 起争议案件中，有 21 起是针对中国的。中国反过来提出了 10 起针对美国的贸易诉讼。中国的申诉中有相当大一部分是针对美国的反倾销和反补贴措施。

特朗普政府可能会继续使用贸易救济手段来对抗中国。但是，美国在解决与中国的贸易纠纷方面可能不再那么遵守 WTO 规则。中国在加入世贸组织后对美出口迅速增长这一事实使得特朗普和他的管理团队中的一些核心成员认为，中国的世贸成员国身份增强了中国在全球贸易体系中的不正当竞争优势。特朗普所提名的贸易代表罗伯特·莱特希泽声称中国滥用作为世贸成员国的权利（Lighthizer，2010）。他认为，由于世贸组织规则限制使用美国《1974 年贸易法》第 301 条那样的单边贸易执行机制，世贸组织的框架削弱了美国对中国贸易活动采取有效反制措施的能力。世贸组织冗长且行业细分的争端解决机制不利于应对中国这样存在大量国有企业和政府补贴的非市场经济国家。有鉴于此，他认为应远离世贸组织规则以增强美国贸易政策的效果，而这代表的可能是特朗普贸易团队中的主流观点。

如果美国绕过 WTO 制度解决中美贸易争端，可能会对从中国进口的产品强制征收特定种类的关税和实施进口配额制度，或征收边境税。从行业的角度看，中国对美国有较大顺差的行业可能会成为征收惩罚性关税的目标。花旗银行最近的一项研究表明，从这个标准来判断，电信设备、机械制造、数据处理机、各种金属制品、家用电器和汽车零部件可能是美国与中国开展贸易战的对象（Chua et al.，2017）（见图 3-18）。这项研究也表明，尽管美国在服装、鞋类、玩具等行业中也会与中国产生较大双边贸易逆差，但鉴于美国在此类行业中优势薄弱，且潜在的产业转移效应较小，因而不太可能成为贸易战的对象。

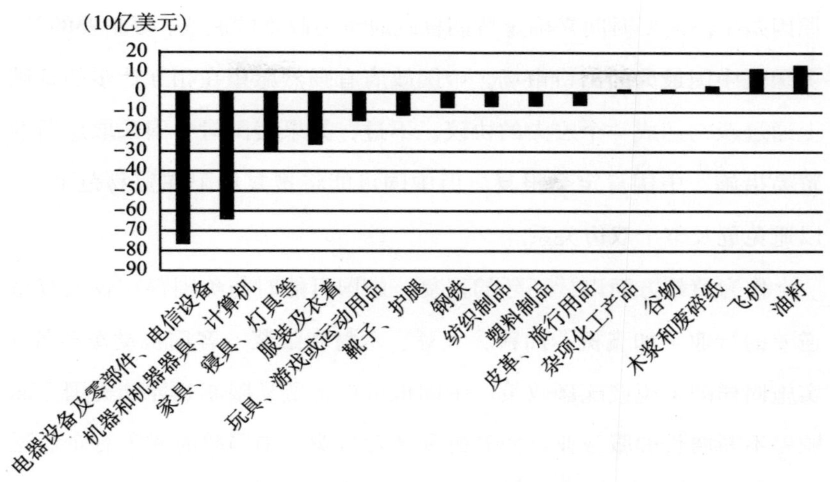

图 3-18 2016 年中美部分行业的双边贸易差额情况 ①

特朗普总统在竞选期间威胁中国对进口商品征收 45% 的边境税，此举被大部人认为是增加其在谈判中筹码的策略。45% 的关税一定会引起中国的报复，导致一场全面的贸易战，反过来又会给双方带来巨大的损失，并破坏世界经济的稳定。20 世纪 30 年代，以美国《斯姆特—霍利关税法案》和欧洲的报复措施为标志的贸易保护主义措施，导致经济衰退演变成了全球经济大萧条。这项历史教训仍值得当前的决策者引以为戒。鉴于中美贸易战的毁灭性后果，特朗普在执政初期不太可能征收 45% 的关税。但是，只有当人们认为最终有可能执行时，威胁才具有震慑力。这一场对策游戏中所有的玩家在战术层面的考量将增加中美之间贸易冲突结果的不确定性。

如果美国发动贸易战，中国将如何应对？

中国在未来的中美贸易风暴中可能不得不采取被动的措施，部分

---

① 数据来源：中国海关统计。

原因是中国需要时间来确定特朗普政府贸易政策的底线，更重要的是，美国是中国最大的出口市场。中国政府有强烈愿望在相互让步的基础上通过谈判达成一个宏大的协议。不过，如果美国对中国采取惩罚性贸易措施，中国肯定会报复。但中国可能将报复局限在贸易范围内，以避免危及整个双边关系。

作为贸易方面以牙还牙的报复，中国可能对与美国存在较大贸易逆差的行业（如飞机、油料、大豆、木材和纸浆、客用机动车辆等）实施同样的关税或配额政策。中国也可以将贸易限制延伸到美国方面顺差不断增长的服务业，如旅游和教育行业。中国政府和国有企业还可以停止购买美国的产品和服务。如果特朗普政府实施 45% 的关税，中国很可能会对从美国进口的商品实施同样的关税，从而导致全面的贸易战。

也有人认为，中国有可能参照 2010 年对日本的做法，对美国禁止出口一些战略物资，如稀土。这可能不是一个有效的威胁，因为中国在国际出口市场中具有垄断地位的战略物资非常有限。虽然中国生产和提炼了世界上近 90% 的稀土金属供应，但只占全球储量的 1/3 左右，中国以外的国家和地区不乏稀土矿床。中国要在国际出口市场占据垄断地位，关键不是靠可获得的资源，而是靠激烈的价格竞争，这也表明这种垄断权在很大程度上是暂时和虚幻的。

让人民币大幅贬值是市场分析人士经常提到的中国政府对美国敌对贸易行动的对策之一。但是，如果美国不把中国定义为货币操纵国，并征收反补贴税，中国不太可能打人民币的牌。人民币大幅贬值将加大资本外流压力，压低国内资产市场，破坏金融稳定。中国的决策者在堵塞中国资本账户管理漏洞或者解除潜在的债务炸弹之前，可能更愿意维持汇率稳定，至少在不久的将来，人民币汇率稳定符合中国经济和世界经济的最佳利益。此外，大幅贬值的货币将会导致中美双边冲突多元化，将贸易战争转变为全球货币战争。这只会使整个情况升级和复杂化。但是，不能排除中国利用人民币贬值甚至是一次性的大幅贬值来作为应对美国全面贸易战的最后手段。

走向妥协

如果中美爆发贸易战，两国贸易都将会受到消极影响，在短期和长期都将造成 GDP 和福利的损失。由于贸易依存度相对较低以及全球市场影响力较大，如果美国施加更高的关税，可能会改善其贸易条件，这和贸易相关的学术文献中描述的最优关税理论一致。这有助于美国在未来可能发生的中美贸易冲突中占有优势地位。对中国来说，美国在双边贸易方面采取以牙还牙的对抗或许并非最好的选择。中国可能需要考虑超越商品贸易之外的办法来应对特朗普的贸易威胁。另外，或许在协商中展示出一定程度的让步及和解意愿是值得考虑的。虽然美国可以承受与中国进行贸易战争的长期影响，但短期的冲击仍将是负面和巨大的（Noland，Robinson and Moran，2016）。某些行业如飞机和部分农业领域将受到严重的消极影响，这也将会给特朗普当局带来政治压力，促使其与中国达成协议。显然，两国需做出一定让步，而以下两个问题可能会是需要中国加以解决的突出问题。

（一）双边贸易逆差

长期以来，经济学家认为，整体贸易平衡和双边贸易平衡问题对讨论和制定贸易政策的借鉴意义甚少。如前所述，整体贸易平衡取决于整体储蓄投资平衡，而双边贸易平衡则由生产结构差异和相对优势决定。双边贸易平衡在衡量双边竞争力或者评估贸易的赢输方面没有意义。

然而，鉴于特朗普当局已将中美贸易不平衡提上了他们的贸易政策议程中，为避免中美之间的贸易对抗，一定程度上减少双边贸易逆差可能必不可少。从短期考虑，中国可以向美国派出采购团，签署巨额的进口协议，正如中国以前所做的，中国也可通过国有企业将对其他国家的部分进口需求转移到美国，这些举措对双边贸易平衡而言将会产生更加立竿见影的效果。中国也可能提出减少农产品和服务业（如旅游、金融、软件和文化产品）的进口壁垒，而这些正是美国在中国市场上相对优势较强和渗透率较高的产业。在中国经济不断增长以及中产阶级崛起的背景下，中国成为美国服务出口的重要市场，潜力十分巨大。实际上，中国已经是美国第三大服务出口市场，2016 年出口额为 535 亿美元，占美国服务出口总额的 7.1%。减少服务进口壁垒不仅有助于增加从美国的进口份额，还可以释放中国家庭服务消费的潜在需求，增加福利。美国放松对中国高科技出口的禁令也可以作为减少双边贸易不平衡的有用工具被纳入总的交易协议据 Sundaram（2014）估计，如果美国在出口管制方面像对待德国或英国那样对待中国，美国对中国的高科技出口将可能会提高 25%~50%。

从长期来看，中国应该考虑制造业的海外发展战略。尽管西方跨国公司在区域产业链中仍然占据主导地位，但越来越多的中国制造业企业在附加值产业链上的位置上移，在整个生产网络中获得了更大的控制权。在国内劳动力和土地成本节节攀升的情况下，这些企业通过将部分低端最终生产环节转移到邻国，以获得更好的竞争地位。这也符合中国"一带一路"倡议的定位，即加强与"一带一路"沿线国家政府之间的制造业合作。

（二）国有企业

对国有企业的担忧在于，即国家在中国的商业、经济、贸易活动中的重要影响力，也是冲蚀中美贸易关系的重要因素（Morrison，2017）。虽然在过去40年的改革开放中，国有部分在经济活动中的占比显著下降，但在金融、能源、交通运输、电信等一些重要领域，国有企业仍占据着主导地位。中央和地方政府可以通过税收减免、补贴、优惠贷款、限制市场准入、歧视性法规等措施来影响经济。这些措施有时是以不透明的方式进行的，导致了对中国通过政府干预造就其出口企业不公平竞争优势的质疑。政府近年来在经济中的角色已经扩张到了危及私营企业和市场力量的地步，引发了所谓的“国进民退”的争论。由于市场机制尚未在经济发展中发挥决定性的作用，一些企业在经济活动中可能享有特权。如果这些企业在制定公共政策时可以发挥很大的影响力，那么他们可能成为深化改革的阻力，有绑架政府（state capture）的风险。加快国有企业、金融和宏观经济管理领域的市场化改革，可为中国经济增长提供强劲的动力，并缓解美国对双边贸易问题的担忧。

贸易战大幅升级的风险

尽管近期中美双边会谈加大了中美之间达成妥协从而避免贸易冲突的可能性，但不应低估贸易冲突升级为经济和政治全面对立的风险。鉴于美国在双边贸易冲突中的优势地位，特朗普政府可能在贸易谈判中采用强硬策略。这可能迫使中国采用相同的策略，并考虑贸易之外的手段。服务业部门和投资可能是中国有一定话语权的领域，人民币一次性大幅贬值也可以是一个可信的威胁。币值走弱与美国贸易保护主义带来的实际贬值压力相一致，并且能将负担部分转移至其他国家。这样做会产生更高的通胀和金融不稳定的风险，但是，作为一个应对贸易战极端情况的最后手段，其利大于弊。在经济领域之外，中国政府在外交领域和安全合作领域也有牌可打。总之，中国需要使用范围更广的政策武器来应对潜在贸易战的升级，以阻止美国对其发动贸易战。

不可否认，政策博弈的实际演变过程十分复杂并将受到其他因素影响。在此过程中，政策失误的可能性也很高。因此，如果美国发动了贸易战，很有可能会升级为世界最大和第二大经济体之间的全面对抗，并最终将所有其他国家带入“以邻为壑”的陷阱。这将对世界经济产生灾难性的影响，和20世纪30年代的情形一样。提高两国政策制定者特别是特朗普政府对这一后果的认识，是避免最坏情况的关键。

结论

保持全球两大经济体之间密切的经贸关系，不仅将有利于两国，而且还有利于全球经济的发展。中美经济发展阶段和禀赋结构不同，经济结构互补性强，为合作奠定了坚实的基础。双边贸易关系中的困难和问题主要是两国经济宏观和结构性失衡的结果，这需要从更长远和更宽泛的视角出发来解决。诉诸保护主义贸易政策不利于解决美国贸易不平衡和制造业就业问题，而是损害了整体经济效益和消费者的福利。贸易战争中没有胜者，超越经济和贸易层面的中美冲突将进一步危及全球。

中国正致力于实现国内经济再平衡，并推动市场化改革。这最终将有助于纠正中美贸易失衡，减轻美国对于“不公平”贸易做法的担忧。倘若来自特朗普政府的压力能刺激中国加快结构性改革，纠正国内扭曲，那么，特朗普的保护主义威胁则会演变成为中国的福音。

在新一轮反全球化浪潮和美国贸易保护主义威胁不断上升的情况下，中国也可以换一种思路应对挑战。在单边贸易和投资自由化方面做出更大胆的举动，以及在促进区域一体化安排，如“区域全面经济伙伴关系”（RCEP）方面发挥更大的主导作用，不仅有利于中国在国际社会上占领道义上的高地，也有利于中国经济长期的改革和发展。通过上述努力，中国有可能与亚洲邻国一起迎来全球化的新时代，使世界经济免受保护主义扩散的影响。

中美贸易争端及世界贸易组织

查德·波恩[①]

提要：贸易争端和贸易冲突是一个值得关注的领域。我们都希望重新回到 WTO 这种基于规则的贸易体制下来解决问题。钢铁贸易是中美贸易冲突中非常典型的一个问题，随着中国经济减速，产能过剩问题加剧，全世界的市场很难吸纳来自中国大量新增的钢铁出口量。除了钢铁部门，中国的“非市场经济地位”也影响到了其他贸易部门，但是现在这个问题并不太大。中美双方都需要回到 WTO 框架下做出一些规则上的澄清。无论是美国还是其他担忧这个问题的欧盟国家，都可以采用替代性的 WTO 规则，即使不采用反倾销税的话，也有可能采用反补贴税来解决这个问题。

当前中美贸易摩擦的根源主要在于钢铁行业、本文就中国的钢铁

① 作者查德·波恩（Chad Bown）系 PIIE 高级研究员。本文的大部分分析在 Bown（2016a）中有更充分的论述。感谢 Junie Joseph 杰出的研究辅助。Caroline Freund、Gary Hufbauer、Nick Lardy、Rory MacFarquhar 和 Jeff Schott 都提供了有用的意见建议。作者文责自负。

行业及其产业转型，以及目前的“非市场经济地位”（NME）问题进行分析。如果上述政策问题无法得到明确解决，则会对世贸组织机制本身的可持续性带来挑战。

世贸组织为全球经济带来诸多助益。美国是这一机制及其前身（成立于 1947 年的关税与贸易总协定）的构建者，并在长达 70 年的时间里始终倡导基于规则的贸易体系。而中国虽然加入世贸组织仅 15 年，也直接受益于其为各成员国提供的非歧视贸易待遇。

尽管世贸组织发挥了诸多有益作用，但目前正面临挑战。钢铁行业及关于非市场经济地位的争论只是问题的一部分，另外还涵盖了中美其他的一系列问题。想办法解决钢铁及非市场经济地位方面的冲突是必要的，但即使相关方案能够解决诸如“中国融入全球贸易体系”等更为系统性的问题，也有可能是不够完善的。

中国的钢铁行业及其产业转型

如图 3-19 所示，2005—2017 年间，全球粗钢产能预计增长了近

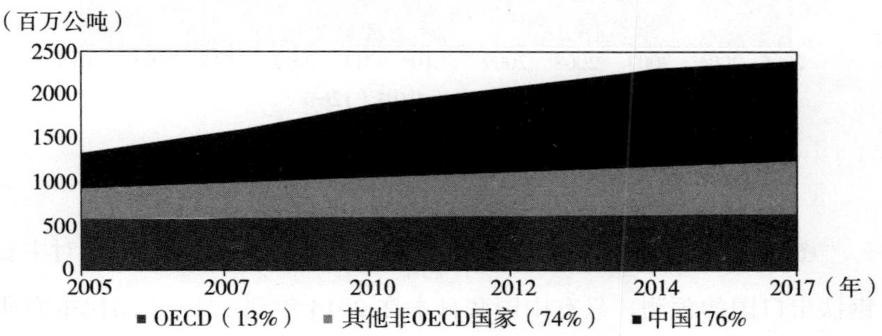

图 3–19　2005—2017 年世界粗钢生产产能 [①]

① 注：2017 年是预测数据。括号中的数字为 2005—2017 年间产能累计增长率。数据来源：OECD（2015a，2016）。

80%。首先，大部分的产能扩张并不是来自于经济合作与发展组织（以下简称“经合组织”）成员国，因其在上述期间的增长率仅为13%。其次，在几个非经合组织市场，包括印度、巴西和俄罗斯，产能扩张非常明显。

然而，目前为止钢铁产能扩张最大的来源是中国市场，在2005—2017年间增长了176%。换句话说，中国钢铁产量在全球的比重从2005年的不到1/3发展到2017年的将近50%。

图3-20展示了钢铁产量在2005年到2015年间的发展。中国2015年粗钢产量较2005年增长了126%，在很大程度上可看出其同期钢铁产能的扩张，同期世界其他地区的产量基本持平。而2015年粗钢产量相对于2014年整体呈下降趋势，全球产量降幅达4.3%。

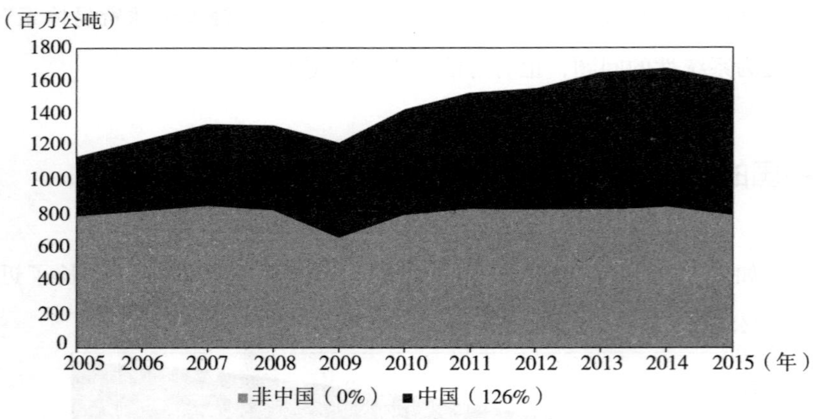

图3–20　2005—2015年世界粗钢产量[①]

图3-21展示的是各国出口占总产量的比重。根据经合组织对主要钢铁出口国的预测，只有中国和日本在2014年到2015年间比重有所上升，其他公司呈下降趋势。

① 数据来源：根据世界钢铁协会数据计算。括号中的数字为2005—2015年间产能累计增长率。

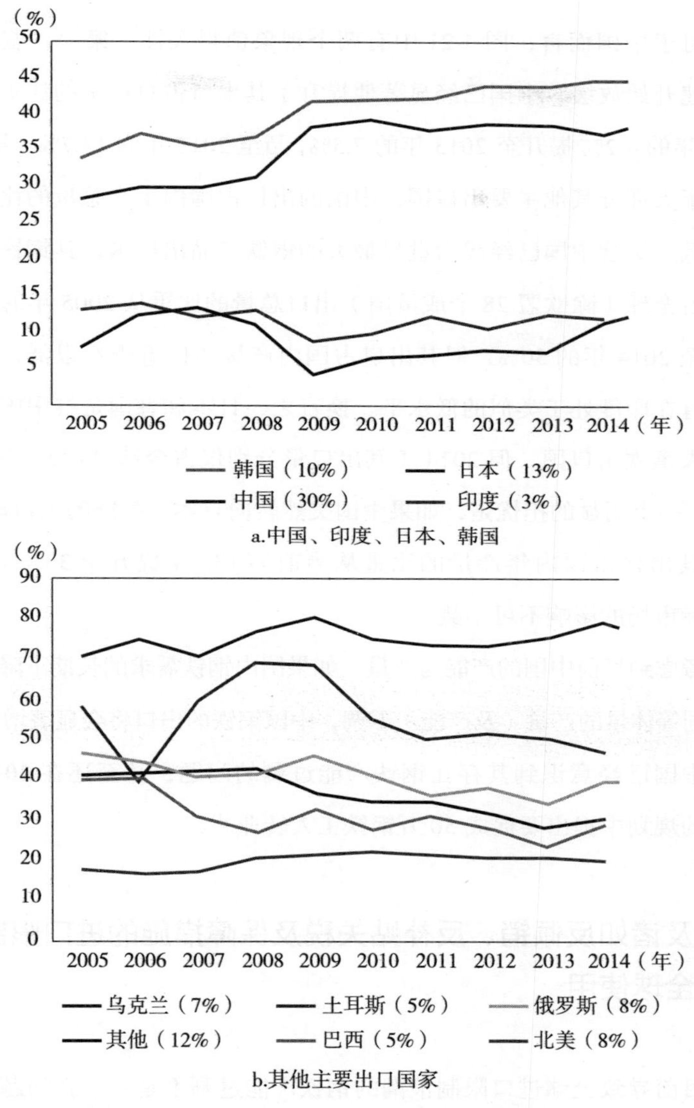

图 3-21 2005—2015 年钢铁出口占产量比重[①]

① 数据来源：根据世界钢铁协会数据计算。为半成品及成品钢出口量占粗钢整体产量的比重。钢铁协会没有 2015 年相关出口数据，因此图中 2015 年的估算数据基于 OECD（2016b）的出口增长预测。图例括号中的数据为 2014 年各国半成品及成品钢出口占全球总量的比重（除欧盟），欧盟数据未展示。

对于中国而言，图 3-21 中有两个现象值得关注。第一，鉴于经济增速开始放缓，中国已经显著地提升了其出口占总产量的比重，从 2009 年的 4.2% 提升至 2013 年的 7.5%，乃至 2015 年的 13.7%。第二，相对于大部分其他主要出口国，中国的出口占国内生产总量的比重仍然较低。尽管中国已经成为世界最大的钢铁产品出口国，其钢铁产品出口占全球（除欧盟 28 个成员国）出口总量的比重从 2005 年的 12% 提升至 2014 年的 30%，但其出口占国内产量的比重仍然很低，且目前只有在印度处于类似的低水平。换言之，日本和韩国是继中国之后的最大钢铁出口国，但 2014 年其出口量分别仅占全球总量的 13% 与 10%。一个明显的担忧是，如果中国突然转向日本、韩国的出口模式，即将其出口占国内年产量的比重从当前的 13.7% 提升至 35%~40%，对国际市场的影响不可小觑。

考虑到目前中国的产能与产量，如果国内钢铁需求的长期下降不能对应同等体量的产量（及产能）下调，中国钢铁的出口将会显著增长。

中国已经意识到其存在钢铁产能过剩的问题，甚至还在 2016 年年初的规划中提出要促成 50 万钢铁工人转业[①]。

钢铁及诸如反倾销、反补贴关税及保障措施的进口限制政策的全球使用

目前导致全球进口限制浪潮的钢铁产能过剩不是一个新问题，尽管给一些中国钢铁行业带来的影响是新的，但实际上，上一次全球关税壁垒浪潮出现在 2001—2003 年，当时包括美国、欧盟和中国在内

① Yao、Kevin、Meng Meng：《中国预期在煤炭和钢铁行业裁员 180 万人》，路透社，2016 年 2 月 29 日。

的大部分主要经济体都实施了限制钢铁产品进口的措施，以应对全球产能过剩（Devereaux et al.，2006；Bown，2013）。

然而这一阶段也不是特例，在20世纪90年代的亚洲金融危机（其影响还传导至巴西和俄罗斯）之后，钢铁进口国实施了进口限制措施，从而造成这些国家国内需求崩溃，并导致过剩的供给需要寻找国外市场。更为糟糕的情况是，钢铁是一个经常会引发反倾销、反补贴关税和保障措施的行业。大量经济学文献研究表明，当国内经济放缓（同时失业率上升）及进口激增时，各国倾向于实行上述进口限制，而且这些措施主要针对使其实际汇率急剧上升的贸易伙伴，以及那些自身增长放缓的贸易伙伴。

这意味着整体的宏观经济和工业条件已经成熟，从而可以增加正在实施的这种贸易政策。话虽如此，中国政府可能涉足钢铁行业引发了政策问题的额外复杂性。这恰好与2001年中国加入世贸组织时所遇到的非市场经济地位问题同步产生。

在世贸组织法律法规之下的非市场经济地位问题

2016年12月11日是中国自2001年正式加入世贸组织后的第十五年。美国、欧盟及大多世贸组织主要经济体面临着是否改变对中国非市场经济地位评定的问题，相应地改变会影响各国包括反倾销、反补贴税等政策的实施。

首当其冲的法律问题是，这项评定是否在15年后，即2016年12月11日自动到期。中国加入世贸组织议定书［（WTO，2001）第15（a）（ii）］条明确允许其他WTO成员国在反倾销调查中将中国视为NME（非市场经济地位）。引起争议的部分原因在于第15（d）条规定，“第 15（a）（ii）项的规定应在加入日期后 15 年届满”。一旦第 15（a）（ii）条被解除，不确定性就在于如何解释第 15 条的其余条款。也就是说，世贸组织成员是否可以像以前一样在反倾销调查中继续把中国视为 NME，还是必须停止这一认定？

这个问题的法律辩论不在本文讨论范畴之内。然而，即使不考虑议定书中的明确规定，中国也有理由相信美国等贸易伙伴将在 2016 年撤销对中国 NME 地位的认定。

考虑到目前面临的形势及中美两国在世贸组织中的重要领导作用，当前的关注点是两国的不同政策决定可能带来的不同影响。

美国法律之下的非市场经济地位问题

（一）美国反倾销法与非市场经济地位

表 3-7 列出了在现行的美国法律框架下，定义贸易伙伴国为“非市场经济”所必须考虑的要素，其中包括该国货币、工资和其他原材料的价格在多大程度上受市场影响，以及该国政府在影响外商直接投资（FDI）、实施价格管控及产出目标等方面的参与程度。

基于对这些因素的评测，目前美国将中国定义为非市场经济国家。2017 年 3 月 29 日，特朗普政府商务部开始重新评估中国的 NME 地位（商务部，2017）。

由于中国加入世贸组织的法律条款，美国根据其反倾销法对中国进口所采用的“替代国”方法到目前为止并没有引起太多争议。然而，中国已经表示将通过正式的世贸组织争端解决机制来处理这一问题（Bown，2016c）.

表 3–7　根据美国法律，美国商务部在非市场经济决定中必须考虑的因素[①]

要　素	法律术语
货币	（i）该国货币在多大程度上可以转换成其他国家的货币
工资	（ii）该国的工资水平在多大程度上取决于劳动力和管理层之间的自由谈判
外商直接投资	（iii）该国允许其他外国公司进行合资或其他投资的自由程度
其他投入要素	（iv）政府拥有或控制生产资料的程度
价格管控与产出	（v）政府对资源配置以及企业的价格和产出决策的控制程度
其他	（vi）管理当局认为适当的其他因素

（二）目前美国反倾销法及非市场经济地位：应用案例

依据美国反倾销法，政府会调查外国公司在美国市场出售产品的价格是否低于公允价值（LTFV），及这些进口销售是否会伤害处于竞争关系的美国本土行业。美国国际贸易委员会开展的损害调查过程在很大程度上并不受文中所描述的 NME 问题的影响，因此下文不再赘述。商务部进行单独和独立的倾销调查，其程序则直接受到贸易伙伴 NME 地位的影响。

一般来说，美国商务部使用以下三种方法之一建立 LTFV 基准，并在此基础上做出倾销的决定：① 外国企业在出口商本国市场所出售同等商品的价格；② 出口商出售相同商品到第三国市场的价格；③ 出口公司成本的构建价值。

商务部对像中国这样的 NME 出口国长期以来的担忧是，如果市场上没有供求关系的作用，用于构建 LTFV 基准的数据可能会产

① 注：第（vi）项的“管理当局”指商务部。数据来源：1988 年的 *Omnibus Trade and Competitiveness Act*，直接援引其中的法律条款与术语。

生误导。也就是说，根据方法①或方法②观察到的最终商品的NME“价格”，或在方法③中诸如劳动力/资本等要素投入都不是可靠的指标，因为他们可能会导致LTFV基准向下偏差，从而更难找到倾销的证据。因此，开发出的新方法为美国商务部提供了足够的灵活性，使其在调查NME国家的出口企业时，能够依靠“替代国”的价格数据去构建LTFV基准。

举例说明。假设商务部被要求调查从中国钢管生产企业进口的产品是否涉嫌在美国市场倾销[①]。由于中国被定义为NME，商务部门就需要确定一个替代国家。筛选的条件包括替代国自身应当是一个市场经济体（因此投入与产出的价格信息是有意义的），与中国拥有相当的经济发展水平，在被调查的有关钢管行业拥有的国内生产力，同时具有相对可得的数据，以便根据方法③替代测算中国企业成本。假定印度被选为中国钢管调查的替代国。为了进行计算，商务部将从中国公司提供的数据中抽取用于制作管材的要素投入量（例如劳动时间、原材料单位等），并将其乘以相对应的投入品在印度的价格。

如果在美国市场销售的中国管材的价格低于所构建的中国钢管公司的成本，即公允价值基准，那么商务部会认为中国钢管公司存在倾销。施加的反倾销关税则设定为美国进口销售价与构建的LTFV基准的差额，称为倾销差价。

如果中国不是NME，那么商务部就需要依据中国钢管公司提供的数据获取其实际生产成本，在中国的销售价格，或者其在第三国的出售价格。对中国而言，NME地位为商务部提供了过度的裁量权，

① 这一例子大致基于2007年针对中国圆形焊接管道的反倾销反补贴调查，来自于美国反倾销与反补贴税（中国）争议小组报告（WTO，2010）。

与把中国视为市场经济体相比，商务部能够获取更多的倾销证据，并实施更高的倾销差价。

（三）美国反补贴关税法与从中国的进口：应用案例

接下来讨论美国的反补贴税法，因为这些规定的使用影响了美国目前可用的政策选择。

美国反补贴税法允许政府调查在美国市场上销售产品的外国公司是否得到补贴，以及这些接受补贴的进口产品是否损害了处于竞争关系的美国生产商。类似于反倾销调查中对倾销的决定，商务部在反补贴调查中要进行补贴决定。从广义上讲，补贴的定义为贸易伙伴政府（或任何公共机构）向外国公司提供财政援助，并给予该公司利益。如果美国工业受损，且有证据表明这是由进口补贴造成的，美国可以施加相当于补贴率的反补贴关税。

在 20 世纪 80 年代中期，商务部做出不再向非市场经济国家的进口产品进行反补贴调查的法律决定。然而在 2006 年底，商务部又针对中国撤销了这一决定，并开始根据美国反补贴税法调查有关中国为进口产品提供补贴的申诉。美国做出这一决定的论据是，虽然中国整体走向更加市场化的经济形态，但重要的非市场经济力量仍然存在[①]。例如在某些经济领域，中国政府可以继续干预；又如通过在公司董事会担任领导职务，或是通过国务院国有资产监督管理委员会（SASAC）等控股公司推行国家或地区层面的产业政策。

---

① 史密斯（2013）就此有过论述。Lardy（2014）提供了 20 世纪以来美国对中国经济发展影响力不断下降的证据。吴（2016）对在这个时期中国经济的演变与 WTO 法律法规的冲突进行了深刻的分析。

此外，美国声称国有企业（SOEs）尚未完全退出中国某些行业，包括在整个经济中使用相对普遍的生产要素投入，例如中国国有商业银行（SOCBs）借贷的条款等。其他的一些相对重要的生产要素供应商也依然是国有企业，如热轧钢铁，是许多下游钢铁产品和能源的重要生产要素。最后，中国境内的某些土地使用商业租金存在被低估的嫌疑。

从2007年开始，美国称其可以应用反补贴税法处理中国相关问题，因为中国企业有可能获得相当于政府补贴的补助。

我们再次以中国钢管行业为例来展示反补贴税法调查的模式。假设现在新的指控是，中国钢管生产是通过获得隐含补贴的生产要素进行的。钢管由向国有企业采购的廉价热轧钢板制成，融资贷款则由国有商业银行以低于市场的利率提供，生产设施建在不需要市场租金作为报酬的土地上。综合各方面要素，美国政府认为这些隐含的补贴投入为中国企业的钢管生产提供了助益。

为确定补贴规模，美国商务部制定了类似于反倾销决定中针对NME的替代国家方法。但是，与在反倾销调查中仅仅抽取一个代理国的相关数据信息不同的是，反补贴调查中可以采用多种方法。例如，美国商务部可以使用国际市场上的热轧钢价格作为中国热轧钢材价格的替代品；使用泰国曼谷的地价而不是中国公司实际支付的地租；对33个中低收入国家剔除通胀因素的利率进行回归分析，以构建企业借款成本的基准利率，而不是使用中国国有商业银行的利率。这些方式使得商务部能够对中国企业的成本进行衡量，以揭示其隐性补贴的规模，如果美国国际贸易委员会也能发现由于补贴造成损失的证据，商务部可以施加等同于单位补贴率的反补贴关税[①]。

① 当同时出现倾销和补贴问题时，必须对整体的关税规模予以调整，以免重复计算。

2006 年，商务部开始采用上述方式对中国进口产品展开反补贴调查，并于 2007 年首次施加反补贴关税。中国随后通过正式的 WTO 争端解决方式，对美国这一新调查方法中的某些程序要素提出质疑。然而，商务部继续使用美国反补贴税法中规定的这些方法来调查中国的进口商品是否受到不公平的补贴。自 2006 年以来已经收到了 50 多个申诉，而到目前为止，商务部对大约 75% 的已完成调查案例施加了反补贴关税。除了本文中的钢管示例，还有许多针对诸如钢铁产品、化学品、轮胎、木制品，甚至太阳能电池板和风塔等其他产品的调查。

美国从中国的进口及被反倾销税和反补贴关税影响的进口

2015 年，中国对美国的出口达到 5000 亿美元左右，中国加入世贸组织以来，这一数字大幅增长（如图 3-22 所示），美国从中国的实际进口额相较于 2001 年加入前增加了近四倍。

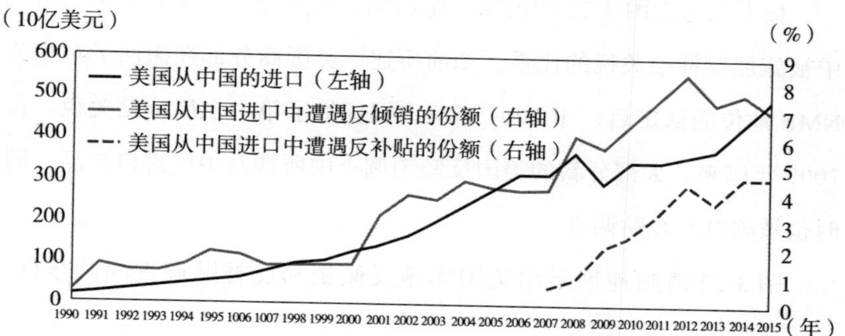

图 3–22　1990—2015 年美国从中国进口的商品总额以及被征收反倾销和反补贴税的双边进口份额（比重为贸易加权进口覆盖率）①

① 数据来源：Bown（2016a）。

（一）来自中国受到反倾销税和反补贴关税影响的进口

由于中国对美国的出口增长迅速，美国也对这些进口实施了更高比例的反倾销进口限制。2000年，以贸易加权为基础，中国受美国反倾销进口限制的出口货物不到货物贸易出口总额的1.5%，而到2015年，这一比例提升至7%，约合350亿美元。2007年以后的大幅上涨与学术研究得到的结论一致，即这些进口限制通常会在宏观经济放缓及实际汇率提升期会增加。

鉴于中国认为其对美国的出口在很大程度上受制于自身的NME地位，也就不难理解为什么中国对这一议题如此忧虑。

然而，关于中国NME地位的另一个解读是，这是中国为加入世贸组织而获取整体利益所需要付出的代价。换句话说，中国对美国的5000亿美元年出口中约有93%在2015年没有受到反倾销审查。作为对NME地位的交换，中国也得到了对美国进口的非歧视性关税待遇[①]。

接下来考虑图3-22中的第三组数据，这是每年中国对美国的出口中被施加反补贴关税的比重。如前所述，美国商务部在撤回了对相关NME地位的认定后，于2007年对中国施加了第一个反补贴关税。自2007年以来，大部分新的美国反倾销调查中所涉及中国进口产品，同时也被施以反补贴调查。

图3-22清晰地展示出美国实施反倾销和反补贴调查的同步性。

① 以中国在反倾销方面接受NME待遇来换取最惠国关税待遇。与日本在1955年加入多边贸易体系时接受的条件相比较，在日本加入关贸总协定时，50多个国家援引了GATT例外范例，以确保它们不用对日本实行与所有其他关贸总协定成员国同等的最惠国进口关税。直到20世纪70年代初，许多国家一直以这种方式限制日本进口。但美国是一个例外，它对日本实行最惠国关税，并通过反倾销和协商达成的自愿出口限制来解决与日本的双边贸易摩擦。

2007 年至 2015 年期间，美国对中国进口的反倾销和反补贴调查不仅都有所增加，而且两组数据之间的差异也明显下降。2007 年，反倾销与反补贴调查占进口总额的比例有 3.5 个百分点的差距，而到 2015 年，这一差距已经下降到了 2.6 个百分点。

这意味着截至 2015 年，大部分被施加反倾销税的中国进口产品也被施加了反补贴关税。

2. 2015 年美国反倾销对中国的影响（按照行业划分）

图 3-23 描述了 2015 年美国主要行业在中国的进口水平，可以看出行业之间差异很大，例如，2015 年大约 31% 金属行业来自中国的进口被施加了反倾销税。

然而最大的进口部门是电子和电子机械，其中美国从中国进口的产品在 2015 年达到 1360 亿美元。总体而言，美国在双边进口水平较高的部门所采取的反倾销进口保护措施要少得多。

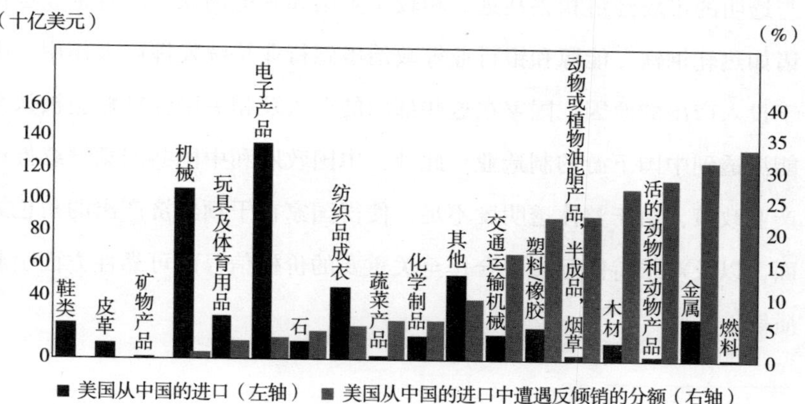

图 3-23　2015 年美国对中国实施反倾销措施的进口及双边进口份额（反倾销比重按贸易加权进口计算）①

---

① 数据来源：Bown（2016a）。

政策建议

就钢铁产能过剩或 NME 问题而言，当前的政治环境对于中美达成共识并不理想。激烈的美国总统大选，大大缓解了大部分美国人对全球化的担忧；这些担忧是否符合现实情况似乎并不重要，然而不幸的是，对美中贸易关系的担忧在美国所有担忧排名中居前列[①]。

就此而言，随着经济增长放缓，中国也在努力解决自身的问题，并试图实现向消费和服务型经济的重要转型。这一转型预计将引发对包括钢铁、煤、铝等重工业在内的、目前涉及数百万中国工人的行业和领域的大规模调整。

虽然现在处于挑战性的政治氛围之中，但仍需要通过积极的谈判解决这些问题。美国最大的关切是，尽管过去 15 年来中国在市场经济发展方面取得了巨大的进步，也认可中国的市场经济地位，却仍然与透明的市场经济相去甚远。相较于美国和其他国家，国有企业也在诸如热轧钢铁、能源和银行业等政治敏感行业持续发挥巨大作用，由于投入产出的原因，国家在这些部门的介入及相关隐性补贴会被认为能渗透到中国下游的制造业。此外，中国政府和中国共产党继续推动产业政策，由于整体透明度不足，使得国家在干预经济产出的角色方面，以及对维持国际交流合作至关重要的价格信号的可靠性方面引起质疑。

---

① 这并不表示大量关于中国要对美国劳动力市场（或更广泛的贸易）问题负责的指责是有充分理由的，因为造成资源错位更主要的原因是自动化技术和其他方面的冲击。即使按照最严重的估计，自 2001 年起，从中国进口商品可能造成美国制造业方面的就业损失也仅为 20%（有关证据的调查请参阅 Autor、Dorn 和 Hanson（2016））。然而，事实是，即使进口中国商品对美国劳动力市场的负面影响相对温和，也会进一步恶化已相对糟糕的政治环境。

不过，中美之间在 NME 问题上进行沟通是必需的，以使两国最终能够达成一个可持续的长期解决方案。美国设计了一项单独的政策工具，即通过反补贴税法使其越来越有能力解决对中国不公平进口贸易的担忧。如果中美能够就这一替代政策达成更正式的协议，以解决不间断的世贸组织诉讼所带来的诸多不确定性，那么美国将克服在短期内致力于维持双边合作的一个重要障碍。

然而从长远来看，规则和市场交易系统方面所面临的更大问题仍然存在。中国能否进一步实现转型，成为不需要贸易伙伴实施特殊政策的市场经济体呢？在这个转型期间，为了达到市场透明度和政府宏观调控方面的平衡，需要有更多的国际规则与更明确的外部基准的制定，这些规则对于中国是否有利还值得进一步探讨。

如果中国不能实现完全转型，鉴于中国经济如此庞大，且能够在国际上产生和传导较大的负外部性，那么中国和世界其他国家是否可以共存，在不同规则下运行的经济体可以共存？

不管今天中国钢铁产能过剩以及美国对 NME 地位的处理等问题如何解决，最终的答案都可能会对未来国际贸易体系的合作模式产生重大影响。

贸易战的风险与成本

马克·诺兰[①]

提要：中美贸易让中美两国维持着不断深化、互惠互利的经济关系，也会产生一种“副产品”——使美国国内贫富差距扩大。但正确的应对方式并非采取贸易保护措施，而是采取一系列改良的调整措施，推行长期政策，以增加美国在世界上的竞争力。货币操纵、非市场经济体地位、知识产权保护和市场准入等问题都有可能成为中美两国贸易关系变化的导火索。如果不能妥善处理这些问题，贸易冲突将会随之而来，中美两国经济都将受损，甚至会蔓延到整个世界。

20世纪30年代起，各国纷纷筑起贸易壁垒、大萧条不断深化，美国的专家和民众一致认为，一种自由的、由美国领导的、基于规则的国际贸易体系是符合美国国家利益的。至此，贸易政策就很少成为总统选举中重要的政治议题。但2016年的大选则凸显了民众对于现

① 作者马克·诺兰（Marcus Noland）系PIIE执行副总裁兼研究总监。

状的极度不满，而美国也正处于潜在的转折点：特朗普新政府和国会很有可能会推翻人们在过去 80 年所努力实现的一切——更为自由的全球贸易体系和更为强劲的多边合作机制。作为总统大选的最终赢家，唐纳德·特朗普的言论引起了各个国家对于与美国开展贸易战争的恐惧，包括中国。

在选举期间，关于贸易政策，特朗普反复强调了三个主题。首先，是贸易差额的重要性，其中包括双边贸易的差额。依照这种思路，美国所背负的总值 5000 亿美元的货物贸易、服务贸易的逆差是其所面临的严峻挑战——其中有一半是对中国的贸易逆差。

在特朗普看来，他竞选演讲时第二个和第三个主题（即利用货币操纵以便在贸易中博取不公平的优势，以及"灾难性"的贸易协定）既对逆差的问题做出了解释，也提供了初步的解决方案。他严厉指责 TPP（Trans-Pacific Partnership Agreement，环太平洋伙伴关系协定），还把 NAFTA（North American Free Trade Agreement，北美自贸协定）称作"史上最烂的贸易协定"。他一再宣称美韩自由贸易协定（KORUS）是"就业杀手"，并对对外直接投资表达了敌意。中美双边贸易条约目前正在协商当中，而基于他的这种态度，特朗普有可能并不愿意促成这一条约的签署。

短期顾虑

特朗普总统自上任以来，对于竞选中所做出的承诺态度并不一致。他曾发誓，在他上任的第一天，就将把中国列为货币操纵国，并对其施加关税，以抵消人民币贬值给中国带来的优势，但是他并没这么做。虽然他的确撤回了美国对于 TPP 的支持，还暗示要重新就 NAFTA

事项进行谈判。迫于美国施加的压力，G20 集团删除了 2017 年 3 月发布的财长会议公报中所做出的关于“竭力避免贸易保护主义”的宣誓。

尽管特朗普给出了一系列负面的信号，但美国至今仍未有切实的行动。这种相对的不作为反映出的究竟是治理国家与竞选中的“政治剧场”差异，还是时机尚未成熟，或是美国政府因有数千封政治任命书亟待颁发而反应迟缓，或是政府内部的政策不一致，又或者仅仅是组织混乱，至今仍不明朗。比起中国，特朗普政府更关注墨西哥。或许这一点能反映出特朗普政府对于墨西哥的态度：美墨关系更具有可塑性。

下一个问题是北美自贸区的重新谈判。这一协定已有 25 年的历史，就像一栋老旧不堪的房子，亟须翻新。最简单的方法就是读一读 TPP 的文本，寻找可供参考的创新之处（比如关于电子商务的规定），制定 NAFTA 2.0 版本。但据媒体报道称，特朗普政府把重点放在了重新制定原产地规则这一方面，甚至是在美国市场中施行特别原产地规则。这一举措对于墨西哥和加拿大来说是难以接受的。尽管 NAFTA 的重新谈判也许并不令人感到愉快，但还不至于掀起贸易战争。墨西哥依赖美国市场，最终也只能默许美国提出的要求，不会有太大的报复行为。然而，中国是否会像墨西哥一样就很难说了。

接下来，则是特朗普的主要诉求，即把中国归为“货币操纵国”。美国的法律中对于“货币操纵国”有一系列的评判标准：首先，对美国有巨额双边贸易顺差；其次，对美国有大量经常账户盈余；最后，对外汇市场持续地进行单边干预。根据美国财政部的定义，并没有哪个经济体同时符合这 3 个标准。进一步分析看，美国最大的五个贸易伙伴（中国大陆、日本、韩国、中国台湾地区、德国）均只符合 3 个标准中的 2 个。这 5 个国家与地区也被列入了“监视名单”。基于现行法律，如果中国被正式宣布为货币操纵国，特朗普将可能采取一系列补救措施，其中最为极端的将会是禁止中国企业进入美国的政府采购市场。

如果特朗普政府想要采取更为激进的措施，财政部可以放宽上述评判标准，将更多的国家列为货币操纵国，并且（或者）请求国会授权其执行额外的惩罚措施。新的立法包括：在未来的贸易协定中加入关于货币操纵的规定，或是授权对外汇市场进行补偿性的货币干预。前者很有可能遭到其他国家的拒绝，而后者并非在任何情况下都可行。

另一个重要的话题，就是中国在世贸组织中的市场经济地位问题。在加入世贸组织时，中国被归为“非市场经济体”。因此，美国商务部可以采取相当灵活的程序，对中国进行反倾销审查。中国自然想要限制这种自由裁量权。根据中国加入世贸组织的协定书，中国的非市场经济体地位于 2016 年 12 月到期。如果特朗普政府继续在反倾销审查领域把中国当作非市场经济体，中国很可能将此事交由世贸组织处理，其请求也将获得支持。实际上，中方已经就此提起申诉。然而，走世贸组织的程序需要花费几年的时间。这将逐渐减弱美国对整个世贸组织系统的支持，从而使中国大大获利——尤其是考虑到特朗普总统时不时威胁称美国将无视世贸组织，或是美国将彻底退出该组织。此外，最近几年来反补贴税案例的增多也意味着如果中国被赋予市场经济体地位——无论中国的地位如何，美国的贸易法规始终是惩罚不公平贸易的有效手段（Bown，2016）。或许，开启磋商是更好的选择。这样，双方就可以达成一种平衡：中国想要越来越多地进入美国市场，而美国则担忧其在中国的市场。给予中国部分市场经济地位或许是解决问题的一种途径。

解决问题的其他途径还包括加强美国的知识产权保护。美国国家情报局总监办公室预计，由于缺少知识产权的保护，美国经济每年受损约4000亿美元。基于最近的证据，前美国国家情报局总监丹尼斯·布莱尔（Dennis Blair）和前美国驻华大使洪博培（Jon Huntsman）对此进行了重新评估，他们认为这一数额是可能的。并不是所有的损失都是由中国导致的，但中国的确是美国在这一领域的重点关注对象。

接下来就是贸易政策的问题。现行法律给予总统相当大的职权，允许其不经国会批准，开展单方面行动（Hufbauer，2016）。如果总统根据当下的局面需要，对中国施加全面的惩罚性关税，而中国也以同样的方式回应，随之而来的贸易战争将会大大损害美国的经济——就业受损，生产萧条，金融市场也会一片混乱（Noland et al.，2016）。正式的模型指出，从美国的角度讲，美国的资本财货部门，如高速驱动器及齿轮的制造（该行业价值数十亿美元，其产品主要用于动力传输设备）将遭受最严重的打击。然而，受损的将不仅仅是重要资本部门，铁与其他金属矿石的开采、铝的生产同样会受到严重的影响。这一负面影响将会迅速蔓延到所谓的“非贸易部门”，比如零售分销以及房地产业——这些产业通常不会和国际贸易发生联系。由于这些部门雇用员工的特点，劳动力市场的发展将会倒退。从地缘的角度看，华盛顿州、麻省、加州、密歇根州将是受影响最严重的州，洛杉矶、芝加哥和休斯敦将会是影响最严重的城市（见图3-24）。

如果中国不对美国施加全面关税，而是以牙还牙，在特定部门（如航空、大豆、商业服务等领域）采取相应措施，则会对美国造成巨大打击——二者之间的差距十分显著。如果中国不再从美国购买飞机，17.9万人将失去工作，受此冲击最严重的是西雅图、华盛顿、威奇托、堪萨斯等地的大都市区。如果中国削减向美国购买的商业服务，受到最严重打击的区域几乎遍及美国的高技术区域，洛杉矶首当其冲，其后是西雅图、纽约、芝加哥、休斯敦、硅谷、菲尼克斯和达拉斯。

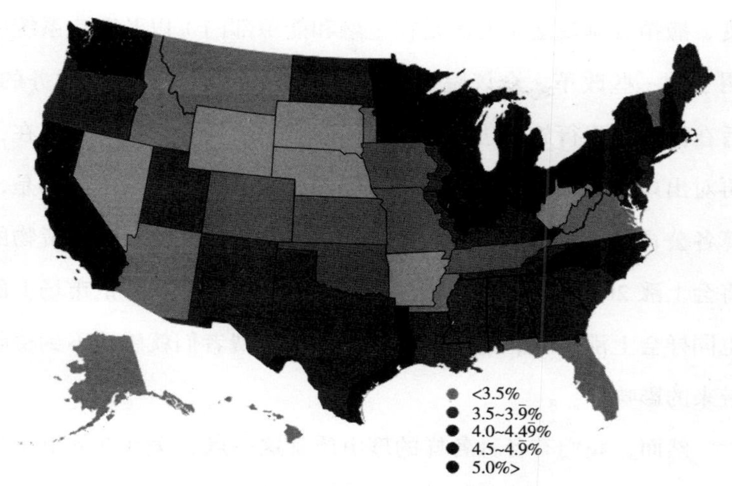

图 3-24　美国各州私人部门劳动力减少情况

相反的是，如果中国禁止大豆通商，密西西比河沿岸的乡村城市带（从阿肯色州、田纳西州一直到密苏里州）将会受到严重影响，21 个乡村城市中将近 10%，甚至更多人将面临失业。与城市中大规模、密集型劳动力市场不同的是，在人口稀少的、彼此临近的乡村地区，失去工作的人们很难找到新的工作。

中期顾虑

尽管依照法律，总统拥有范围相当广泛的职权，可以在贸易领域采取单方面行动，这有可能导致贸易战争——这一点引起了人们的关注。与此同时，更大的威胁来源于特朗普政府的贸易政策倾向于以何种方式与美国的宏观经济政策互动。在当下这个关键的时间点，问题很有可能迅速升级。

总统延续了他的竞选纲领：减税、增加用于基础设施和国防的开支、撤销管制规定（尤其是在金融和能源部门）以及医疗系统中不甚明了的一些改革。众议院中的共和党人推行了一项关于税务的计划，旨在抵消因强行施加边境调节税而降息造成的收入损失。现在，将不再对出口产品征收企业所得税。但与此前的税收体系不同的是，在计算各公司的税务责任时，各公司无法扣除进口开支，进口货物的价格将会上涨20%。但此项计划的支持者们称，美元在外汇市场上的价格也同样会上涨20%，这样一来，美国的消费者们就感受不到税收变化带来的影响。

然而，我们有各种各样的理由质疑这一点：美元在外汇市场上的价格会受到诸多因素的影响，贸易流量只是其中之一。当其他国家施行类似的税收体系时，其国内商品的价格会急速上升（Freund and Gagnon，2017）。类似于汽车、电子产品这样需要大量进口组件的行业将会受到更为严重的打击，被迫提高产品的价格。出于这些原因，大型零售商以及众多行业群体一致反对这一提案。有些经济学家认为，这一税收体制会带来负面影响，因为它对穷人所造成的损害高得不成比例——他们很依赖廉价的进口产品（Cline，2017）。还有人认为，这一计划与美国对世贸组织所做出的承诺相悖。原则上说，甚至会导致针对美国的大规模贸易报复——这种报复的力度将会比世贸组织以往授权过的任何一次都大（Bown，2017）。持怀疑态度的人还能找出很多论据，特朗普政府也一直避免对众议院的提案表示支持。这项提案也许永远都不会被实行，但一旦施行，就可能成为贸易战的另一个导火索。

美国已经开始实施一些额外的财政刺激措施，这有可能带来短期迅速增长而出现财政赤字，导致利率上升，使美元升值——即使边境调节税也会带来额外的收入。如果这一提案没能通过，美国将只能面对开支出的上涨。但同时，其税收收入会显著降低。这样一来，美国就需要进一步进行财政扩张。也许有人会说，美国离充分就业仍有一定距离，在经济过热之前，还可以采取很多刺激措施，美联储也可以上调利率。但在大选前，美国的经常账户赤字已经呈上升态势，而特朗普的宏观经济政策可能会加剧这一趋势（Cline，2016）。

呈现在人们面前的本届政府与第一届里根政府十分类似，但却更加令人厌恶：日益增长的贸易逆差使得里根不得不采取贸易保护措施。用时任财政部长詹姆斯·贝克曾批评说，“这些保护措施比胡佛以来的任何总统都要多”。

里根总统在意识形态上支持自由贸易——至少他在实行这些保护措施的时候，还会表现出一丝不情愿。这也是为什么里根政府的贸易保护措施采取“自愿出口限制”形式的原因。这些措施主要针对的是美国的贸易伙伴，尤其是日本。但这与给自身施加关税保护有一定的差别。

特朗普政府的官员们赞成里根政府的对日贸易政策，他们把这些政策作为典范。他们甚至称，里根仅仅是“威胁”要施行保护措施，日本就赶忙顺从。但毋庸置疑的是，当下，中美两国的关系与当时的美日关系大相径庭。在冷战的大环境下，美国是日本的政治、军事保障。从根本上说，日本会遵从美国在贸易领域上的一切要求，无论其有多不情愿。但如今，中美两国间的对抗的形势与里根时期中日形势完全不同。

对于中国和世界上其他国家来说，真正的问题并不会在特朗普上任的前100天内显现出来，而是要等到2018年或2019年。到那时，特朗普的财政刺激政策会正式生效。特朗普政府想要实现贸易保护，但处理日益增长的贸易逆差的方法却不切实际。一个国家的贸易逆差能从根本上反映储蓄与投资之间的差距——如果一个国家的消费大于生产，就会产生贸易逆差；如果生产大于消费，就会产生贸易顺差。贸易政策能够影响构成逆差的部门组成和地域分布，但从长期来看，贸易均衡是由储蓄与投资之间的平衡决定的。想要降低一国的贸易逆差，最直接的方式就是提高储蓄率——减少公众的负储蓄是最便捷的做法。不幸的是，美国的财政政策却走上了一条完全相反的路。

结 论

美国能从国际贸易中获益。一直以来，中美两国维持着不断深化、互惠互利的经济关系。尽管如此，日益深化的经济一体化还是会产生一种“副产品”，即美国国内的收入可能会有所增加，但贫富差距也会随之扩大。正确的应对方式并非采取贸易保护措施，而是采取一系列改良的调整措施，推行长期政策，以增加美国在世界上的竞争力。

货币操纵、非市场经济体地位、知识产权保护和市场准入等问题都有可能成为中美两国贸易关系恶化的导火索。如果不能妥善处理这些问题，贸易冲突将会随之而来，中美两国经济都将受损，甚至会蔓延到整个世界。在贸易战争中，中美两国只会两败俱伤。

TPP 之后的亚太区域主义

杰弗里 .J. 肖特　陆之瑶[①]

提要：美国退出 TPP 使亚太自由贸易区（FTAAP）的发展遭受重大挫折，也传递出特朗普领导下的美国政府贸易政策正转向双边主义的信号。尽管美国退出了 TPP，但剩余的 TPP 国家仍希望继续推动广泛的区域经济一体化进程。作为亚太地区多数国家的重要贸易伙伴，中国在参与区域谈判方面有着重大的利害关系。亚太经济一体化是对中国国内改革的补充与强化，能够促使中国成为一个更具市场导向的经济体，以及更能吸引投资的目的国。而且，区域性对话可为中美双边经济关系提供一个在政治上更可行的平台，促成包含中美两国在内的 FTAAP 的实现。

唐纳德·特朗普总统领导的美国退出了跨太平洋伙伴关系协定（TPP）——一个由几乎占据全球国内生产总值 40% 的 12 个国家于

① 杰弗里 .J. 肖特（Jeffiey.J.Schott）系 PIIE 高级研究员；陆之瑶（Zhiyao Lu）系 PIIE 研究分析师。本文版权由彼得森国际经济研究所所有，翻译版权由中国金融四十人论坛所有（Copyright © 2017 Peterson Institute for International Economics,Simplified Chinese translation Copyright © 2017 by China Finance 40 Forum ALL RIGHT RESERVED）。

2016年2月签署的全面协定[①]。TPP是参照过去20余年间美国所签订的一系列全面自由贸易协定而制定的（阿里、卢格，2016）。美国的退出从本质上驳回了这项由美国谈判者们设计、起草、达成的协议，这意味着之前已经签署的协定基本无效。依据谈判所达成的生效条件，TPP无法在没有美国的参与下生效。

美国政策的彻底转变也对亚太地区有着重要的影响。TPP被视为21世纪贸易协定中的最高标准，也是构建亚太自由贸易区（FTAAP）的主要渠道之一。亚洲太平洋经济合作组织（APEC）会议一直以来都在基于大量成员国之间贸易协定的先例来讨论构建FTAAP的各种情况。特朗普的行动阻碍了前进道路上的一个关键选项，同时也让FTAAP的发展遭受了重大挫折。

美国的新政策破坏了亚太地区国家之间的贸易关系，同时也让人们开始质疑美国对于促成一项全面的地区贸易投资协定的决心。现在，美国转而致力于与重要伙伴的双边自贸协定的谈判而非TPP。双边自贸协定的谈判将从与墨西哥和加拿大北美贸易协定（NAFTA）现代化的谈判开始。美国将根据该经验设计与日本的新条约，或与韩国等国重新构造现有的自贸协定。然而，双边战略的影响是有限的，相比于TPP，美国官员将要求其他国家做出多于他们从TPP中所获利益的让步，但美国自己却将提供更少的回报。由于其他国家已经拥有了较好的美国市场准入权，因此，如果美国没有新的改革，谈判结果很可能十分空洞（肖特，2017）。

美国退出TPP使得亚太地区重新聚焦于TPP的谈判成果，以及每个国家在推行TPP职责所规定的改革后能够获得的利益。正如本文

---

① 《跨太平洋伙伴关系》，美国贸易代表办公室，获取日期：2017年4月14日。

所讨论的，相关国家正通过其他双边或区域性协议来保留部分或全部TPP成果。中国在这些谈判中有着重要的利害关系。它们与推进中国国内经济改革、深化中国同亚太国家之间的贸易投资关系相辅相成。

复兴亚太协定

美国的退出降低了TPP的价值，但其他11个签署国仍然认为TPP的存在具有巨大的价值。这些国家一致认为，该协定符合他们的自身利益。因此，他们将继续推进区域一体化进程，包括很可能在美国退出的情况下继续推行TPP。这是为什么呢？

第一，向其他TPP成员国开放的美国市场的特许权是有限的，而且这也只是协定成果中的一小部分。这些国家的另一个重要目标是借此推进它们自己国内的经济改革，从而在全球市场上具有更高的效率、生产率和竞争力。因此，尽管美国明确表示退出TPP，部分国家（比如日本、新西兰）仍在继续努力，争取完成对该协定的批准[①]。

第二，其他11个TPP成员国均希望美国能够重新考虑并参与到一项新的推进亚太经济一体化进程的项目之中。该新项目与TPP是如出一辙，还是对TPP稍做修改，是可以协商的。以前，很多国家不愿意重启协定，因为它们认为，协定签署之前各方达成的让步达到了一个微妙的平衡；一旦重启谈判，该平衡很有可能就此打破。而现在的局势和先前截然不同，因为协定本身已经瓦解了。

---

① 2016年11月15日，新西兰国会通过了跨太平洋伙伴关系协定修正案。详见《跨太平洋伙伴关系》，新西兰外交和贸易部（获取日期：2017年4月14日）。2016年12月9日，日本国会批准通过了TPP，详见《日本批准跨太平洋伙伴关系，特朗普承诺退出》，华尔街日报，2016年12月9日（获取日期：2017年4月14日）。

第三，TPP成员国很希望能和亚太地区的主要贸易国深化经济关系。对其中的大部分国家而言，中国是他们最重要的贸易伙伴。因此，大部分TPP成员国都在寻求和中国开展对话，或是增强和中国的既有协定。比如，加拿大国内正处于广泛的咨询商议阶段，并与中国就今后开展双边贸易谈判开展了联合可行性研究[①]。

出于以上因素的考虑，在太平洋联盟国家（包括智利，哥伦比亚，墨西哥，秘鲁和其他观察国）会议的非正式会议期间，智利于2017年3月中旬在比尼亚德尔马组织了一场特别的“亚太区域经济一体化高级别对话会”[②]。11个现存的TPP签署国（TPP—11）以及中国、哥伦比亚、韩国和美国参加了该会议。除此之外，TPP—11进行了单独会面。它们“针对各自国内关于TPP的发展进程交换了意见，并深入探讨了推进亚太经济一体化的途径”[③]。与此同时，这些国家都同意在4月底于加拿大举办的高级官员会晤和2017年5月20—21日在河内举办的APEC贸易部长会议中，分别与高级官员、部长开展后续对话，进一步完善联合规划。TPP的剩余11个签署国仍然十分重视TPP，它们认为“它的原则和高标准是区域经济一体化的关键驱动力和经济增长的助推器”。[④]

尤为重要的是，在智利举行的高层对话和后续会晤都邀请了美国的参与。TPP-11并没有把美国拒之门外。未来，美国仍然可以加入一

① 详见《中国-加拿大自贸协定可行性研究与探索讨论会在京举行》，自由贸易区新闻发布，中国自由贸易区服务网，商务部，中华人民共和国，2017年2月27日（获取日期：2017年4月14日）。

②《TPP伙伴国联合声明》，国际经济关系总研究，智利政府官方网站，2017年3月25日（获取日期：2017年4月14日）。

③ 同上。

④ 同上。

项建立在 TPP 框架基础上的全面区域性协定。与 TPP 相比，该协定或许会有一些内容上的修正，也可能会包括一些新的参与者。

毫无疑问，特朗普政府现在不希望再次参与到类似于 TPP 的区域性谈判之中了。然而，美国的高级官员不想因小失大，因此他们想利用 TPP 的先例来构建该地区新的双边贸易协议。这并不意味着美国在建立更广泛的地区谈判中迈出了一大步。特朗普政府之所以愿意在太平洋地区建立新的贸易协议，有如下几个原因：① 国会中的大部分共和党、商业团体和农民团体都希望建立 TPP 式的协议；② 有人担忧，在其他国家进行国内经济改革之后，美国的竞争力将会受到负面影响，且农业等其他利益产业将因为美国没有参与的贸易协议而受到日益严重的冲击；③ 在朝鲜半岛局势日趋紧张的情况下，协议将加强美国在该地区的战略利益。换言之，相比于特朗普退出的旧协定，后 TPP 时代将会出现一个更宏大的贸易协定（肖特，2017）。

后 TPP 时代：对 FTAAP（亚太自由贸易区）的影响

剩余 11 个 TPP 签署国的目标很明确，即通过开展区域性对话，取得可与 TPP 相提并论的成果。与此同时，它们希望吸纳原先 TPP 签署国之外的其他国家参与进来。这些目标与它们长久以来对创建 FTAAP 的决心相辅相成。调整 TPP 的确能够重新建立起一个实现 FTAAP 的途径，而建立 FTAAP 是中国在 APEC 上一个重要的政策目标。

2014 年中国担任 APEC 轮值主席国期间，中国将推进 FTAAP 作为其首要目标之一。在 2014 年 11 月的杭州峰会上，APEC 领导人同意在构建 FTAAP 时遵照“北京路线图”。该路线图认为，FTAAP 应该建立在“已有和正在谈判中的区域贸易安排基础之上”，它将是“高质量的，全面的，并且涵盖下一代贸易投资议题”。同时，“亚太自贸区”将建立在亚太经合组织之外，与亚太经合组织自身进程平行推进[①]。为了实现这个目标，针对 FTAAP 的相关事宜，APEC 领导人委任中国和美国共同起草了一份集体战略研究。完成的《亚太自贸区集体战略研究报告》于 2016 年 11 月在利马递交给了 APEC 领导人。

随后，APEC 领导人按照 APEC 处理问题的习惯方式，根据集体战略研究的提议，通过授权三方面的后续研究推进 FTAAP 进程。这三个方面分别是：对该地区已经建立的自贸协定的不同实践方法的差异性分析，对现有的自贸协定是如何解决下一代问题的考察，对能力建设及经济体成员在“缩小若干事宜处理方式的差距”方面的评估[②]。

在 FTAAP 方面，《利马宣言》的根本目的是分析当前各个国家为进一步推进区域经济一体化所做的工作，以及阐明实现 FTAAP 的可行路径，包括 TPP 和仍在谈判期间的（RCEP）区域全面经济伙伴关系。作为两个巨型的区域性协议，TPP 和 RCEP 相互补充，但并不相同：RCEP 在内容上更具局限性，很难尽快促成改革。希望利用贸易协定来改变既有政策的 RCEP 成员国也加入了 TPP——事实上，16 个 RECP 成员国中有 7 个都签署了 TPP，其他几个成员国也考虑在 TPP 生效后加入。

《利马宣言》发表时，巴拉克·奥巴马还是美国总统，但唐纳德·特朗普已竞选成功。目前，特朗普已将 TPP 排除在外，这使得 RCEP 成

① 《附录 8：针对实现 FTAAP 相关事宜的集体战略研究的建议》，2016 年贸易投资委员会向部长报告，亚太经济合作组织，2016 年 11 月（获取日期：2017 年 4 月 14 日）。“北京路线图”中文全文参见《亚太经合组织推动实现亚太自贸区北京路线图》，新华网，2014 年 11 月 12 日（获取日期：2017 年 5 月 1 日）。

② 《附录 A：针对 FTAAP 的利马宣言》，亚太经济合作组织，2016 年 11 月 20 日（获取日期：2017 年 4 月 14 日）。

为亚太地区唯一的巨型区域性贸易协定。

然而到目前为止，RCEP 谈判对于促成更广泛的地区经济改革的推动力非常有限。部分原因是 RCEP 成员国之间的差异性比 TPP 还要大。成员国间较大差异所带来的挑战，以及拖延对难点问题进行决策的倾向，使得 RCEP 的谈判进展较为缓慢。虽然 RCEP 领导者们给出了年度承诺，要在当前年度结束谈判，但最终他们只能就一个有着甚微经济影响力的基本协议达成共识。这预示着未来还会针对投资、服务等其他事宜做进一步谈判。

以下导致这一悲观看法有三个关键原因。第一，RCEP 以东盟为中心，主要致力于东盟的两个目标——推进东盟内部一体化进程和东盟经济共同体的发展，以及协调 10 个东盟成员国之间及其与自贸协定伙伴之间的政策。以东盟为主体假定了 RCEP 中渐进式且不完全的自由化，这也严重阻碍了经济改革的推进。第二，印度是 RCEP 谈判的成员国之一，其对任何重要的贸易改革都迟疑不决。第三，虽然 RCEP 有 16 个成员国，但其经济重心主要集中在三个东北亚国家：中国、日本和韩国的 GDP 占所有 RCEP 成员国 GDP 总值的 70% 以上。这三个国家之间的经济竞争和政治摩擦限制了 RCEP 能够取得的成果。几年前，东亚官员曾希望中韩自贸协定能鼓舞 RCEP 的谈判者，带来更广泛、更深入的改革。然而，由于政治原因，虽然该双边协定很快就达成了，但对许多重要改革都没有涉及，因此，这一自贸协定影响力甚微。该经验给所有 RCEP 成员国上了一课：结束谈判前先要结束协定！

表面上看来 RCEP 似乎是唯一一个能够推进实现 FTAAP 的巨型区域协定，但在我们看来，按照现在的状况，RCEP 并不是实现 FTAAP 的可行途径。相较于 TPP，RCEP 很可能在贸易自由化的承诺和政策制定的义务方面效能较弱。两者最主要的差异如下：改革的深度不同；有关国有企业、劳动力和环境政策新规定的覆盖范围不同；RCEP对大量敏感产品的豁免和对较贫穷发展中成员国提供的特殊优惠政策的灵活度；与TPP不同的争端解决机制——协商性机制vs约束性机制。智利组织的新的高层对话为FTAAP的实现提供了一种全新的途径。至少它鼓舞了RCEP的成员国，让它们尽可能利用TPP的先例，改进谈判中的协定。为了实现这些目标，中国应该继续利用多管齐下的方式来进行区域性贸易对话，包括继续坚持并改善RCEP，而不是以极简主义的方式结束协议。

为什么亚太一体化对中国如此重要

在积极参与亚洲内部的贸易对话的同时，中国与太平洋地区经济体签署了许多协议，但这些协议所覆盖的范围和深度都较为有限。虽然中国官员密切关注着TPP谈判进展，认真地研究了TPP协议全文，但中国并未在TPP成员国之列。包括美国在内的TPP签署国对中国在未来加入TPP持开放态度。智利的亚太对话邀请中国加入，这表明TPP成员国希望通过双边或某些接下来的区域协定继续增强与中国的经济关系。中国加入新的亚太对话是对中国和亚太各国双边经济关系的补充和强化，也是FTAAP针对近期因美国退出TPP（该地区最全面的贸易协定）所遭受的重大挫折所提出的实际性与建设性的回应。

作为该区域大多数国家的主要贸易伙伴，中国已经建立了广泛的自贸协定网络，这一点不足为奇。除中国外还有14个经济体（12个TPP成员国、哥伦比亚、韩国）参加了2017年3月在智利举办的“亚太区域经济一体化高级别对话会”。目前，中国已经和其中9个达成了自贸协定（见表 3-8）。2013 年开启的中日韩自贸协定谈判已于 2017 年 1 月在北京开展了第 11 轮谈判①。中国正在考虑同加拿大②和哥伦比亚③签订自贸协定。

表 3-8　与亚太地区 14 个国家、中国香港、欧盟 28 国开展的商品贸易（2015 年）④

单位：10 亿美元（现值）

伙伴国（地区）	贸易协定	出口额	进口额	净出口额	双向总额
自贸区伙伴国					
澳大利亚	中澳自贸协定	40.30	73.87	-33.49	114.25
文莱	中国—东盟自贸协定	1.41	0.10	1.31	1.51
智利	中国—智利自贸协定	13.30	18.68	-5.38	31.98
韩国	中国—韩国自贸协定	101.47	174.56	-73.09	276.03
马来西亚	中国东盟自贸协定	44.19	53.26	-9.07	97.45
新西兰	中国—新西兰自贸协定	4.92	6.58	-1.66	11.50
秘鲁	中国—秘鲁自贸协定	6.35	8.18	-1.83	14.53
新加坡	中国—新加坡自贸协定	53.14	27.56	25.58	80.70
越南	中国—东盟自贸协定	66.38	25.13	41.25	91.51
谈判中的自贸区协定国					
日本	中日自贸协定	135.90	143.09	-7.19	278.93
考虑中的自贸区协定国					
加拿大		29.43	26.28	3.15	55.71
哥伦比亚		7.59	3.54	4.05	11.13

---

① 《日本、中国、韩国关于自贸协定的第 11 轮谈判（首席代表和 DG/DGG 会议）》，日本外交部，2017 年 1 月 11 日。

② 《2016 第 16 次商业评论：积极计划、坚定引领国际贸易和经济合作》，中华人民共和国商务部，2017 年 1 月 20 日。

③ 《中国自由贸易协定网络》，中华人民共和国商务部（获取日期：2017 年 4 月 3 日）。

④ 双向总额=进口额+出口额；出口额指船上交货价、进口成本+保险费+运费。数据来源：全球商业发展贸易数据，详见 trademap.org。

续表

伙伴国（地区）	贸易协定	出口额	进口额	净出口额	双向总额
12 个自贸区协定小计		504.46	560.83	-53.37	1065.29
墨西哥		33.81	10.08	23.73	43.89
美国		410.80	150.54	260.26	561.3
14 个国家小计		949.08	721.46	227.62	1670.54
中国香港		334.29	12.77	321.52	347.06
欧盟 28 国		356.61	209.32	147.29	565.93
总计		1639.98	943.56	696.42	2583.54
全球总量		2281.86	1601.67	600.19	3963.53

广泛的自贸协定网络为中国同该区域其他国家的国际贸易提供了便利。2015 年，中国向亚太地区 12 个现有及潜在自贸协定伙伴出口了总价值为 5045 亿美元的货物，进口了总价值为 5608 亿美元的货物，双向商品贸易总额达到了 10653 亿美元，占中国全球双向商品贸易总额的 27%。再加上中国和美国、墨西哥的商品贸易，42% 的中国全球双向商品贸易是同参与亚太对话会的 12 个 TPP 签署国以及韩国和哥伦比亚（TPP12+2）开展的。

分开来看，美国、日本、韩国是中国在该区域的主要贸易伙伴。它们既是中国最大的出口市场，也是中国进口产品的最大供应国。2015 年，在这三个经济体中，中国对韩国双边货物贸易逆差较为适中（731 亿美元），对日本逆差较小（72 亿美元），但对美国顺差较大（2603 亿美元）①。

① 基于中国发布的数据。贸易伙伴国发布的数据可能不同。例如，美国称 2015 年对中贸易逆差达到 3672 亿美元。来源：《美中商品贸易》，美国人口调查局（获取日期：2017 年 4 月 4 日）。

和现有的广泛自贸协定网络相似的是，中国和这 14 个国家的投资联系也十分紧密（见表 3-9）。除了文莱（已签署但尚未生效）和美国（谈判中），中国基本上同这 14 个国家都有生效的双边投资协定。据中国商务部发布的官方外商直接投资数据显示（见图 3-10），2015 年，TPP12+2 对中国的对外直接投资流量为 173 亿美元，中国对 TPP12+2 的对外直接投资流量为 262 亿美元。截至 2015 年年底，中国的全球外向对外直接投资存量达到了 1.1 万亿美元，其中 1253 亿美元（11.4%）流入了 TPP12+2。美国、新加坡、澳大利亚是中国投资者在亚太地区的主要投资目的地。

除上述 TPP12+2 以外的其他地区数据显示，中国的全球外向对外直接投资中的很大一部分（70.2%）流入了中国香港和加勒比地区的开曼群岛以及英属维尔京群岛。其中，中国香港占比 59.8%。相比美国，开曼群岛和英属维尔京群岛吸引了更多来自中国的对外直接投资。

表 3–9　中国和亚太 14 国的投资协定[①]

国家	双向投资协定			包含投资条款的协定		
	状态	签署日期	生效日期	协定	签署日期	生效日期
自贸协定伙伴国						
澳大利亚	有效	1998/7/11	1998/7/11	澳大利亚—中国自贸协定	2015/6/17	2015/12/20
文莱	签署（尚未生效）	2000/11/17		东盟—中国投资协定	2009/8/15	2010/1/1
智利	有效	1994/3/23	1995/8/1	智利—中国自贸协定	2005/11/18	2016/10/1

① 数据来源：全球投资协定领航者，联合国贸易和发展会议。

续表

国家	双向投资协定			包含投资条款的协定		
	状态	签署日期	生效日期	协定	签署日期	生效日期
韩国	有效	2007/9/7	2007/12/1	中韩自贸协定	2015/6/1	2015/12/20
马来西亚	有效	1998/11/21	1990/3/31	东盟—中国投资协定	2009/8/15	2010/1/1
新西兰	有效	1988/11/22	1989/3/25	中国—新西兰自贸协定	2008/4/7	2008/10/1
秘鲁	有效	1994/6/9	1995/2/1	中国—秘鲁自贸协定	2009/4/28	2010/3/1
新加坡	有效	1985/11/21	1995/2/7	中国—新加坡自贸协定	2008/10/23	2009/1/1
越南	有效	1992/12/2	1993/9/1	东盟—中国投资协定	2009/8/15	2010/1/1
考虑中的自贸协定国						
加拿大	有效	2012/9/9	2014/10/1			
哥伦比亚	有效	2008/11/22	2013/7/2			
墨西哥	有效	2008/7/11	2009/6/6			
日本	有效	1998/8/27	1989/5/14	中日韩三边投资协定	2012/5/13	2014/5/17
美国	谈判中					

表 3–10　外商（地区）直接投资流量和存量，2015 年[①]

单位：100 万美元（现值）

伙伴国	内向		外向	
	流量	存量	流量	存量
双边投资协定伙伴国				
澳大利亚	306.89		3401.31	28373.85
文莱 *	72.58		3.92	73.52
加拿大	223.92		1562.83	8616.25
智利	5.26		6.85	204.64
哥伦比亚	0.12		3.70	554.43
日本	3194.96		240.42	3038.20
韩国	4034.01		1324.55	3698.04
马来西亚	480.48		488.91	2231.37
墨西哥	7.31		（6.28）	524.76
新西兰	22.47		348.09	1208.72
秘鲁	0.28		177.76	705.49
新加坡	6904.07		10452.48	31984.91
越南	0.07		560.17	3373.56
双边投资协定 13 国小计	15252.42		18209.19	84487.74
谈判中的贸易投资协定				
美国	2088.89		8028.67	40801.95
14 个国家小计	17341.31		26237.86	125289.69
香港	86386.72		89789.78	656855.24
开曼群岛	1444.46		10213.03	62404.08
英属维尔京群岛	7387.78		1849.00	51672.14
总计	112560.27		128089.67	896221.15
全球总量	126265.55		145667.15	1097864.59

① 注：“*”表示和文莱签署的双边投资协定尚未生效。越南的内向的外国直接投资流量为 2014 年数据。内向的外国直接投资存量无法获取。数据来源：财政部，Wind 资讯。

卢森和哈尼曼（2009）指出了被低估或高估中国实际对外直接投资流量的问题，探讨了中国商务部所发表的外商直接投资数据的局限性[①]。在所有的影响因素中，被经济合作与发展组织定义为“本地资金的直接投资者，资金却以直接投资的形式再次回到本国经济的外国渠道”，这种“返程投资”利用离岸中心进行第三国投资（见专栏）。

我们虽然知道上述及其他影响因素，但很难对它们进行衡量，也无法估计中国对外直接投资的实际数据。由于中国有大量对外直接投资流入香港、开曼群岛和英属维尔京群岛，中国外向对外直接投资的全球存量中，亚太经济体所占的份额很有可能被严重低估[②]。

亚太区域一体化增强了中国同 TPP12+2 的经济关系。与此同时，日益增长的贸易和投资也促使中国深化并扩大合作。

为进一步推动和亚太国家之间的贸易发展，中国国家总理李克强于 2013 年呼吁对中国—东盟自贸协定[③]进行升级，相关条款已于 2016 年生效[④]。2016 年 11 月，中国和智利[⑤]、新西兰[⑥]开展了升级双边自贸协

---

① 其他几个研究也调查了中国对外直接投资数据的准确性，包括肖（2004）、巴克利等（2013），萨瑟兰和安德森（2014），加西亚·埃雷罗等（2015）。

② 根据我们对调整后的中国对外直接投资数据的初步估计，截至 2015 年年底，中国外向对外直接投资存量中，大约有 27% 流向了亚太国家，而非根据中国商务部官方数据计算所得的 11.4%。

③《中国和东盟将升级经济合作：李克强总理》，新华社，2013 年 9 月 3 日（获取日期：2017 年 4 月 4 日）。

④《2016 第 16 次商业评论：积极计划、坚定引领国际贸易和经济合作》，中华人民共和国商务部，2017 年 1 月 20 日（获取日期：2017 年 3 月 3 日）。

⑤《中国 - 智利自贸协定升级谈判正式启动》，中国自由贸易协定网络，中华人民共和国商务部，2016 年 11 月 24 日（获取日期：2017 年 4 月 4 日）。

⑥《中国和新西兰宣布开展自由贸易协定升级谈判》，中国自由贸易协定网络，中华人民共和国商务部，2016 年 11 月 23 日（获取日期：2017 年 4 月 4 日）。

定的谈判，并启动了关于中国—秘鲁自贸协定升级的联合研究[①]。2017年2月，中国—加拿大自贸协定可行性研究的第一轮会议在北京召开[②]。

专栏　中国对外直接投资：数据的局限性

中国对外直接投资数据的主要来源是中国商务部。然而，出于各种原因，官方数据很容易被“扭曲”（罗森，哈尼曼，2009）。

从总量层面上来看，被经济合作与发展组织定义为“本地资金的直接投资者及资金以直接投资的形式再次回到当地经济的渠道”的“返程投资”可能导致对外直接投资被高估。肖（2004）详细探讨了中国返程投资的动机及不同类型。中国香港和其他避税天堂（比如开曼群岛和英属维尔京群岛）是返程投资的热门目的地，因为当投资回到中国时，它能享受对外直接投资优惠待遇及其他优势（卢森、哈尼曼，2009；沈，2011）。肖（2004）估计，在流入中国的外商直接投资中，有30%~50%是返程投资。

从分量层面上来看，中国商务部是根据中国公司在注册和审批时递交的信息，从而给出外向对外直接投资的目的国数据。公司倾向于汇报它们的第一个投资目的国，而非最终目的地。因此，投资中转区，比如中国香港（避税天堂），比如开曼群岛和英属维尔京群岛，占据了中国外向对外直接投资的很大一部分（罗森、哈尼曼，2009）。除了通过返程投资回到中国，中国的部分外向对外直接投资很有可能流入其他地区。也就是说流入中国香港、开曼群岛、英属维尔京群岛的实际中国对外直接投资可能被高估，而流入亚太地区其他国家的数量则被

① 《中国和秘鲁宣布开展关于升级自由贸易协定的联合研究》，中国自由贸易协定网络，中华人民共和国商务部，2016年11月24日（获取日期：2017年4月4日）。

② 《中国—加拿大自由贸易协定的可行性研究与探索讨论会议在京举行》，中国自由贸易协定网络，中华人民共和国商务部，2016年11月24日（获取日期：2017年4月4日）。

低估。比如，根据中国商务部的数据，截至 2015 年年底，中国对美国外向对外直接投资存量达到了 408 亿美元。然而，荣鼎咨询公司发布的另一份以交易为基础的数据显示的存量是 639 亿美元。这一数据比中国政府发布的数据高出了 57%。

同时，在过去的 30 年里，中国和亚太经济体签署了新的双边投资协定或通过自贸协定中的投资条款提高了双边投资协定的标准（见表 3-9）。哈得利（2013）开展了一项关于中国双边投资协定条款的比较分析，并得出结论：随着同发达经济体签署的双边投资协定的日益增多，外国投资者在中国的权利得到了提高，中国的法律体系也更加透明、一致。中国—加拿大双边投资协定、中日韩三边投资协定、中韩自贸协定和中澳自贸协定都促进了更高标准的实现（肖特、西米诺·伊萨克斯，2015；肖特、西米诺·伊萨克斯，郑、2015）。通过该方式，中国正在逐渐缩小其自贸协定、双边投资协定与国际最佳实践之间的差距。

或许更为重要的一点是亚太一体化推进了中国的国内改革，支持约束性国际贸易承诺的一个原因是其对于推动国内改革议程、锁定改革成果、通过外部承诺防止进程倒退的正面影响（肖福尔、莫尔，2010）。最近，有一个例子可以支撑上述观点——秘鲁正在利用和美国的自贸协定锁定经济改革成果，强化司法体系，创建更加优良的法律环境、吸引更多投资（雷威，2009）。相似的是，在一个高标准的亚太协定里所签署的约束性承诺将对中国宏大的国内改革战略做出补充和强化，促使其开放敏感产业并做出更有意义的管理方面的承诺。国有企业占据领导地位的产业，比如电信、信息科技产业，将和国内外效率更高、盈利能力更强的私企竞争。新的贸易义务能够促进现行的国企改革，使中国成为一个更加以市场为导向的经济体。区域协定中强有力的投资条款以及对投资者的保护也将吸引更多的国内外投资者来到中国。

一个高标准的亚太协定不仅能推进国内改革，还能为中美双边贸易及投资关系提供更实际，在政治上更可行的发展框架。可以肯定的是，特朗普政府更倾向于双边协定。然而，正如肖特（2017）所言，双边战略在新的亚太对话的开展下很难实现丰硕的成果，尤其是在中美双方相互挑战对方政策，贸易争端上升到很高的政治层面的情况下。

结束语

美国于 2017 年 1 月退出 TPP 的举措意味着自世界贸易组织成立以来，最为全面的一项贸易和投资协定走向了终结，实现 FTAAP 的一条可行路径被阻断。同时，它还传递了一个明显的信号，即在特朗普政府的领导下，美国的贸易政策正转向双边主义。

尽管美国退出了该区域性协定，剩余的 TPP 国家仍希望继续推动广泛的区域经济一体化进程。按照 RCEP 目前的情况看来，如果不通过进一步谈判来提高该协定的标准，那么 RCEP 并不能成为实现 FTAAP 的可行道路。剩余的 TPP 签署国正在重建双边以及能够包容亚太地区更多国家的区域性协定，寻求一个能够维护 TPP 成果的途径，因为它们希望能够利用在 TPP 中曾承诺过的经济改革来为自身带来实质性的利益。

作为该地区多数国家的重要贸易伙伴，中国在参与区域谈判方面有着重大的利害关系。区域经济一体化为中国带来了一个让中国扩大、升级其同亚太经济体的贸易投资关系的机遇。更为重要的是，亚太经济一体化是对中国国内改革的补充与强化，能够促使中国成为一个更具市场导向的经济体、更能吸引投资的目的国。区域性对话也为中美双边经济关系提供了一个在政治上更可行的平台，可能促成一个包含中美两国 FTAAP 的实现。

下 篇

第四章

新形势下的中美经济关系与全球化

中美经济关系的本质是互利共赢

朱光耀[①]

提要： 4 月 6 日—7 日，习近平主席与特朗普总统在海湖庄园的会晤非常重要，达成了非常重要的共识，为中美关系发展指明了方向，做出了规划。中美两国是全球最大的两个经济体，中美合作对于中国人民、美国人民乃至世界的和平发展事业，都有重大意义和贡献。而回顾二十国集团（G20）的发展史，每一次 G20 峰会的成功很大一部分都是中美之间进行良好政策协调的结果。因此，一些通过努力可以取得的早期成果，双方必须尽早开展相关工作。当然我们也应重视中长期问题，包括中美当前面临的两个现实挑战：美国对华贸易逆差及过剩产能。

2017 年 4 月 6—7 日，习近平主席与特朗普总统在海湖庄园会晤非常重要，达成了非常重要的共识，为中美关系发展指明了方向，做

① 作者朱光耀系 CF40 学术顾问、财政部副部长。本文是作者在 2017 年 5 月 7 日的第六届 CF40—PIIE“中美经济学家学术交流会”上所做的主题演讲，由中国金融四十人论坛秘书处翻译整理。

出了规划。中美两国是全球最大的两个经济体，中美合作对于中国人民、美国人民乃至世界的和平发展事业，都有重大意义和贡献。习近平主席在与特朗普总统会谈时强调，我们有一千个理由把中美关系搞好，没有一条理由把中美关系搞坏。合作是中美两国唯一正确的选择，习近平主席和特朗普总统海湖庄园会晤就此达成重要共识。中美经济关系不仅反映在两国每年5200多亿美元的贸易规模和1700亿美元的直接投资规模上，更重要的是，中美之间你中有我、我中有你，经济关系紧密相连，中美两个大国在经济领域密切融合，其影响已经渗透到中美两国人民生活的方方面面。当然，在中美双边经济关系快速发展的过程中也遇到了一些问题，但这些问题是发展中的问题，通过强化合作可以加以解决。例如如何应对贸易逆差、过剩产能等问题，中美两国必须以一种非常富有建设性和合作性的方式，在双边经济快速发展的过程中应对好这些挑战。

在刚刚与彼得森国际经济研究所举行的会谈中，我特别感谢彼得森国际经济研究所为中美经济关系发展做出的努力，有两个非常具体的例子：一个是2016年年底拉迪教授建议中方关注彼得森国际经济研究所关于一旦中美爆发贸易战影响的报告，该报告讨论了3种可能性。这是一份非常有影响的研究报告，向全世界发出了一个清晰的信号，就是中美两国贸易关系必须得到进一步提升，而不是破坏。一旦中美两国的双边经济关系遭到破坏，双输是唯一的结果。

另一个是在几个月之前，我和珀森先生有过一次长时间通话，谈及特朗普总统的宏观经济政策、美联储政策的影响，以及特朗普总统的税改计划对于美国经济、全球经济可能带来的影响。这些是彼得森国际经济研究所非常重要的观点。

回到刚才讨论的，应当如何切实贯彻中美两国元首海湖庄园会晤共识。首先，必须充分地理解中美两国元首所达成共识的内涵和重大意义，中美彼此尊重、增加互信、加强合作、实现共赢，这对于中美两国人民福祉来说是极为重要、极为有益，也有利于全球的和平和发展。第二，基于双方相互尊重的前提，中美双方必须要采取必要的措施，通过有效利用中美全面经济对话机制，做出更大的努力，做大合作的蛋糕，有效管控好分歧，促进和提升双边经济关系。第三，有一些通过努力可以取得的早期收获成果，双方必须尽早开展相关工作。

中长期问题也应重视，包括当前面临的两个现实挑战：一个是美国对华贸易逆差问题。美国对华有较大的贸易逆差是事实，不追求贸易顺差是中方的政策。就此中美双方开始进行非常坦诚的对话。同时，我们要分析逆差对经济的影响。从美国经济发展史看，美国贸易逆差在 20 世纪 80 年代中期一度非常高，但经济十分繁荣；到 20 世纪 90 年代初期，美国基本 20 实现了贸易平衡，贸易赤字基本没有了。但正是在 20 世纪 90 年代初期，美国经济陷入了某种意义上的衰退。虽然，有贸易逆差并不完全说明经济繁荣，但是非常扎实的经济学研究十分必要，应从历史中借鉴如何应对目前面临的问题，实现相互尊重，以寻找双赢的解决问题方案。

另一个是过剩产能问题，特别是钢铁和电解铝的过剩产能问题。从中国的角度看，中国作为世界第二大经济体已率先采取了很多重大举措，钢铁和煤炭领域去产能已经导致一些失业问题。为此，中国建立了一个 2000 亿人民币的结构调整基金，用于对下岗员工进行培训、再就业的支持。在率先采取行动应对过剩产能的同时，我们同意世界各国应该就应对过剩产能问题进行政策上的沟通协调。

中美经济关系从根本上讲，是一种互惠互利的关系。中美经济关系的范围绝不仅限于贸易，还包括投资基础设施建设，两国国内宏观经济政策协调，比如财政政策、货币政策、结构性改革政策等层面的协调，以及中美之间关于国际经济政策的协调。中美在所有这些领域的合作都非常重要。

回顾二十国集团（G20）的发展史，每一次 G20 峰会的成功很大一部分都是中美之间进行良好政策协调的结果。2016 年，中国担任 G20 主席国，习近平主席成功主持 G20 杭州峰会。在 G20 杭州峰会前，G20 财金渠道 2016 年 2 月召开了 G20 财长和央行上海会议，为 G20 杭州峰会进行经济政策的准备。G20 杭州峰会取得的重要成果包括：G20 各成员要综合运用货币、财政和结构性改革政策来推动经济增长，G20 各成员要就汇率政策进行紧密的沟通协调。

习近平主席和特朗普总统海湖庄园会晤达成了重要共识，为中美关系指明方向，为中美关系的发展做出了规划，正在对中美两国和世界产生着极为重要的积极影响，造福中国人民和美国人民，造福世界。

中国经济再平衡与中美关系

余永定[①]

提要：目前中国大概有 2 万亿美元的对外净资产，但是中国的投资收益已经连续 10 年为负。这是因为中国几十年来保持了“双顺差”，这意味着中国一直在积累大量的低收益资产（美国财政部债券），同时又在积累高成本的负债（FDI）。

现在又出现了另外一个问题，我国的经常账户盈余积累已经非常多。从数据来看，2011—2016 年，我国经常账户盈余积累了 1.8 万亿元人民币。但是中国净资产不但没有增加，反而减少了。

目前，中国已经开始了结构调整，并且已经取得了非常重要的进展。但是令人遗憾的是，在过去几年当中，中国经常项目顺差和 GDP 相比在下降，但投资收益逆差现象并没有改变。所以减少中国经常账户盈余，不仅对美国有利，对中国也有利。

① 作者余永定系 CF40 学术顾问，中国社会科学院学部委员、上海浦山新金融发展基金会学术委员会主席。本文为作者在 2017 年 5 月 7 日的第六届 CF40—PIIE “中美经济学家学术交流会”上所做的主题演讲，由中国金融四十人论坛秘书处翻译整理。

2017 年早些时候，我对于中美关系感到非常担忧，对于特朗普总统在竞选过程中的言论感到非常不安。我曾写了一篇文章表达了我的担忧：非常有可能出现的情况是贸易战会以货币战的形式出现，因为特朗普总统当时指责中国任意操纵货币汇率，偷走了数以亿计美元资本和数以百万计的就业机会，任何有经济学背景的人都知道这样的说法完全是垃圾，我很抱歉当时使用了这样的语言。

2013—2014 年以来，中国是否存在压低人民币汇率的做法？这是一个可以讨论的话题。正如 PIIE 前所长伯格斯坦 11 月在 PIIE 网站上的文章所指出的，中国正经历大规模的资本流出，从而致使人民币贬值，同时引发市场对于人民币汇率无序贬值的担忧。事实上，中方在市场上做出了另一个方向的干预，抛售了大量美元来防止人民币进一步贬值，而不是有些人指责的买入美元来压低人民币汇率。我非常感谢彼得森研究所阐述了这样的事实。但是在过去一个月当中我们看到，形势发生了戏剧性的变化，尤其是双方态度发生了很大变化，现在我们又对中美关系前景充满了希望，我觉得两国能够解决好自己的问题。

我想讲一些观点，甚至是一些有争议的观点，即我们进行结构性调整会带来什么样的影响。多年来，我一直主张中国必须要进行结构性调整，实现结构平衡重构，但是这样的举措在将来可能会碰到一些困难。如何应对这样的形势呢？我们需要开展进一步的讨论和研究。

大家知道，目前中国大概有 2 万亿美元的对外净资产，但是中国的投资收益已经连续 10 年为负（如图 4-1 所示），这是一个实实在在的情况。从理论上来说，如果一个国家有庞大的对外净资产，就应该有正的投资收益，但是中国的情况却不是如此。我们对此并不感到吃惊，因为我们可以看到豪思曼（Hausmann）教授做的研究。豪思曼教授指出，虽然美国有巨大负债，但是美国多年以来始终保持正的投资收益。他将这种现象称为美国出口“暗物质”（见图4-2），中国正好相反，是进口“暗物质”。从这个角度来看，国际收支再平衡是符合中国利益的。

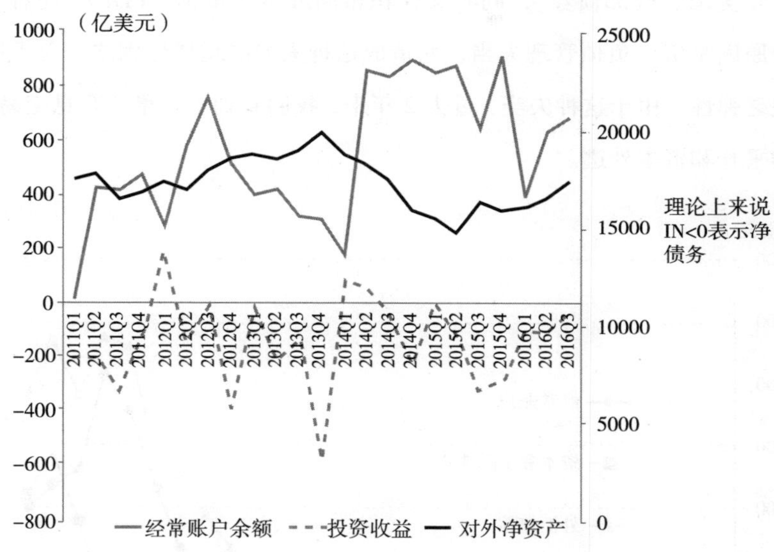

图4–1　中国对外净资产和投资收益情况

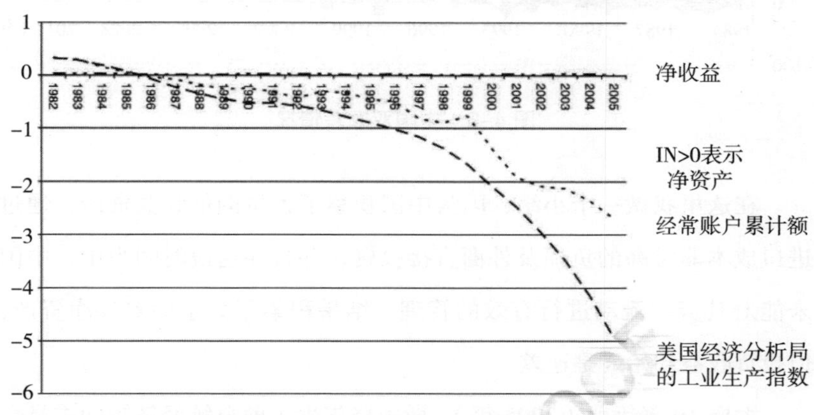

图4–2　Hausmann的暗物质理论

为什么中国会进口“暗物质”？中国为什么在拥有庞大的对外净资产的同时，又存在投资收益逆差？这是因为中国几十年来保持了“双顺差”（见图 4-3），这就意味着中国一直在积累大量的低收益资产（美国财政部债券），同时又在积累高成本的负债（FDI）。还有一个原因是资产负债管理失当，而造成这种失当的重要原因之一是汇率缺乏弹性。由于这种失当，过去 2 年来，我们看到了大量“套息交易”的平仓和资本外逃。

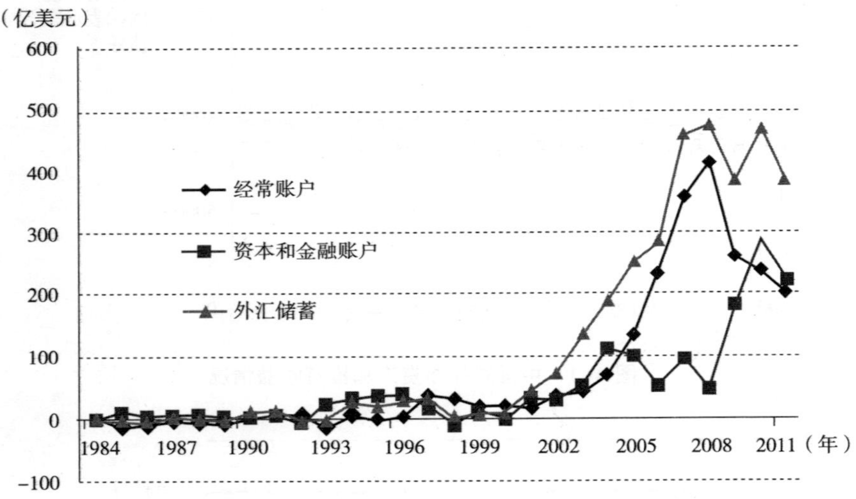

图 4–3　中国双顺差情况

在这里我做一个小结，因为中国积累了大量的低收益资产，通过进口成本非常高的负债及外商直接投资，并且在这段时间当中，中国未能对其资本流动进行有效的管理，结果积累了大量的对外净资产，但投资收益却始终是逆差。

大概 10 多年前（2005 年），斯威格先生（前总统经济顾问委员会办公室主任）写了一篇非常重要的文章。在这篇文章里，他提出一个问题：为什么要给中国货币汇率施压？人民币低估实际上是有利于美国的，而且大张旗鼓地采取公关行动迫使人民币升值，反而让中国很难办。既然如此，为什么美国政府要迫使人民币升值呢？问题的奥妙之处正在于此。我们实际上不希望人民币升值，我们这样做实际上是希望美国的这种美好时光能够持续下去。

中国已经开始了结构调整，并且已经取得了非常重要的进展。但令人遗憾的是，在过去几年当中，中国经常项目顺差与GDP之比在下降，但投资收益逆差的现象并没有改变。这种情况同日本形成鲜明对比。我们都知道，日本存在贸易赤字，但是其投资收益为正，而且这个数字还很大，所以日本依然是经常项目顺差国。

再看看中国的收支账户做出了什么样的调整（见图4-4）？中国正由“双顺差”变为“一顺一逆”。为什么资本项目会出现赤字？因为中国的资本账户发生了一些变化，有一些变化是正面的，有一些变化是负面的，其背后隐含了几个原因。

首先是套息交易平仓。从2003年开始人民币就存在升值压力，但是我们一直以来并没有让人民币升值，即便升值，速度也很慢。为了套汇、套利，大量热钱流入中国，致使人民币由升值预期转为贬值预期。“套息交易”平仓使得很多资本流出中国。

其次是资本外逃。当然，我们在这方面没有官方的数据，但是有很多直接和间接的证据可以证明这一点。我们可以看到前一段时间悉尼、伦敦、纽约、温哥华的房价都涨得很快，原因之一就是中国外逃的资金都流向了这些市场，这就是资本外逃。有一些中国富翁在伦敦、悉尼、温哥华等地买了奢侈的房产，我不知道这些房产的购买是否合法，如果不合法，那就是资本外逃。这也是我们应该注意的一点。

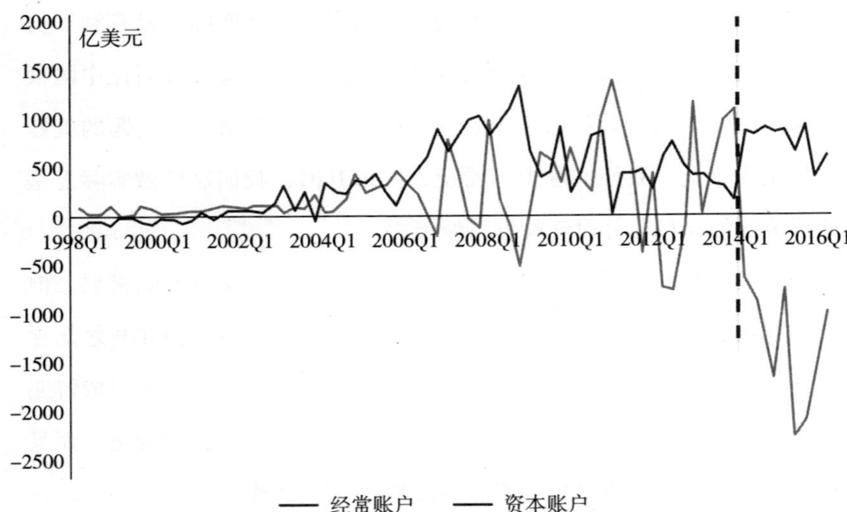

图 4–4 从双顺差到资本账户赤字

当然，还有一些正面的因素。因为现在中国越来越富裕，我们需要更好地配置资产，所以将很多人民币资产变成了美元资产；而且我们也希望“走出去”，到更多的地方投资，这些都是正面因素。在意识到资本外流的正面因素的同时，我们也要看到存在一些负面因素。因为在未来，很有可能这些现象会给我们带来一些负面的影响。

正如上文所述，我们拥有庞大的对外净资产，但投资收益却是负的。现在我们又出现了另外一个问题，我国的经常账户盈余积累已经非常多。从数据来看，2011—2016 年，我国经常账户盈余积累了 1.8 万亿元人民币。从定义上来看，我们的海外净资产增加量差不多也应该是这个数字，当然不可能完全相等，但是这两个数字应该相差不大。但是在 2011—2016 年，中国净资产不但没有增加，反而减少了。这对于中国来说是非常大的挑战，要么就是我们的数据出了很大的问题，要么就是我们海外资产的保有出了大问题。

在这里我想说的是，减少中国经常账户盈余，不仅对美国有利，对中国也有利。所以我们应该加速中国的调整。与此同时，这个问题的症结之一是中国的汇率制度，一方面人民币汇率没有太大的弹性，另一方面由于升值预期，热钱大量流入中国。如果热钱外逃的话，人民币贬值就能提高资本外逃的成本。通过这种方式，我们可以更好地保护本国利益。但是人民币贬值，有可能会产生新的问题，会同美国的现行政策发生冲突。不过,人民币应该更具有自由性,应该更加灵活。这不仅对于中国长期的发展有好处，对于美国的长期发展也是有好处的。如果人民币缺乏弹性，我们就只能使资本管制更加严格。

怎样既能实现中国经济的可持续、平衡增长，同时也可以使美国经济再平衡？从短期来看，两者之间会有一些矛盾。但从本质来看，两个国家的长期基本利益是一致的。中国的经常账户（收支账户）更加平衡对于中国来说是有益的，对于美国来说也是有益的。所以，我们可能还需要做大量的工作来研究两个国家到底该如何平衡经济。

发展中美经贸关系，推动经济全球化

郑京平[①]

提要：中美两国之间经贸关系总体是好的，但也存在着这样或那样的问题，关键是要正确看待问题，并以发展的方式来解决矛盾。近两年来，国际上的逆经济全球化倾向似有增强之势。从理性分析来看，经济全球化确有短处或弊端，但经济全球化更是社会生产力发展的客观要求和科技进步的必然结果，不可逆转。中美两国作为世界大国，在对待经济全球化问题上，应该站得更高、看得更远，应从自身和全球发展的角度，遵循历史发展规律，坚定倡导、积极推动全球化向前发展。

当今世界，最大的双边经贸关系就是中美经贸关系。如何发展中美经贸关系，不仅会影响到当事的两个国家自身的经济发展，还会影响到整个世界的经贸关系和经济发展，甚至影响到经济全球化进程，影响到世界各国的福祉。因此，在厘清中美两国经贸关系，特别是两国经贸关系面临问题的基础上，如何采取有效措施推动两国经贸关系健康平稳向前发展，进而推动经济全球化向前发展十分重要。本文对

① 作者郑京平系 CF40 资深研究员，国家统计局副局长。本文为作者向第六届“CF40—PIIE 中美经济学家学术交流会”提供的交流文章。

此进行了初步分析探讨。

发展好中美经贸关系意义重大

中美是互为最大贸易伙伴的两个国家。2016 年，中国对美国进出口贸易占中国进出口贸易的比重为 14.1%；美国对中国进出口贸易占美国进出口贸易总额的比重为 16.1%。2016 年中国和美国进出口贸易额占全球贸易的比重均约为 11%，分列第一大和第二大国际贸易国。以创造财富的能力，即年度 GDP 为标准看，美国和中国分列全球第一大经济体和第二大经济体已经有近 10 年时间，而且二者 GDP 之和占世界 GDP 的比重近 40%。

处理好中美经贸关系，采取有效措施推动两国经贸关系健康平稳向前发展，不仅是当事的两个国家自身的经济和贸易发展的大事，而且还会影响到全球的经贸关系和经济发展，甚至影响到经济全球化进程，影响到世界各国的福祉。因此，处理好中美经贸关系意义重大。尽管中美两国经贸关系十分重要，但两国之间仍时常出现一些摩擦，说明还存在问题。

加强协调沟通，弄清问题，消除隔阂很必要

中美两国之间经贸关系总体是好的。中美经贸关系规模不断扩大，发展速度较快便是最好的证明。但也存在着这样或那样的问题，突出表现在：从美国的角度看，美国认为货物贸易逆差太大，总担忧中国在搞倾销。而从中国的角度看，中国认为美国对中国不信任，在科技、军事等优势领域限制过多，开放不够，影响了贸易平衡。对此，我的

看法是，中美两国货物贸易不平衡是事实，美国对中国开放不够也是事实。关键是如何正确看待这些问题，如何采取适当措施，妥善解决这些问题。

一是不能以顺差或逆差的大小来判断是否属于自由贸易，以及是否合理，而应看是否符合 WTO 的基本原则。否则，有些国家便无法开放了。如中美在进行货物贸易之初中国就是逆差。另外，如果按照顺差或逆差来判断，中国现在就不能与美国进行服务贸易了。长期以来，中国对美国的服务贸易均为逆差，而且，现在依然仍是大幅度的逆差（见图 4-5）。

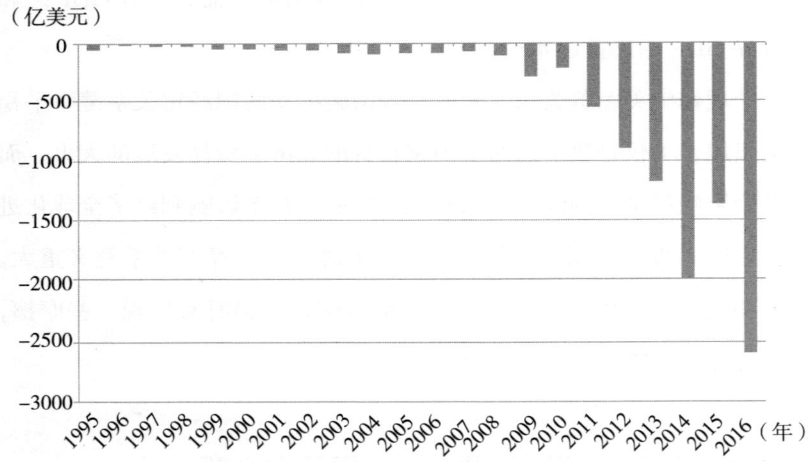

图 4–5　中国服务贸易逆差情况（1995—2016 年）[①]

此外，外国直接投资（FDI）也是如此，中国改革开放之初到 2011 年，美国在中国的直接投资都大大高于中国在美国的直接投资，而从 2012 年才开始逆转（见图 4-6）。

① 数据来源：国家外汇管理局。

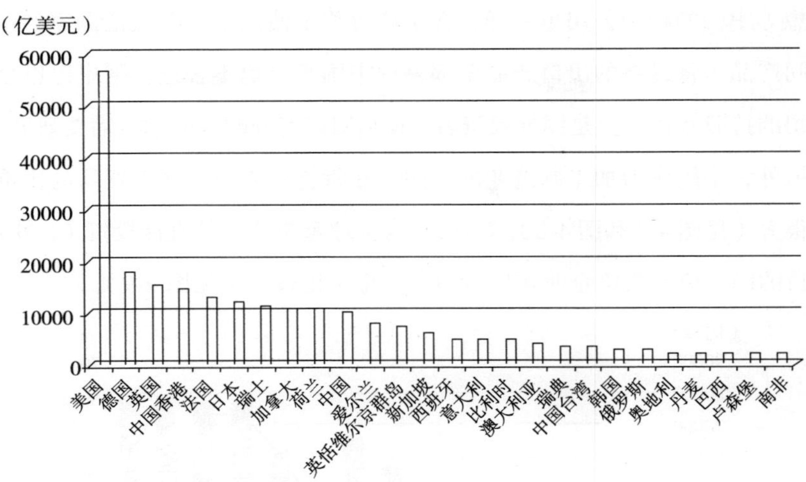

图 4–6 美国海外投资存量高居世界榜首（截至 2015 年）①

二是中国遵循 WTO 规则进行国际贸易，没有采取政府干预的手段。而且，现阶段中国正在推动供给侧结构性改革，要改变过于依靠外需拉动经济的发展模式。实际上，长期较大的外贸顺差，在某种意义上意味着中国当前创造的财富正在借由他国使用，这对于一个需要资金进行发展的发展中大国是得不偿失的。美国之所以能保持较低的通货膨胀率，与从中国进口大量性价比高的商品是分不开的。

三是在经济全球化深度发展的今天，有关双边贸易的传统贸易统计方式面临挑战，并不能完全反映真实状况。全球产业链的形成与发展，国际直接投资的大规模增长，使跨国公司在全球经济中的地位举足轻重，许多跨国公司的产业链已经全球化，不按原产地原则以及全球产业链或价值链和贸易附加值的思路认真计算分析，很难说清楚双边或多边的贸易往来。如，苹果手机的最终销售额中包含了许多他国创造的价值，全部计算成美国出口是不符合事实的。同样，华为、联

① 数据来源：UNCTD，世界投资报告（2016）。

想等中国的跨国公司也一样，在生产过程中使用了许多其他国家的中间产品，将最终的出口产品全部算在中国身上也不合适。阿里巴巴公司的持股者也主要是国外投资者，其利润如何分配等问题也需要研究。另外，中国作为加工制造业的大国，在货物贸易中，加工贸易的比重很大（见图 4-7 和图 4-8）。而且，作为全球重要的国外直接投资（FDI）目的国，境外投资企业在出口中的比重也比较大（见图 4-9）。

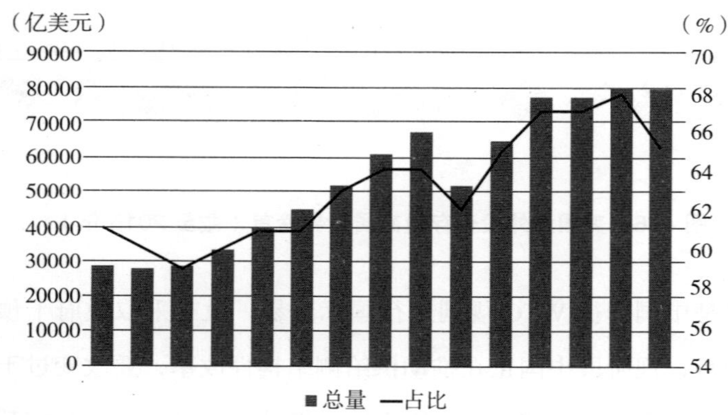

图 4–7 全球中间品贸易增长较快（2000—2014 年）①

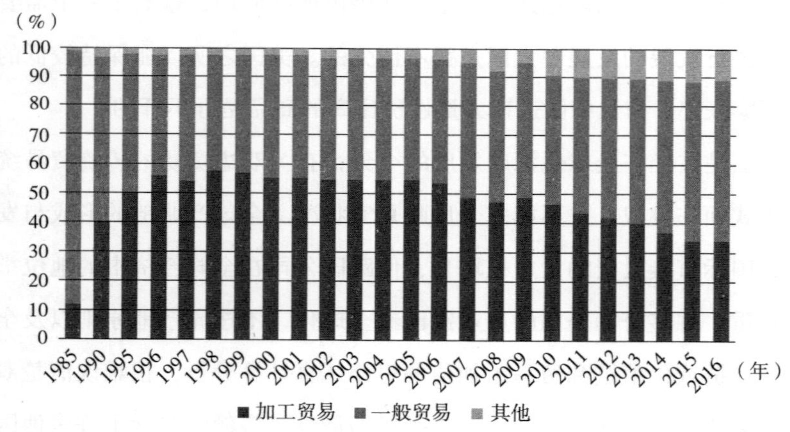

图 4–8 中国加工贸易比重较大（1985—2016 年）②

① 数据来源：WTO，国际贸易统计数据库。

② 数据来源：中国海关。

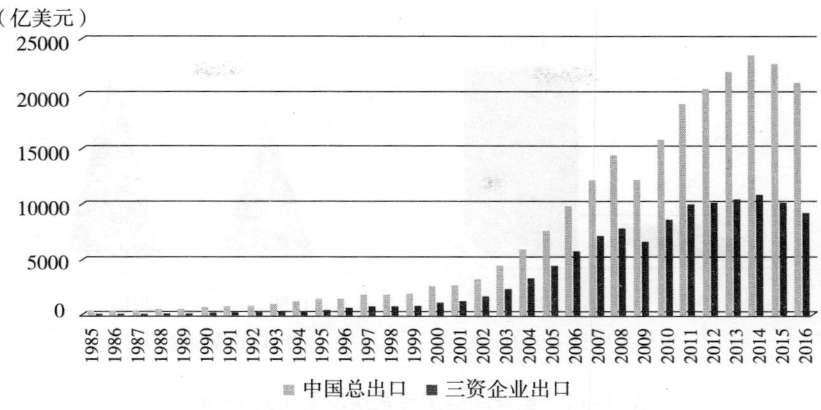

图 4–9　中国外资企业出口占据半壁江山（1985—2016 年）[①]

因此，简单地说，中美贸易逆差可能并没有触及问题的实质。

四是在全球服务业贸易快速发展的今天，中美之间的贸易平衡问题很难准确衡量。如，跨国公司用商业存在的方式进行的贸易就不在传统的贸易统计之列，由此产生的巨大差距值得注意（见图 4-10、图 4-11）。

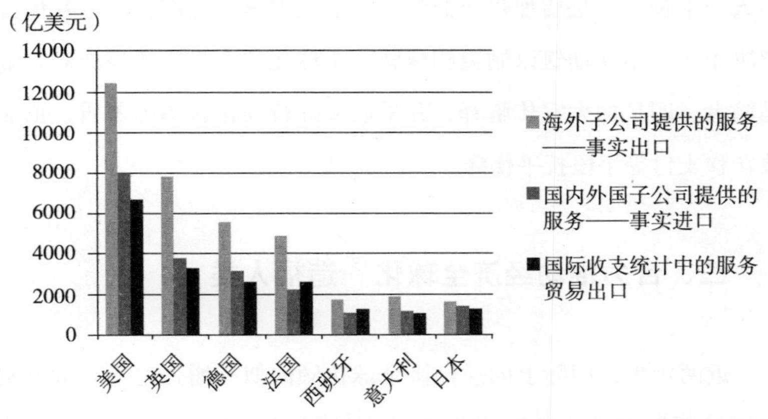

图 4–10　跨国公司是全球服务贸易的主导力量（2013 年）[②]

① 数据来源：中国投资指南网。

② 数据来源：WTO，世界贸易统计回顾（2016）。

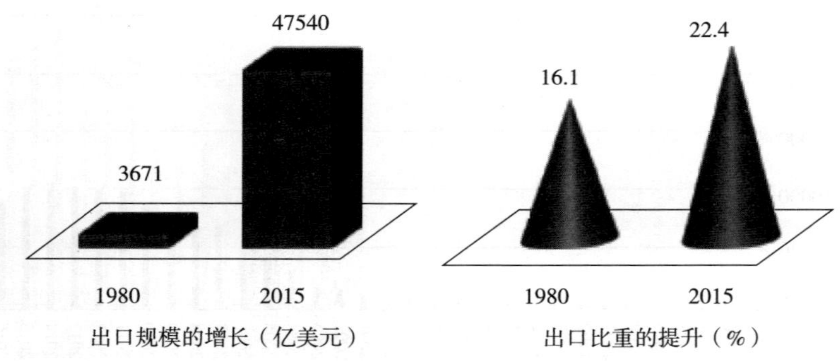

图 4–11　全球服务贸易快速发展（2013 年）[①]

因此，我认为解决中美两国关切的经贸问题，关键看是否依据市场规则进行贸易，要从宏观入手，以发展的方式解决矛盾。一是要从战略高度，采取一切措施推动两国的经贸发展和全球的经贸发展，进而促进两国和全球的经济发展，用发展解决问题。二是双方均应加大信任，要真正遵循 WTO 等贸易规则，让市场的力量决定经贸结果，不人为干预。三是要加强协商沟通，消除误解和隔阂，通过互信互谅解决矛盾。不能动辄以制裁相威胁。全球化的今天，贸易战双方都将是输者。四是加大宣传解释，并采取实际行动化解国内矛盾，依靠财政转移支付等手段抚平伤痛。

三、合力推动经济全球化[②]造福人类

近两年来，国际上的逆经济全球化倾向似有增强之势。世界贸易组织最新发布的《2016 世界贸易统计展望》表明，2015 年 10 月—

① 数据来源：WTO，世界贸易统计回顾（2016）。

② 所谓经济全球化是指：资本、劳动（力）、技术、商品与服务市场等，均可在全球范围内进行配置。

2016年5月，世界贸易组织成员每月新申请的贸易保护措施为22项，比上个时期平均每月新增15项的水平又大幅提高了46.7%。特朗普当选美国总统就任后，立即宣布重启北美自由贸易协定谈判等均是例证。理性分析表明，经济全球化确有短处或弊端。

第一，与自由贸易一样，经济全球化可能会使一些国家的部分群体利益受损。如，大量进口钢铁国家的钢铁企业及工人。特别是资本作为逐利性和流动性很强的生产要素的加入，使得这种部分利益群体利益受损情况出现的频率提高、程度加重。

第二，可能会引发同一国家不同群体的收入不平衡，造成居民收入差距扩大。例如，从总体上看，由于金融资本的灵活性，会在经济全球化中得利更多一些，金融资本及从业人员收入相应也会高些；而实业资本因流动性差，得利会相对少一些，实业资本及从业人员收入会相对低些。类似地，不同群体相对收入水平也会发生变化，会导致居民收入差距扩大。拥有财富者投资渠道更宽更富有。只有劳动力者，唯有靠就业才能获得收入，遇到产业转移或全球竞争加剧致使经营不景气，劳动者的收入就容易受到影响。

第三，世界各国在经济全球化中获利不平衡。有些国家得利多些，有些国家得利少些。一些国家，特别是新兴市场经济国家，由于要素成本低、市场潜力大，对资本吸引力大，能够吸引更多的投资资本，因而发展速度会快些，得利会相对多些。而相反，成熟市场经济国家，由于要素成本较高，对资本的吸引力会差些，发展速度也会慢些。因此，经济全球化在一定程度上缩小了发达国家与发展中国家的相对差距。国际货币基金组织的资料表明，新兴经济体和发展中国家GDP占世界的比重，从1980年的24.2%提高到2015年的39.5%[①]。世界贸易组

① 国际货币基金组织《世界经济展望》数据库，2016年10月。

织的资料[①]表明，新兴经济体和发展中国家货物贸易量占世界的比重，从 1980 年的 35% 提高到 2015 年的 46%；服务贸易量占世界的比重，从 1980 年的 21% 提高到 2015 年的 34%。

第四，需要有国家为经济全球化公共基础平台进行投入，如国际金融和贸易规则的制定与维护（国际仲裁机构等）、重要航线（道）的建立与维护等。这方面的投入主要来自大国和发达经济体。

第五，经济全球化，特别是具有高流动性和复杂性特点的资本全球化，有一些难以掌控的因素，如果监管不力，容易成为国际金融危机的重要诱因。回顾近代几次大的金融危机：如 20 世纪 30 年代的经济大萧条、20 世纪 80 年代的拉美债务危机、1997 年的亚洲金融危机、2008 年国际金融危机、2010 年欧债危机等，无不与资本的无序流动和过度膨胀有关，给人们带来重大财产损失。当然，这些危机的深层次原因不是经济全球化，而主要是在全球化过程中，国际金融界和各国对金融创新的放纵，对金融监管的不力，特别是全球协同监管不力。

但是，我们更要清醒地看到，经济全球化是社会生产力发展的客观要求和科技进步的必然结果，从整体和长期看，经济全球化有利于世界经济和人类发展进步，有利于增加全球及世界各国的总体福利水平。除了可以给出理论上的证明之外，人类社会发展的历史已经给出了肯定的回答。人类相互间的贸易，无论是早期农民之间的物品互换、集市贸易，还是一个国家不同区域内或区域间的贸易，或者是国与国之间的贸易，均是经济社会发展内生动力推动演变的结果，一旦出现便无法逆转，并始终蓬勃向前发展。2015 年，全球出口贸易依存度，即全球货物与服务贸易（以出口计，下同）占 GDP 的比重已达到近 29.3%（见图 4-12）。

① WTO，世界贸易统计回顾（2016）。

全球贸易量的平均增长速度也往往要高于经济增长速度，如 2005—2015 年国际贸易量增长速度为 5% 左右，是经济增长速度的 2 倍。与此相类似，外国直接投资、跨国公司、国际金融市场等也是不断地向前发展。

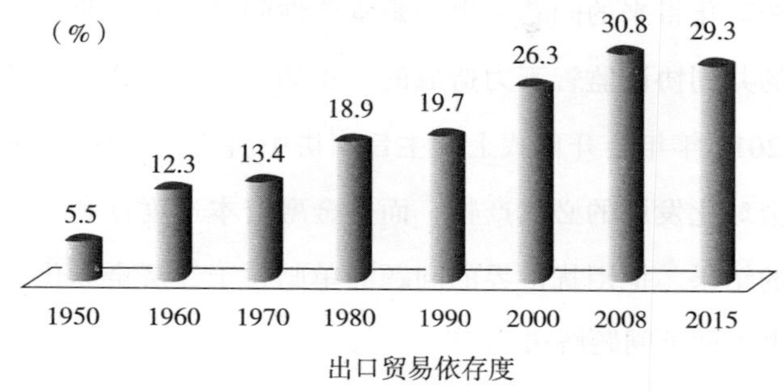

图 4–12　全球贸易依存度不断增长[①]

另外，从辩证角度和道义的高度看，经济全球化过程中出现的问题是可以理解和解决的。譬如，因产业优劣导致的居民收入差距扩大问题，不仅在全球化时代如此，在一个封闭经济体内也会发生。所谓朝阳产业与夕阳产业的划分，便隐含了从业者和资本投入者的收入会因产业更替而形成差距。因此反对经济全球化，道理上说不通。又譬如，关于国家之间相对发展水平差距缩小问题，作为先发展国家应该理解和支持后发展国家的加快发展。只有这样，才能使世界各国共同进步，使人类共同分享文明成果。先发展国家阻挠落后国家的追赶是文明时代令人不齿的强盗逻辑。正如著名经济学家、诺贝尔经济学奖得主安格斯·迪顿所说，"我们有幸生在正确的国家的人，在道义上有责任去减少世界上的贫穷和疾病"[②]。再譬如，关于为经济全球化公共基础

① 数据来源：世界银行。

② 《逃离不平等——健康、财富及不平等的起源》（美）安格斯·迪顿著，崔传刚译，中信出版社，2014 年 8 月。

平台建设投入或买单的问题，各国应以能够为国际秩序的建立与维护做出贡献为荣，而不应只想“搭便车”。退一步说，各国至少可以通过平等协商、共同负担方式解决问题。此外，关于资本在全球自由流动或金融全球化带来的问题，也不是本质性问题，而是监管，特别是全球范围的共同协调监管不力造成的。正如习近平主席在达沃斯世界经济论坛 2017 年年会开幕式上的主旨演讲中所说，“国际金融危机也不是经济全球化发展的必然产物，而是金融资本过度逐利、金融监管严重缺失的结果。把困扰世界的问题简单归咎于经济全球化，既不符合事实，也无助于问题解决”。[①]

当今时代发展趋势更有利于，也更需要全球化。全球经济社会发展呈现出信息化、老龄化、绿色化（清洁化）的特征，这些特征表明，未来世界发展更有利于，也更需要全球化。一是信息化（包括网络化和数字化）为我们造就了一个互联互通的大数据时代，便利了全球化。从早期巨型计算机作为唯一的电子化数据获取和处理工具，到 PC 机和笔记本电脑的普及，再到今天的智能手机、谷歌眼镜等穿戴型数据终端，以及形形色色的数据传感装置，人类正在将物理世界、生物世界和大千世界万事万物数据化并加以存储；加上数据处理的能力大大提高，数据化已到了无处不在的地步。一个全面深入映射现实世界的数据化时代，即大数据时代已经到来。在网络化、信息化、数字化的背景下，全球化，特别是信息资讯的全球化已经无法阻挡。跨境电子商务、跨境服务贸易、跨国直接投资、跨国公司等迅猛成长，资本的跨境流动更加安全便捷，凡此种种，使全球化更加给力。二是老龄化迫使我们要在全球范围内配置资源，特别是人

---

① 《共担时代责任 共促全球发展——在世界经济论坛 2017 年年会开幕式上的主旨演讲》，习近平，新华社，2017 年 1 月 17 日电。

力资源。全球老龄化程度正日趋严重。根据世界卫生组织定义，65岁及以上人口占总人口的比例达到7%时为“老龄化社会”（Ageing society），达到14%为“老龄社会”（Aged society），达到20%时为“超老龄社会”（Hyper-aged society）。目前，日本老龄化率已为25%左右，进入“超老龄社会”；欧盟国家的平均水平也在20%左右（如德国、意大利等均超过20%），处于“超老龄社会”的边缘；加拿大、美国、俄罗斯等国的老龄化率为15%左右，达到“老龄社会”的水平；我国老龄化率也已经达到10.8%。随着全球老龄社会的到来，以及人力资源分布的不均衡，国际贸易及经济全球化不但必要，而且是保障可持续发展的唯一解决之道。一些老龄化国家的移民政策已经充分说明这一点。三是绿色化也呼唤着全球化。一方面，全球资源在逐步减少，人类已经没有太多的资源可以浪费。另一方面，人类环境保护意识提高，环境保护理念不断深入人心。要保护好人类共有的资源和环境，一个现实的途径就是节约高效使用资源，在合适的地点，以更加环保的方式进行生产。而国际贸易和全球化正好有利于此。

正因为如此，我认为中美两国作为世界大国，对待经济全球化问题应该站得更高、看得更远。从自身和全球发展的角度，遵循历史发展规律，坚定倡导、积极推动全球化向前发展。

首先要明辨是非，周知天下。

一是要通过理性分析和讨论，让世人认清经济全球化和自由贸易是社会生产力发展的客观要求和科技进步的必然结果，有助于人类文明进步和增进全球各国利益的基本事实和本质特征。与此同时，动员经济学家、政治家和新闻工作者，积极阐明和传播这些基本事实和本质特征，引导大众看清全球化的实质，旗帜鲜明地反对保护主义，为经济全球化创造良好的理论和舆论氛围。政治家要真正以国家整体利益和全体人民利益为优先，以包容的心态看待问题，把握发展大势，顺应发展规律和时代潮流，积极推进经济全球化。二是要深刻揭示无视发展规律逆全球化而行的危害。简单地采用贸易保护主义和反经济全球化政策，显然是有病乱投医——用错了药。第一，国家利益优先应该是全体人民利益优先，而不是部分群体利益优先。而反对自由贸易和经济全球化，虽说直接保护了部分群体的利益，但却会降低国家的整体利益，不符合国家利益优先的原则。第二，全球化发展到今天，无论是反对经济全球化，还是舞动贸易保护主义这把双刃剑，均会导致两败俱伤或多边皆输。全球化发展的既有格局，以及 25 万亿美元贸易总量，已经把世界各经济体紧密地联系在一起，利益高度融合，彼此相互依存。我们已无法回到原点，从零开始。据美国劳工部统计，2007—2015 年，在美国工作的移民工人数量已经达到 2630 万人，占同期美国劳动力总人口的 15%。另外，以中美贸易关系为例，2016 年，货物贸易总额已达 5196 亿美元，服务贸易额也超过 1000 亿美元。一旦美国对中国舞动贸易保护主义之剑，中国势必被迫回应，其结果定是两败俱伤。不仅贸易会下滑，经济也会随之下滑，并进一步造成世界经济下滑，反过来影响两国经济。不仅损人甚至会害己！两国之间经贸关系如此，多边经贸关系亦然。第三，贸易保护主义和反全球化，不仅在经济上得不偿失，在道义上也会陷入被动，受到谴责。做好本国的事固然重要，但孤芳自赏、自我孤立、与各国对立的做法是行不通的，弄不好“去全球化”的同时，也会“去本国化”。欧洲老牌世界领先国家兴衰的历程已经充分说明了这一点。唯有兴利除弊，遵循发展规律而动，方可健康长久发展。逆规律而行，则只能自吞苦果。

其次要采取有效措施积极缓解全球化矛盾，消除全球化弊端。

其一，通过全球化促进发展，把可供分配的“蛋糕”做大。两国均应坚定地支持自由贸易，建设性地推动全球化，通过自由经贸往来和全球化，促进国家经济和世界经济发展，争取国家整体利益提升，把可供分配的“蛋糕”做大。其二，通过财税等再分配调节手段，使利益受损群体得到补偿。加大向利益受损群体的财政转移支付和税收优惠，向他们提供必要的资金补贴、转岗培训及再就业机会等，帮助他们摆脱困境，至少保证其生活水准维持在应有的水平，以共享自由贸易带来的整体利益红利。其三，积极主动提供全球化需要的公共产品，争做人类发展的贡献者。作为世界大国，中美两国应该有这样的胸襟和行动，以能为全球发展作贡献为荣。与此同时，研究并推动全球化公共产品的提供与分摊机制的建立，形成比较合理稳定的全球化公共产品供给。当前尤其要注重推进全球治理，共同构建公正高效的全球金融治理格局，维护世界经济稳定大局；共同构建开放透明的全球贸易和投资治理格局，巩固多边贸易体制，释放全球经贸投资合作潜力；共同构建绿色低碳的全球能源治理格局，共同推动绿色发展合作；共同构建包容联动的全球发展治理格局，以落实联合国 2030 年可持续发展议程为目标，共同增进全人类福祉。其四，加大全球金融监管力度。加强全球协作的金融监管是减少金融全球化的负面影响，特别是防止诱发金融危机的关键所在。2008 年国际金融危机前后经济发展的事实说明，强有力的全球协作金融监管是防范金融风险、发挥金融作用的重要保障。世间之事，往往欲速而不达。透支形成的欠账总是要归还的。要充分发挥好国际货币基金组织、世界银行等国际组织的作用，充分利用好 G20 等平台的作用，动员各国，尤其是大国，加强国际金融的全球协同监管能力和力度。通过主动作为，协同监管，让金融全球化的正面效应更多地释放出来，降低金融全球化的负面影响，防范好风险。其五，充分发挥现有各种贸易协调机制的作用，尽可能实现自由贸易。沟通协商，共同治理十分重要。要充分利用好联合国、世界贸易组织（WTO）、区域贸易协定，以及各种多边和双边贸易协定，并在现有基础上，扩大广度和深度。坚定不移发展全球自由贸易和投资，积极推动贸易和投资自由化和便利化。

总之，中美两国应遵循全球化发展规律，把握和顺应总体趋势不变、波浪式发展的大逻辑，带头做好推动全球化要做的事情，与世界各国共同努力，积极推动全球化持续健康向前发展，使之更好地造福于两国人民和全人类。

特朗普的成功及其限度

张宇燕[①]

提要：特朗普成功当选折射出美国面临的深刻矛盾与挑战。尽管特朗普踌躇满志，但无时无处不在的内部掣肘和国际约束，终将使特朗普面对现实。未来中美经贸关系将步入摩擦多发期，甚至在某些时点上矛盾会激化，但整体而言，两国间发生大规模贸易战的可能性不大。未来，特朗普能否胜任美国总统的新角色，还有待时间去检验。

特朗普成功当选美国总统的关键在于，他顺应时势地识别出了美国内部大约一半人口特别关注但却一直未被认真触及的问题，如全球化带来的不平等、种族、华盛顿—华尔街等问题。然而，特朗普在施政过程中将面临国内制度性、官僚体系、既得利益集团和民众的四大掣肘。中美之间在贸易投资领域不可避免地存在分歧与争端，又要共同努力把难以规避的分歧与争端控制在有限范围内，使其不至于影响中美经贸关系的基本稳定大局。特朗普当政后推行的是基于狭隘国家利益的"公平贸易"，中美之间全面的贸易战打不起来。

---

① 作者张宇燕系 CF40 特邀嘉宾、中国社会科学院世界经济与政治研究所所长。本文为作者向第六届"CF40—PIIE 中美经济学家学术交流会"提交的交流文章。

2017年以来，人们普遍担忧特朗普就任美国总统后会把美国甚至世界带入一段不确定时期。如今我们已经看到，“美国优先”的竞选口号似乎在特朗普就职后马上就会变成政策选项，从而极有可能明确标志着一个贸易保护主义新时代的到来。如果再关注一下贸易政策之外的可能举措，世界看上去很有可能将会因特朗普上台而发生根本性变化。

顺应时势与时势造英雄成就了特朗普

特朗普成功当选美国总统说明了许多问题，而非常关键的一点是他敏锐地识别出了美国内部大约一半人口特别关注但却一直未被认真触及的问题，并以自身特有的直言不讳方式，甚至不惜打破在西方世界流行已久的“政治正确性”的禁忌，把如下三个问题挑开了说，从而赢得了半数美国人的支持。

第一个是所谓伴随全球化而来的不平等问题。在美国，收入差距不断扩大是个老生常谈的问题，但实际上却没有得到认真对待，因为这会触及既得利益。特朗普的“智慧”之处在于把不平等和全球化联系起来。这样一来，美国的“敌人”就被分类而且具象化了：国内有“坏人”不假，但抢走美国人饭碗或压低美国人工资的至少一部分是外国“坏人”，是因为那些外部竞争者通过不公平手段“占尽了美国便宜”。外国人之所以能够成功地从美国人身上捞好处，基本原因之一就在于前任美国政府亦即绝大多数权势集团成员或“建制派”要么是愚蠢透顶，对美国国家利益或公众诉求一无所知或一知半解，要么是别有用心，为了谋求自身狭隘利益而不惜牺牲美国整体利益。当然出现这种局面也可能不完全是因为自己无能，而是因为“敌人太狡猾了”。

在这种情况下，美国就特别需要能力超群、敢作敢为、一心为公的领导人。

第二个是种族问题。在美国，种族主义一直是一股政治潜流，这股潜流又长期被美国的政治正确性压抑在地壳之下。20世纪70年代，美国还只有十几万穆斯林，而现在已增长到1000万人左右，西班牙裔人口更是增长到3000多万人，而且大有不可阻挡之势。进入21世纪以来，美国本土种族结构加速变化，令部分欧洲裔美国人尤其是社会精英人士深感焦虑。然而由于长年背负着“自由、民主、人权”的理念，他们在谈论种族问题时又都不敢越雷池一步。特朗普的与众不同之处在此表现得淋漓尽致。他毅然决然地在地壳上钻了几个眼，把亨廷顿在《我们是谁》一书中“羞羞答答”并用学术伪装加以遮掩的担心与忧虑，直截了当地表达出来，一下子便把政治正确性的地壳击得粉碎，使积压多年的种族主义岩浆喷薄而出。肆无忌惮的特朗普在直面这一问题的同时，亦对与之相关的移民、外来劳工、犯罪及恐怖主义等问题提出了明确且具有操作性的政策，因而吸引了很多民众和精英支持，他们当中的部分人甚至成了特朗普的铁杆拥趸。

第三个是华盛顿——华尔街问题。美国民众对以政党轮替方式把持华盛顿政坛的当权派的不满由来已久。至少在部分美国民众眼中，华盛顿各联邦政府部门已经成为一个巨大的既得利益集团，身居其中者都在利用国家机器来牟取私利，并且他们越来越服务于以华尔街为代表的“商业——金融”既得利益集团。曾经担任里根政府总统经济顾问委员会委员的亨德森离任后出了一本名为《欢乐的经济学》的书。这位贴身观察了政府整整20年的经济学家在书中写到，政府官员根本不关心我们；他们有巨大的权力，能够运用这些权力对我们的生活造成不可思议的破坏，但只要这些破坏不会让他们失去工作或进监狱，他们就不会放在心上。他非常肯定了这一论述的真实性。他的第二大发现是，政府所说的“公众”，就是企图对政府进行游说的各色玩家。如果说里根当年胜在攻击民主党所推崇的大政府及官僚主义的话，而特朗普则把矛头指向体制内精英这个群体阶层，竭力戳穿他们编织的美好故事，坦承美国在许多方面业已失败的真相。

在此有必要特别指出的是，特朗普不属于“草根”，而是典型的体制外精英，他的成功当选从某种意义上讲类似于体制外造反派在心怀不满公众的鼎力支持下抢班夺权成功。说他因为大多数“草根选民”的支持才得以当选，这个判断有违事实。投票支持他的人主要不是社会底层选民而是中上层选民。从种族上看，美国 63% 的白人男性选民投了特朗普的票；尽管他说了不少带有歧视性的话，仍然有 53% 的白人女性选民支持他。

特朗普在施政过程中将面临国内四大掣肘

时势造就了特朗普，应该讲特朗普也在相当程度上顺应了时势。据此不少人认为，特朗普能够凭借美国总统职权来兑现他在竞选中许下的一系列诺言，进而有美国会因特朗普上台后政策发生天翻地覆变化，世界也会随之受到影响的担心。这种担心会对特朗普施政动向保持高度警觉也理所应当。但与此同时，我们也要防止因为受到这种思维惯性的左右而产生误判。与上述判断持有不同见解的人也是有的，比如前英格兰银行行长就此问题提出了一个观点，即我们所处的世界未来几年仍将行进在既有轨道，世界不会有什么根本性改变。

众所周知，在选举过程中特朗普除了抨击和诋毁竞争对手之外，还许下许多宏愿。然而在分析研判特朗普政策制定和实施结果时，我们不能聚焦于他想做什么，更重要的是要评估他能做什么以及有可能做成什么。有美国政治学者做过研究，美国总统候选人在选举过程中做出的承诺，成为总统后其兑现率通常只有 70%。如果以此为参照系，本文的基本判断是，特朗普任期内能够兑现选举过程中所作承诺的 50% 就算很不错了。做出如此判断的主要依据是，特朗普在未来四年（如果能完成首个任期的话），将面临国内四大制约或掣肘。

首先是制度或体制性制约。特朗普是以一个体制外精英身份入主白宫的总统。鉴于他长期游离于体制之外且主要在商界打拼，因而其体制内经验及人脉关系明显欠缺，尤其是对体制内形形色色的约束条件知之不多。胜选后，给了他两个多月熟悉与了解的准备时间。不难想见，他会发现，在“想做”和“能做”之间，隔着密密麻麻的制度性藩篱、沼泽，甚至雷区。坐到白宫椭圆形办公桌前时，他还会遭遇一系列意想不到的约束条件。美国总统的权力是被美国宪法严格限定了的，白宫的主人变了，但美国宪法架构并不会随之改变，尤其是国会和整个美国司法体系对总统行政权力的制约力依然如故。在美国，只要有法律依据，任何联邦法院的法官都有权终止总统行政命令。

其次是官僚体系制约。特朗普推行的各项政策能否落实，取决于整个官僚系统的效率和绝大多数政府官员是否配合。在现实世界里，事情并非行政首长说怎样最后就能怎样。在《强社会与弱国家》一书中，美国政治社会学家米格代尔谈到了他自己的研究结果给自己带来的强大的思想冲击：那些在华盛顿计划好的事情竟然没有一件在贫困或遥远的城市发生。为什么会这样？按照米格代尔的解释，主要是因为国家深深地嵌入了社会环境。不同的政府官员都是在特定社会环境中生活和工作的，他们面对不同的诱惑和压力，支配不同人的同时也受其他人的支配。正是官员所处的环境塑造了将要发生的事。社会环境在发生变化，然而对以往工作环境习以为常并且在认知上与新政府理念迥异的官员们，又凭什么要特别遵从特朗普政府的指令呢？如果特朗普的所作所为威胁到各级官员的既得利益，那么华盛顿的政策随时随地受到不同程度的抵制或扭曲，便是一个顺理成章的结果。

第三类制约来自各类既得利益集团的制约。在绝大多数情况下，法律、法规和政策都带有“非中性”色彩，也就是说，同样的制度或政策，对不同的人而言其“利益含义”各不相同。废止原有制度和政策，或改弦更张另起炉灶，意味着利益的再分配。动一部分人的奶酪，尽管会得到因之受益者的欢呼，但不可避免地会遭遇受损者的顽强抵抗。利益碰撞的主战场之一将会是国会众参两院，反对特朗普的议员不光来自民主党，还来自共和党内部，有人甚至公开说特朗普根本就不属于共和党。正如《美国行为的根源》一书中所说的，在美国，政策或法律法规的出台及改变，无非是那些利益攸关集团之间激烈讨价还价后所达到的一个均衡解。这一结论在特朗普成为美国总统后会不会有所改变，可能性微乎其微。

最后是民众制约。尽管靠“赢者通吃”的选举人制度当选是合法的，但特朗普的得票毕竟比其竞争者希拉里少了 290 万票，由此显示出其执政合法性根基不牢。支持者占人口少数，这本身就形成了一种约束。总统就职典礼后，接连发生的多起大规模游行，其参与者的目的就是要告诉特朗普不能为所欲为，要让他看到行为的边界，要让他感受到障碍和阻力。特朗普耳濡目染如此声势浩大的抗议示威活动，触手所及难以弥合的国家裂痕，特朗普即使有舍得一身剐的勇气，也会在采取行动之前权衡再三。

根据宪法和有关法律，美国总统拥有发起、修订、终止对外条约和协定的权力，也有权推动一项法律的制订，虽然最终要经国会投票批准，却有权否决国会通过的立法议案。比较而言，美国总统的涉外权力要大于涉内权力，否定性的权力易于肯定性的权力。这便是特朗普一上台便首先拿涉外政策开刀，而且矛头多指向否定性举措的重要原因。用中国人的话说就是“吃柿子捡软的”，或曰“不破不立”。顺便说一句，上台伊始就废止前任谈总统设立的贸易协定或条约，可以说是美国总统的一个行为惯例，小布什和奥巴马都干过。因此对特朗普要重新启动北美自贸协定谈判、退出跨太平洋伙伴关系协定（TPP）等，我们都不必大惊小怪。根据以往经验，各种区域性贸易投资协定或条约，最后大都会以改头换面的方式卷土重来。

基于狭隘国家利益的“公平贸易”

从一定意义上讲，特朗普的贸易政策集中体现了他的执政理念和执政风格。特朗普的真实意图绝非是要完全摒弃国际贸易，回归孤立主义。他本人就是商人，与国外往来频繁，在外国还有不少产业，因而内心十分清楚国际贸易与投资是利润的重要来源之一，并且有助于提高贸易参与者的整体福利。既然如此，那他为什么又显示出如此强烈的贸易保护主义倾向呢？究其原因，主要在于国际贸易与投资的好处不是均匀分配的，而这种不均的根源之一来自于国家间的贸易投资协定或条约。这一点不仅适用于发展中国家，也同样适用于美国这样的发达国家。他说的这句话反映出他典型的“贸易观”，“我想要的只是公平贸易，我们要公平地对待其他国家，但是他们并没有公平地对待我们”。

要理解特朗普的贸易政策，一定要从这里入手。他不是要闭关锁国，而是想按照他认可的那种方式来实现他心目中的公平贸易。20 世纪 80 年代以来的国际自由贸易之路大体可以分成 4 个阶段：一开始是由西方国家高举自由贸易大旗，力求以此敲开或扩大封闭国家的市场。在“自由贸易”阶段，发达国家凭借先进技术、现代化管理和对国际规则的掌控能力，有信心、有能力获取“得自贸易的收益”的大头，同时对欠发达国家的一些不规范行为采取容忍态度。经过一段时间后，欠发达国家因参与国际分工而提升了竞争力，并开始对发达国家的部分传统产业产生威胁，由此世界便进入“公平贸易”阶段。该阶段的主要特征是发达国家要求欠发达国家严格遵守国际贸易投资规则，也正是在这一阶段，中国加入了世界贸易组织（WTO）。随着受益于参与国际贸易投资的主要新兴经济体整体实力积累壮大，特别是它们开始提出改变不合理规则体系的诉求后，世界进入了“基于规则的贸易”阶段，其基本特征是发达国家企图通过修改或设立新规则来保障自身利益并制约新兴经济体的强有力竞争。奥巴马在谈到 TPP 时所说的那句名言，即“我们要书写未来的贸易规则而非由中国来书写”，便是所谓“基于规则的贸易”的真实含义的和生动写照。

至少从动机而非效果上看，特朗普当政后推行的贸易政策似乎正在开启国际贸易的新阶段。今天特朗普讲的公平贸易虽然和从前的用词一样，然而基础改变了，准确说是层次变了。在世纪之交后人们谈论公平贸易时，心中除了关注本国利益外，还常常牵挂着全球利益，至少是把全球利益经常挂在嘴边。而特朗普所谈的公平贸易，则是以“美国第一”、“美国优先”为基础为前提的，动辄以提高关税作为要价筹码，以宣布他国操纵汇率相逼，以买美国货、雇用雇美国人笼络民心，甚至让墨西哥支付筑墙费用以防止墨西哥非法移民进入美国。一国需要承担的国际义务已不见踪影，通过自由贸易造福于全世界的理想或理论基础已荡然无存，甚至把促进经济全球化当幌子的努力也被弃置一旁。如果一定要给特朗普的“公平贸易”贴个标签，那该是“基于国家利益的公平贸易”，或是“低阶公平贸易”。

这也恰恰是 2017 年年初习近平主席在达沃斯世界经济论坛的讲话给世人留下深刻印象的原因。以往这个论坛主要是美欧国家领导人和企业家的舞台，全球问题及其解决方案远非新兴经济体和发展中国家能够或应该谈论的议题。如今中国领导人开始站在全球舞台上谈论全球治理、世界前途、人类命运以及中国方案。更加意味深长的是，中国是站在人类的高度看待世界的，而美国仅仅关心自身利益。据此，人们产生中美角色正在发生互换的感觉可谓合情合理。

在此有必要纠正一个误导性的说法，即自由贸易知识在美国的精英中受到青睐，而广大民众则对其嗤之以鼻。据美国彼得森国际经济研究所研究员卡伦—亨德里克斯在《2016 年总统选举中的保护主义——原因与后果，真相与杜撰》政策报告中所述，“整体而言，美国居民对国际贸易态度积极”。他所依据的是盖洛普在 1992—2016 年、皮尤在 2009—2016 年所做的年度民意调查。在回答“你认为，外贸更多是通过增加美国出口来促进经济增长的一种机会，还是来自外国进口的对美国经济的一种威胁”这一问题时，调查显示，在 1992—2004 年认为是机会的被访者超过认为是威胁的被访者；2004—2011 年情况正好相反，但两者之间的差距要小于前一时期；2011—2012 年则两者旗鼓相当；2012—2016 年情况开始发生逆转，特别是至 2013 年以来，认为是机会者与认为是威胁者的差距一直在 20% 以上。在回答“你认为美国与其他国家的自由贸易协定对美国是好事还是坏事”这一问题时，2009—2016 年的年度调查均显示出多数人认为是好事，即使在持不同看法的两类人群规模差距比较小的 2016 年，“好坏”之差仍达到 12%（51% 对 39%）。由此作者得出结论说，美国 2016 年总统选举中的保护主义转向，并非来自人们对贸易的态度发生巨变，而应归因于美国选举制度的独特性和政府补偿性政策不到位之间的交互作用。至此，亨德里克斯一个隐含的结论是，尽管莫衷一是，但自由贸易在今天的美国还是有深厚土壤的。

中美之间贸易大战打不起来

作为中国人，我们尤为关注的问题之一是中美之间是否会爆发贸易战。在回答这个问题之前，我们有必要先看看贸易战的定义。据法国学者范妮·库伦在《战争与和平经济理论》一书所述，贸易战和金融战构成了经济战的主体，而经济战指的是“由国家采取的旨在削弱他国实力、甚至不惜牺牲本国经济利益的非暴力政策”。作为一种典型的“零和博弈”，同时作为一种既考虑经济得失又兼顾政治损益的博弈，经济战一方面表明了经济实力或经济脆弱性会直接影响到国家安全，另一方面也预示了精确评价经济武器的有效性将困难重重。后者也是经济战研究长期以来一直面临的一个挑战。具体来说，贸易战的形式共有 17 种之多，可细分为“积极的贸易战”和“消极的贸易战”，前者包括给予最惠国待遇，后者包括提高关税。

在竞选期间特朗普不止一次说过要对中国产品全面征收 40% 的关税，并以此作为“纠正”两国贸易与投资不平衡的政策手段。假如他真的兑现竞选诺言，中国自然不会无动于衷，肯定会以牙还牙。假如你来我往如此发展下去，中美之间的贸易摩擦就有可能演化为贸易战，其规模亦会不断扩大，黑名单或禁运等手段都将被相继使用，最后甚至会升级为包括金融战在内的全面经济战。当然，事情未来的演化路径不止这一种。如前文所述，特朗普的贸易政策目标不是要发动贸易战，而是要通过威胁发动贸易战来获得更有利于美国、更有利于国内部分群体或阶层利益的贸易投资条件。说他没有削弱中国实力的愿望显然是一种错误判断，但以牺牲本国经济利益作为削弱中国的代价，而且有可能代价高昂，恐怕也不是特朗普的本意，至少不全是他的初衷。

前文谈到了美国国内掣肘特朗普的力量不少。一旦进入国际贸易政策领域，特朗普马上就会感受到国际制约的力量。对美国而言，国际制约主要体现于庞杂的现行国际体系、制度或机制之中。各种国际组织机构以及首脑峰会等是国际制约的实施主体，其背后的主导者主要由两类国家群体构成，分别为发达国家集团和新兴经济体及发展中国家组成的集团，其中西方七国集团和金砖五国可以作为两类国家群体的典型代表。在当今时代，世界已然存在着一个国际社会。这意味着即使美国是超级大国也不能为所欲为，而是必须遵守以联合国为基础建立起的国际准则。这还意味着如果没有工业化国家群体的支持与合作，美国在全球舞台上很可能变成孤家寡人。这也意味着如果对新兴经济体和发展中国家的利益与诉求视而不见，美国终将一事无成。随着时间的推移，国际政治经验欠缺的特朗普，将会逐渐意识到国际社会的分量。

退一步讲，即使目标明确并且意志坚定，愿意承担一意孤行的成本，实现目标过程本身也不像特朗普在竞选时想象得那么简单。我们知道，绝大多数贸易投资政策都是非中性的，特朗普推行的政策尤其如此。政策非中性意味着有人欢喜有人愁，而那些因特朗普政策而受损的群体，势必在国会、在街道和广场、在官僚体系内部极力阻挠。美国行政部门和司法体系拥有为数众多的官员或专业人士，他们当中有相当一部分人的政见与特朗普背道而驰。这批人在长年工作中积累起来的丰富经验与专门知识，在他们和行政长官之间形成了巨大的信息不对称。凭借信息不对称，公职人员便有机会或否决或修改政府政策，至少是让政策效果大打折扣。思想倾向明显且有一技之长的官员与总统之间的矛盾，在基辛格的回忆录《白宫岁月》中曾多次被提及。他写到，尼克松绝不让中央情报局插手制定对外政策，因为在那里的工作人员大都是些名牌大学出身的自由主义分子，他们往往以客观分析为幌子推行自己的主张。而“在官场纠纷中，一方只靠等级权力而没有别的更有力的论据，往往是要失败的”。

现实中有无数例子说明，尽管贸易战的综合结果难以评估，但经济上两败俱伤却是显而易见的。2009 年奥巴马迫于国内压力和出于某种政治考虑，决定对进口的中国造轮胎征收 35% 的反倾销税。提高关税后美国对中国轮胎的进口量迅速下降，并使美国轮胎产业中的 1200 人保住了工作。后据位于华盛顿的彼得森国际经济研究所的专家分析，由于进口下降导致轮胎价格上涨，美国消费者每年为购买轮胎多付出了 11 亿美元，相当于美国政府为保住一个轮胎业工作岗位花费了 90 万美元。这还没算上中国反击造成的损失。实际情况是，一报还一报，中国提高了美国家禽产品的进口税，从而导致美国对中国的家禽出口锐减 90%，共损失 10 亿美元。2016 年 3 月，美国又对中国冷轧钢征收 266% 的双反关税，其结果与轮胎案例大同小异。上述案例，特朗普本人，或至少他的助手应该是一清二楚的。

关于中美经贸关系，本文的基本判断是，中美全面贸易战打不起来。保险一点的说法是，中美之间在未来 4 年内发生大规模贸易战的概率在 5% 以下。与此同时，完全可以肯定，在个别产品或个别产业上，美国一定会对中国施以贸易保护主义措施，比如加收从百分之几十到百分之几百的关税，而中国也一定会以其人之道还治其人之身。这对中美两国决策者也提出了挑战：一方面，中美之间在贸易投资领域不可避免地存在分歧与争端，而且未来 4 年会比前两任政府时期更加严重；另一方面，双方又要共同努力把难以规避的分歧与争端控制在有限范围内，使其不至于影响中美经贸关系的基本稳定大局。

特朗普成功当选折射出美国面临的深刻矛盾与挑战。尽管踌躇满志、雄心勃勃，但无时无处不在的内部掣肘和国际约束，终将使特朗普对美国对世界造成的冲击远逊于当下人们的普遍估计，这在国际贸易领域里将表现得十分明显。中美关系，尤其是中美经贸关系将步入摩擦多发期，甚至在某些时点上矛盾会激化，但整体而言，两国间发生严重冲突对抗，特别是发生大规模贸易战的可能性不大。至于刚刚走马上任的特朗普能否胜任美国总统这一新角色，仅就欧美的经验看不外乎两种可能性。乐观一点的说法是，政治家们会在任职期间逐步成熟起来；悲观一点的说法是，多数高级官员在离职时的洞察力和初来乍到时难分伯仲。

特朗普让全球陷入不确定性

朱　民[①]

提要： 自当选美国总统之后，特朗普几番动作给全球经济带来诸多不确定性，主要体现在市场情绪、美元指数、财政和货币政策、税改、政治方面。其中，最大的不确定性来自政治方面。近期，大部分国家的政治凝聚力在下降，而民粹主义正在美国和欧洲国家抬头，可能会给全球金融稳定带来巨大挑战。

尼克拉斯认为，美国新政府的经济政策对中国的影响有限，但我觉得在高度互联的现代社会，美国政策的任何重大变化都会对包括中国在内的国家产生重大影响。因为市场的变化会改变市场信心，市场信心的改变又可能带来意外事件，最后造成市场上的连锁反应，中国也不能置身事外。特朗普总统的推特就是市场信息的重要来源之一，哪怕他的推文在凌晨两点发出，我们也不能低估其影响，因为特朗普政府的不确定性将给全球经济带来不确定性。

① 作者朱民系 CF40 学术顾问、国际货币基金组织原副总裁。本文为作者在 2017 年 5 月 7 日的第六届 CF40—PIIE 中美经济学家学术交流会“新形势下的中美经贸关系与全球化”上，对凯伦 · 戴南（Karen Dynan）和尼克拉斯 · 罗迪（Nicholas Lardy）的主题演讲所做的点评，由中国金融四十人论坛秘书处整理。

第一，市场情绪的不确定性。市场情绪在过去几个月中发生了戏剧性的变化，尤其是美国总统选举结果揭晓之后，总体上表现得更加乐观。大选之后，市场上调对美国 10 年期国债收益率的预期，且这种预期更加集中（见图 4-13）。

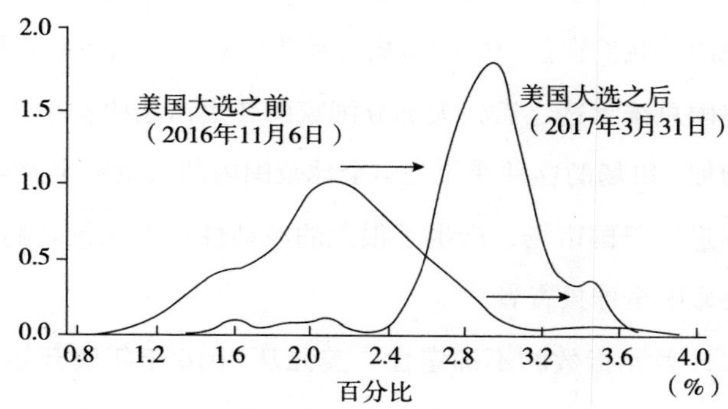

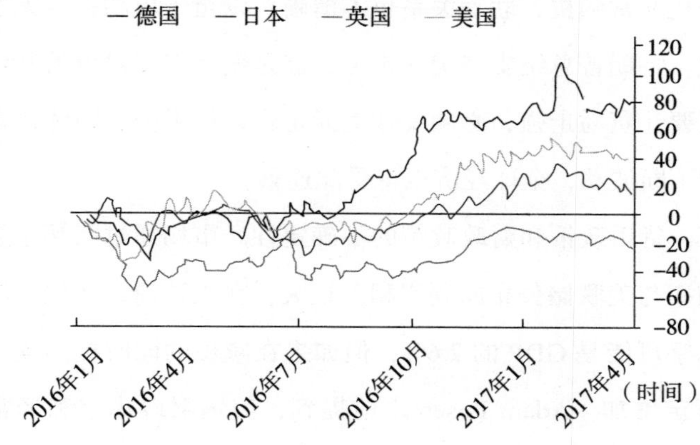

图 4-13　特朗普当选和市场乐观反应

从发达国家10年期盈亏平衡通胀率的上升过程中，我们也可以看出市场对发达国家通胀预期在飞速上涨。从2016年10月1日到12月31日，当美国10年期国债收益率上涨时，中国30年期国债收益率也大幅上涨，并且整体上各期收益率都在上涨。虽然中国金融市场从某种程度上看相对封闭，美国国债收益率应该不会影响到中国国债的收益率，但事实却正好相反，这是由市场情绪传导带来的间接影响，随之而来的是我们在预测中国市场时需要面对更大的不确定性。

在美国总统大选之后，大部分国家的各类市场收益率在上涨，波动率在增加。市场的这种变化是由全球范围内的大量资金流动带来的，全球资本进出美国市场，产生了很大的波动性，不仅仅影响美国投资者，也会影响全球投资者。

第二，美元指数的不确定性。美元从2016年年底开始走强，近期进入振荡期。这种波动与特朗普总统的推文也不无关系——美元走强他发几条推文，美元走弱他也发。美元波动对全球市场有很大影响，并且当美元波动时，其他外汇市场的波动又会放大美元的波动效应。其中的变化非常随机，联动关系也不清晰，以至于市场根本无法解读这些变化。特朗普总统支持美元走强，但是美元走强对贸易并没有好处，所以要让贸易走强，必须要让美元走弱，如果美元因此在走强和走弱之间不断波动，全球经济也将受此连累。

第三，货币政策和财政政策的不确定性。市场通过联邦基金期货预测的利率与美联储公布的利率相差很大。在大选前，我们预测美国的财政赤字可能是GDP的2.6%，但如果在减税的同时提高支出，财政赤字肯定增加。Adam Posen之前提到，美国财政赤字和经常项目赤字很可能都会达到GDP的4%，这种双4%的局面将给美元带来极大的贬值压力。特朗普政府在9月可能又要面对债务上限的问题，大概是四五年前，美国就经历过一次政府关门的艰难时期，当时全球市场都特别吃惊，如果特朗普政府也停摆了，对全球经济将又是一次意外冲击。

第四，税制改革的不确定性。减税以后，企业现金流增加，它们愿意更多地借款和投资，所以我认为美国税改可以提振美国经济——在这一点上，我和 Karen 的观点有些不同。然而，现在美国潜在增长率大约是 2%，如果希望达到 3% 或者更高，则需要大规模的政策支持，但是这些政策的操作细节往往不明确，带给市场的将是极大的波动性。图 4-14 预测了美国 GDP 波动对其他国家的影响，深灰色是财政和贸易层面的直接影响，浅灰色是信心层面的间接影响，可以看出线灰色的比例很大，所以我们不能轻视由特朗普推特等因素带来的间接作用。

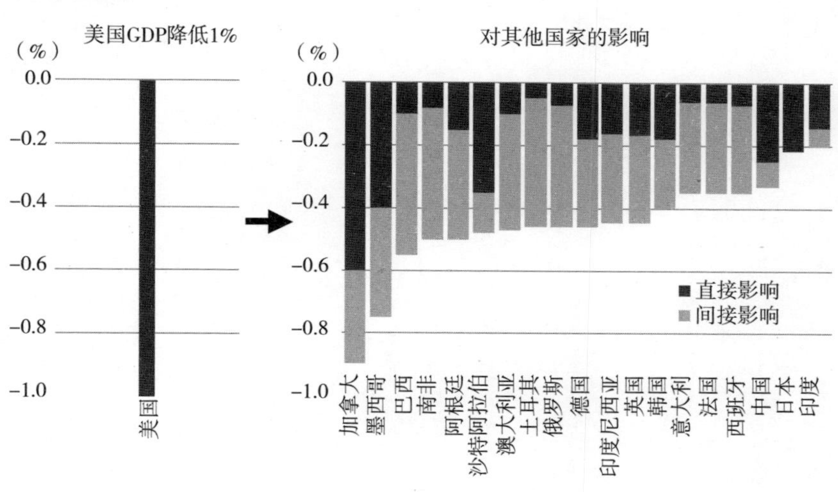

图 4-14 美国经济溢出效应

第五，最大的不确定性来自于政治。市场活动不仅仅受财政和货币政策影响，受政治的影响也非常大。民粹主义已经成为近几年大家谈论的焦点，民粹指数在“二战”之前的德国、意大利达到顶峰，“二战”之后开始下降，然后近期在美国、欧洲各国再次攀升。与此相关的还有政治凝聚力的变化，2000 年各国政治凝聚力都很稳定，但是 2015 年后大部分国家的政治凝聚力已大幅下降。一方面，我们不清楚特朗普总统到底会如何推动这种民粹主义；另一方面，全球范围内的民粹主义抬头，可能会给全球金融稳定带来巨大挑战。

当前国际贸易规则体系下的中美贸易关系

龙永图 ①

提要：特朗普总统上台后，中美经贸关系与全球化成了经济焦点问题。要加深对新形势下国际贸易规则体系的认识，首先需要了解全球贸易体制的层次与职能，其次要明确只致力于双边贸易关系对全球贸易体系而言是一场灾难。最后针对当前的全球贸易情况，要解决如规则制定、贸易摩擦、市场开放等问题，充分利用全球、区域和双边三个层次的贸易安排来改善中美贸易关系。

全球贸易体制的层次与职能

全球国际贸易规则体系可分为三个层次：第一层次是以 WTO 为代表的全球贸易体制；第二层次是区域贸易协定，包括欧盟、东盟，已经“流产”的 TPP 和正在谈判的 RCEP 等；第三层次则是双边贸易协定，包括双边自由贸易协定等。

中国支持以 WTO 为代表的全球贸易体系，我们认为全球贸易体

① 作者龙永图系 CF40 特邀嘉宾，原外经贸部副部长。本文为作者在 2017 年 5 月 7 日的第六届 CF40—PIIE 中美经济学家学术交流会“新形势下的中美经贸关系与全球化”上的主题演讲，由中国金融四十人论坛秘书处整理。

系之所以应该在全球得到实施，是因为其比较公平且相对可持续。所以中国花了 15 年时间进行“入世”谈判，我本人则花了 10 年参加这个谈判，最终使中国在 2001 年成功加入了 WTO。这说明中国对全球贸易体系态度认真，且愿意遵守全球体制下的规则。

全球贸易体制，包括 WTO 等机构，主要想解决三个问题，或者说主要有三个职能和机制：第一，制定国际贸易规则；第二，解决国际贸易的摩擦和纠纷；第三，通过谈判不断开放贸易和投资市场。总结起来就是制定规则、解决摩擦、开放市场。最理想的是所有成员都能够在 WTO 框架之下就这三件事情进行谈判，这样的谈判对于全世界的大国和小国来讲都相对公平。

但遗憾的是，自从十几年前多哈回合谈判启动以来，以 WTO 为代表的全球贸易体制逐渐弱化，而且有被边缘化的危险。

与此同时，国际贸易规则体系的第二层次——区域贸易协议安排相对活跃。过去 10 年间，陆续出现了上百个区域贸易安排，似乎其已成国际贸易体制的主流，而在过去，区域贸易安排只是被作为全球贸易体制的补充。

对中国而言，TPP 过去不是挑战，现在也并非机遇

过去一年来，区域贸易安排也遭受了两个重大挫折：一是英国脱离了欧盟，致使英国再不是欧洲区域贸易安排的一个组成部分。二是特朗普总统宣布退出 TPP 谈判。

由于今天主要讨论中美贸易关系，所以我想重点谈一下 TPP。在特朗普总统宣布退出 TPP 的决定以后，来自不同方面的声音都认为这对中国来说是一个机遇，但我并不这么认为，正如我过去从来不认

为 TPP 对中国是威胁或者挑战一样。TPP 刚开始谈判的时候，很多中国人都认为 TPP 是针对中国的，当时我也曾疑惑，在请教美国 TPP 首席谈判代表时，她明确告诉我 TPP 不是针对中国的，主要是想在 WTO 无所作为的情况下，制定出更高质量的国际经济贸易和投资规则。所以当时我劝告我们的同事不要把矛头指向 TPP，而应该对 TPP 持一种更开放的态度。后来，中国政府正式表态对 TPP 持开放态度。可惜的是 TPP 虽然谈成了，但是美国国会并没有通过，特朗普总统更宣布要退出。

那么美国退出 TPP 对中国来说是不是一个机遇呢？很多人认为中国可以乘虚而入来填补美国退出 TPP 后空出来的位置，有些人甚至提出来中国会不会领头搞新的 TPP。但其实中国并无此意，中国从来不想填补哪一个国家在国际上留下的真空，也不想填补美国在 TPP 问题上的真空。TPP 已经成为历史，即使日本这些国家还希望重新把 TPP 搞成一个 11 个国家的区域贸易协定，但没有多大意义。因为就像一条船一样，船长都已经离开了，这条船会漂向哪个地方的不确定性就很大了。所以我认为，日本想挽救 TPP 的努力不会成功，因为日本没有像美国这样庞大的市场，甚至没有像中国这样庞大的市场。所以日本不会使 TPP 成功，或者使 TPP 具有吸引力。

总之，TPP 对中国而言，过去不是一个挑战，现在也不是一个机遇。而且我认为，由于这些年来区域贸易安排太热，现在 TPP 停下来反倒是一件好事，因为可以使区域贸易安排过高的热情冷却下来，让大家把更多的精力和更多的时间聚焦到 WTO 的谈判上来，关注 WTO 的全球规则体系治理和多哈回合谈判的整个进程。所以 TPP 的“流产”，对于全球贸易体系来说可能是件好事。

当然，区域贸易安排不是一件坏事，但是如果安排了太多的区域贸易制度，甚至架空了全球贸易体制，这种区域贸易安排对全球规则体系就是一种伤害。如果有一个商人，面对着全球几十个、几百个的区域贸易安排，他们需要请多少专家来了解不同区域贸易安排的规则？这在很大程度上增加了贸易和投资成本。所以区域贸易安排并不是最好的选择，只是在全球贸易体系无所作为的情况下的次优选择。而特朗普总统退出TPP的决定，相当于给这个次优选择泼了一盆冷水，让大家冷静一下，我希望大家会把更多的注意力集中到全球贸易体系当中去。

中美应利用三个层次的贸易安排解决双边问题

从现在的情况看来，美国退出TPP后，国际上的注意力并没有集中到全球贸易体系当中去。主要因为新上任的特朗普总统，既对于TPP这样区域贸易安排不感兴趣，也对于WTO这样的全球贸易体系没有太大兴趣，他甚至在竞选总统时说过，在全球贸易体系无所作为的情况下，美国会退出WTO。然而，双边贸易协定则是特朗普在处理和其他国家经贸关系时，包括处理中美经贸关系的重点，所以中方的谈判代表们未来可能要花更多的精力来处理中美贸易关系当中的一些非常棘手的双边问题。当然，全球贸易规则安排形成中最原始的层面就是双边贸易安排，但是如果搞了多年后大家都倒退只搞双边贸易安排，那肯定是一个悲剧。因为这是全球贸易体系的一种倒退，也是不会成功的。如果全球贸易规则体系都变成无数个双边贸易协定的总和，没有了全球体制与区域安排，对全球贸易的发展会造成一场灾难。

之所以说只搞双边贸易安排，全球贸易会成为一场灾难，主要原因包括以下几点。

第一，这违背了市场经济规律。过去几十年，全球化已经形成一个全球的产业链、供应链的大网络体系，任何一个具有科技含量的产品都不是在一个国家生产的，而是在全世界各个地方生产的。比如波音飞机总共有100万个零部件，全世界有七八十个国家成千上万的供应商为其提供零部件和原材料，所以不可能只由中国和美国两个国家去谈波音飞机的问题。仅由两个国家去谈复杂的全球供应链问题是不可能谈成功的，也不太现实。特朗普总统希望制造业重返美国，这个愿望当然很好，但是可以设想，来自几十个国家的上千个供应商都转移到美国，这个可能性并不大。即便是将这些供应商全部都转移到美国，波音飞机的竞争能力和空中客车系列飞机相比，也会大大减小，其在成本和价格上都会很快输给空客飞机。特朗普作为一个商人出身的总统，不可能算不清楚这个账，所以他不可能违背全球产业链和供应链的规律，把所有国际贸易的问题都放在双边层面解决，这些问题必须在多边层面解决——现在已经形成了全球几十个，甚至上百个国家参与的供应链和产业链体系。

第二，这对美国的贸易地位和影响力都会造成伤害。如果双边贸易协定最终变成由一个国家单方面决定对另一个国家收多少关税的话，那么WTO从GATT开始的那么多关于关税和非关税壁垒的谈判是不是都付诸东流了呢？当一个国家，特别是当美国这样的法治国家，对当时自己曾经主导同意过的规则体系采取无视的态度时，对美国的可信任度无疑是一种伤害。所以我认为特朗普政府不可能只走双边的道路，而把多边规则体系全部放在另一边，因为这对美国的形象和美国全球贸易权威，都是一种极大的伤害。

第三，这可能会导致许多贸易争端。如果中国和美国贸易关系完全从双边上来解决，就不可避免地会产生很多贸易争端。因为没有了WTO和区域贸易的缓冲，没有了其他国家在中美贸易与投资间的缓冲，中美只能硬碰硬，这样中国和美国打贸易战的概率就大了很多。而如果中美打贸易战，正如习近平主席所讲的，是两败俱伤的事。中国人常说，为了完成一个目标，杀敌一千自损八百并不是一个好买卖。我想特朗普总统也不会接受这种买卖。

总而言之，虽然全球贸易体制现在处于不景气的状态，区域自由贸易安排也由于TPP的失败和RECP谈判中碰到的很多困难遇到了很多挑战，尽管如此，我们还是相信中美两国之间的贸易不能只放在双边层面上来解决，还是要依靠全球贸易体制和区域贸易安排的力量。全球贸易体制的三个层面，即全球、区域和双边，其实是相互关联、相互补充的，离开任何一个层面进行纯双边的自由贸易安排都是不现实且弊大于利的。

所以，中国和美国都应该考虑怎么利用全球、区域、双边这三个层次的贸易安排来更好地解决双边问题，这才是面对现实负责任的解决办法。我相信美国长期参加贸易和投资谈判的官员会了解这件事情。我本人和美国的贸易谈判代表打了十几年交道，与他们都是非常好的朋友，我认为他们非常理智，也非常专业。在全球化时代，如果既不充分利用全球贸易体制，也不充分利用区域安排，只靠双边谈判是不可能解决问题的。

当前全球贸易亟待解决的问题

针对当前的全球贸易情况，我认为主要需解决以下三个问题：第一是规则制定；第二是贸易摩擦；第三是市场开放。

在前两个问题上，中国和美国主要还是要依靠全球体制和区域安排，因为不可能由中美两国制定一套规则，让全世界来执行。假设中美两国产生了贸易摩擦，如果在双边的层面来解决，那么爆发贸易战的可能性比放在WTO争端解决机制下要大得多，因为在WTO的全球贸易体系中有一个缓冲区域，这对于解决贸易争端问题有一定的帮助，甚至放在区域贸易安排的层面来解决争端，也比双边要好。所以在制定规则问题和解决贸易摩擦问题上，中美应该更多利用全球体制和区域贸易安排。

但是在市场开放的问题上，中国和美国确实可以更多地利用双边机制，这次习主席和特朗普总统成功会谈后，重新把四个方面的对话机制建立起来是一件非常好的事。建立起这个机制后可以很透彻地谈一些关于市场准入的问题。市场准入比较强调细节，强调解决具体问题，双边渠道、双边磋商机制在这个过程能发挥一定的作用，所以双边机制在整个全球贸易规则体系中有其重要性，中国和美国也可以充分利用这样的双边体制。

我相信在目前这样一个经过多年谈判形成的全球贸易规则体制下，中国和美国的贸易和投资关系会取得一定的进展。我对中美贸易关系一直比较乐观，因为过去我们和美国谈判，常常出现“柳暗花明又一村”的情况。所以，我觉得现在中国和美国的贸易关系并不是最困难的时候，比起当年也有了更多的解决渠道和办法。最重要的是，现在中国比过去更强大了，所以中国在和美国谈判时有了更多的回旋余地。过去我们和美国谈银行业开放的时候，四大商业银行的总资产加起来还比不上美国的花旗银行，在这种情况下，我们确实难以和美国人开展谈判。但是现在中国四大商业银行的资产都处于全球领先水平之列，和美国谈判我们有了更多的本钱。

总而言之，如果充分利用全球、区域和双边三个层次的贸易安排来妥善解决两国贸易关系，中美两国的贸易会发展得越来越好。

第五章

提升中国全球竞争力

中国在拯救美国建立的国际体系中的主导作用

亚当·珀森[①]

提要：中美双方在“百日计划”后应思考双边关系在全球体系中的重要作用。如今，美国已经从温和增长进入到新的荣衰周期，国会的财政支出还会继续增加，美联储可能会继续加息，这都使得美国的贸易赤字更加严重，这一趋势不会因“百日计划”而发生改变。中国与特朗普政府进行建设性的沟通是正确的，但是中国也应给特朗普政府两年的适应期，期间不采取过激反应。过后，则需要与欧盟联手让美国重返G20框架。中国应事先做足准备加以应对，不断推动贸易、宏观经济和生产力的良性发展。

“百日计划”后的中美关系

“百日计划”的制定对中美双方都有益，能够有效加强中美政府

---

① 作者亚当·珀森（Adam Posen）系PIIE所长，本文是作者在2017年5月7日的第六届CF40—PIIE中美经济学家学术交流会“新形势下的中美经贸关系与全球化”上所做的主题演讲，由中国金融四十人论坛秘书处翻译整理。

之间的沟通，可以预见到“百日计划”实施后中美两国之间会有更多合作，除此之外，我认为应思考中美关系在全球体系中所扮演的角色。

我们先从中美两国元首的发言中寻找一些端倪。习近平主席多次强调建立在规则体系之上的开放经济的重要性，贸易保护主义不利于发展进步，同时习主席还强调了巴黎气候协定以及气候问题的重要性。反观特朗普总统则在一定程度上认同保护主义，并且认为巴黎气候协定是无益的。在过去的70年间，美国逐渐建立起当下以规则为基础的国际体系，美方推进成立的世界银行、IMF都是很好的佐证，并且美国鼓励中国融入该国际体系。邓小平执政后，中国也开始接受这套以规则为基础的国际体系，逐步开放国门。但是现在两国的态度发生了改变，中国成了现行国际体系的坚定拥护者，而美国却认为他们是该体系的受害者。现在很多人都在讨论的一个问题是，特朗普在竞选时所说的话是不是只是为了当选总统打打嘴仗而已。而且担任总统还需要适应时间，经历学习曲线，特朗普总统的一些承诺最终可能将无法兑现。

在此我想探讨一些重要的经济问题，因为经济问题很可能因为特朗普总统的决策对中美关系产生影响。PIIE每隔6个月会对未来的经济形势做出展望。总体来说，由于当前施行的促进就业等财政刺激政策，我们认为美国经济会从一个长期温和增长的态势进入一个维持数年的新荣衰周期。而在过去的18个月间，中国或多或少地放缓了国有企业的改革步伐，这也对私人部门信贷造成了一定影响，而这一点会成为我们做出预测的一个关键，我们需要判断这是在“十九五”之前的一种暂时性改变，还是一种影响未来的长期趋势性变化。从美国的角度来说，我们看到美元依旧强势，国会还会在财政方面加大支出，另外美联储可能还会加息，这都使得美国的贸易赤字更加严重。无论两国“百日计划”的商讨达成什么结果，这种趋势都不会改变。

现在发达经济体的经济增长都十分缓慢，而且潜在增长率在不断下降。不仅是特朗普总统，我们在民主党和共和党内都可以听见经济民族主义（Economic Nationalism）的声音，这意味着美国可能采取比较激进的手段应对贸易赤字。我认为最极端的可能是，美国采取20世纪80年代的措施来处理双边贸易问题。当年里根总统执政时，美国面临巨大的财政赤字，随后美联储收紧利率，进而美元不断升值，贸易赤字又不断扩大。美国政府对“双赤字”的局面不满，于是和日本谈判并采取了一系列单边贸易措施来试图缩减赤字。当然，我认为如果现在出现贸易问题，恐怕不会像30年前那样容易应对。

从温和增长到荣衰周期的美国经济

中国通过建设性方式和特朗普政府进行沟通是非常正确的。但同时，中国和世界应该给美国两年时间，因为特朗普政府需要时间去主动理解，或者被动地因为中期选举压力等问题，看到国际体系的好处。如果特朗普政府和国会在未来几年没有意识到这一点，甚至美国贸易赤字进一步恶化的话，中国应当和欧盟、日本共同担负起给美国施压的责任。这正是习近平主席在达沃斯论坛上所说的中国作为一个大国的责任，而这也会得到众多经济学家和独立于政府的其他机构的支持。

在我们的经济预测当中，很重要的一点是美国私人部门投资的变化。自金融危机以来，美国的投资量走势非常平缓，这与欧洲和日本的情况有些类似。过去几年我们相对积极的预测并未实现。很多人表示，特朗普政府要去监管化或者减税，这些政策很可能会带来投资的增加，但仍待观察。

另外,我们看到美国的劳动报酬率增长速度在3%左右(见图5-1),与相对疲软的生产率增速相比,这算得上是一个好消息,但并不是特别理想,通常情况下,美联储在此时会考虑采取适度紧缩政策。对美国来说,一个很重要的问题是,劳动生产率可能很难恢复到过往水平。以非农商业产出为例,尽管它在金融危机后有小幅提升,但是这并不能扭转生产率总体走低的态势。6个月前我进行预估的时候有一些悲观,但现在的情况和我们的主体意见一致,我们预计到2021年美国劳动生产率增速可能只有1%左右。一个关键的问题是,在没有大幅通货膨胀、充分就业的经济中,我们认为美国的赤字水平可能会在未来几年持续增长。经过一些可靠的实证方法估计,我们认为到2020年美国的经常项目赤字可能会翻一番,达到GDP的4%左右(见图5-2)。

图5–1 美国劳动报酬率增长情况[①]

① 注:亚特兰大联储2017年第一季度的数值按照2017年1月和2月的平均值计算。数据来源:美国劳工统计局从联邦储备经济库中获取,亚特兰大联储,作者为LH Meyer。

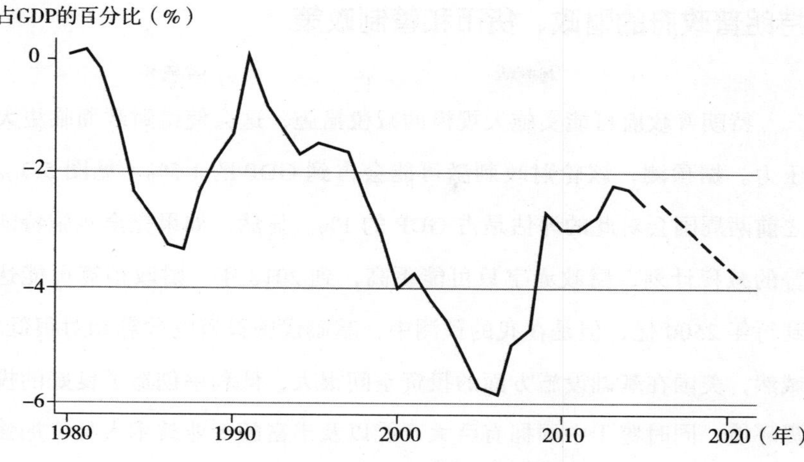

图 5-2 1980—2021 年美国经常项目收支预测[①]

对此我要做四点评论。第一，基于过去美国的汇率升值和利率上涨，上述这些情况肯定都会发生，我们不需要做任何改变，而事实上现在的任何政策改变都很难扭转经济的必然走势。第二，真正关心实际情况的经济学家并不会特别关心美国的贸易逆差。美国与希腊、意大利等国不同，也并非固定汇率制国家，而且美国没有巨额外债，所以占到 GDP4% 的贸易赤字不会对美国产生负面影响。第三，同样，我们也不应该担心中美双边产生的贸易顺差或者逆差。第四，我们知道特朗普总统以及国会两党中都有人持有贸易逆差非常危险的观点，特别是认为与中国的双边贸易逆差问题非常严重，所以，我们不仅要看到预测结果，更重要的是，要看到这些预测对美国的政治进程意味着什么。

① 数据来源：IMF 国际收支数据统计库，Cline（2016），作者估算。

特朗普政府的财政、货币和管制政策

特朗普政府可能实施大规模的减税措施，这会使得财政面临更大压力。据预测，该轮财政刺激可能会占到 GDP 的 1.5%（见图 5-3）。之前两周国会对此的评估是占 GDP 的 1%。显然，如果完全实施特朗普的减税计划，财政赤字只可能更高，到 2018 年，财政预算可能达到每年 2500 亿，但是在我的预测中，基础设施投资的预算相对很低。诚然，美国在基础设施方面的投资空间很大，低利率创造了良好的投资环境，同时鉴于中国拥有巨大产能以及丰富的专业技术人员，加强了中美合作的可能。但是我想提醒大家，财政刺激中的很大部分会被用于减税政策和国防以及边境安全，所以不能过于乐观。

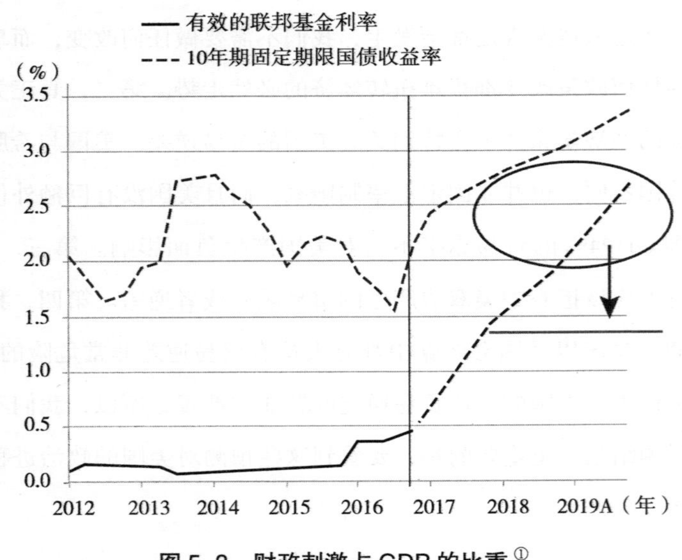

图 5–3　财政刺激占 GDP 的比重[①]

① 数据来源：美联储，LH Meyer。

值得一提的是，有些人认为特朗普政府放松管制的政策（Deregulatory Policies）是一种结构性改革。美国赋予了总统很多自由支配的斟酌行使权，总统可以决定监管的解释、执行，甚至监管本身是否存在。特朗普总统在监管方面已经做了很多改变，像环保等方面的改革与前任总统奥巴马的监管政策有很大不同。当然我们也看到，在能源的投资发展方面，由于政策松绑已经出现了利好。类似的，在金融领域，很多人包括我自己都认为，特朗普会出台很多松绑政策，特别是对于小微银行的政策松绑。当然《多德·弗兰克法案》不会受到很大影响，大型银行也不希望见到市场动荡。从经济学的角度来看，我们会看到哪些行业会受到青睐，每个人也会对这些行业将会如何推动经济的增长持有不同的观点。虽然我认为能源和环境政策的部分松绑对于世界经济无益，但是就未来几年来说，这种松绑对美国的 GDP 还是会有一定的促进作用。

美联储会如何应对特朗普的政策呢？美联储之前声称 2017 年将会有四次加息，但是美联储可能不会在预算决策公布之前加息，因为他们不愿意被认为带有政治偏见。我倾向于以为 2017 年可能会有三次加息。现在美联储的行动与里根和沃尔克时代的政策组合类似——美联储采取收紧宽松的货币政策。但是从经济学的角度来说，这和 80 年代中期有所不同，当时美国政府面临着控制双位数通胀的压力。现在美联储不会把美元升值作为目标，而且中、日、英和欧洲央行都还处在宽松的货币政策时期，至少是中性的货币政策当中。

经济民族主义会对全球化产生负面影响

扩大的贸易赤字会导致恶性循环，那么我们是否会回到里根时代的货币政策呢？我认为这里真正重要的不是经济问题，而是经济在受到冲击的情况下可能会同时导致政治方面更多的波动。如果美国真的实行贸易保护主义，货币问题可能会被推到台前。但是我想说的是，80年代中期，美国和日本是安全同盟，而且日本实际上仰仗美国，当时的双边贸易赤字与其他方面的干预相对来说比较小，所以广场协议当时可以生效。但是现在时代不同了，在当下很难出现第二个“广场协议”。美国财政部的种种对策可能会在谈判中形成筹码，因此要解决问题则需要更多依赖两国之间的贸易沟通。WTO文件中的一些规定耐人寻味，互惠平等原则可能反过来助长单边保护主义倾向。德国政府就曾因为特朗普政府没有明确的多边贸易合作意向而考虑减少G20的合作计划，我对此非常担心。

最后总结两点：第一，中国和欧盟应有两层战略。短期内，在未来两年不要对特朗普政府的政策做出过激反应，而是从中吸取经验教训。两年的时限不是随便给定的，实际上对于美国新当选政府以及中期选举来说，两年都是一个完整的适应性周期。美国如果意识到保护主义的弊端，中国和欧盟需要让美国重返G20框架。在处理多边贸易问题上，中国应竭尽全力通过法律途径解决单边主义问题，积极采取合作而非诸如几年前针对稀土资源的单边报复行为，中国应支持多边主义，竭力避免双边或多边冲突扩大，通过在G20框架内推动集体行动使得美国做出回应。如果美国在未来几年采用单边保护主义，整个国际经济体系将会受到挑战，过去数十年来的全球化努力也将付之东流。所以中国和欧盟应当进行先期规划，以应对保护主义的挑战。

第二，我们要记住保护主义的经济逻辑。如果继续实行贸易保护主义，从结果上说，要么减少竞争，要么增加保护，都不利于经济发展，所以我们需要终结这种恶性循环。贸易保护主义或者经济民族主义的滋长会使劳动生产率停滞不前，使国内政治情绪更加恶化。在这里，我并不是在无端唱衰，更不是说上述恶果无法避免，而是希望大家明白，我们要事先做足准备以应对未来几年的全球经济形势，不断推动贸易、宏观经济和生产力的良性发展。

中国可以有效应对美国经济政策调整

尼克拉斯·罗迪[①]

提要：中国经济增长曾以出口为导向，目前这一情况已经改变。不管是对于美国还是其他国家，中国的出口量在过去10年间下降得非常明显，美国经济增长速度对于中国GDP增长的影响已经越来越小。

近段时期，中国现行的汇率机制有效地控制了人民币的贬值预期，并通过一些监管措施减少了外汇流失——中国的货币政策可以有效应对市场变化，所以在美国经济政策背景下，中国处于一个比较好的位置。

中国经济增长不再以出口为导向

过去很多人认为中国经济增长以出口为导向，但现在这种情况已经不是事实，中国对美国的出口和对世界上其他国家的出口在过去10年下降得非常明显，从这方面来看，中国经济的再平衡已经完成。我

① 本文作者尼克拉斯·罗迪（Nicholas Lardy）系PIIE安东尼·所罗门高级研究员，本文是其在2017年5月7日的第六届CF40—PIIE中美经济学家学术交流会“新形势下的中美经贸关系与全球化”上所做的主题演讲，由中国金融四十人论坛秘书处翻译整理。

们从图 5-4 可以看到，中国的出口量占其 GDP 的比值在大幅减少：2006 年这一比值是 35%，2016 年则下降至 18%~19%。如果仔细研究，会发现出口占 GDP 的比值在 2016 时居然低于中国加入 WTO 时的数字。所以，虽然中国出口的绝对值在不断上升，但是它在 GDP 中的比值却在下降。中国对美国的出口占 GDP 的比重也在不断下降，特别是 2016 年和 2001 年相比。

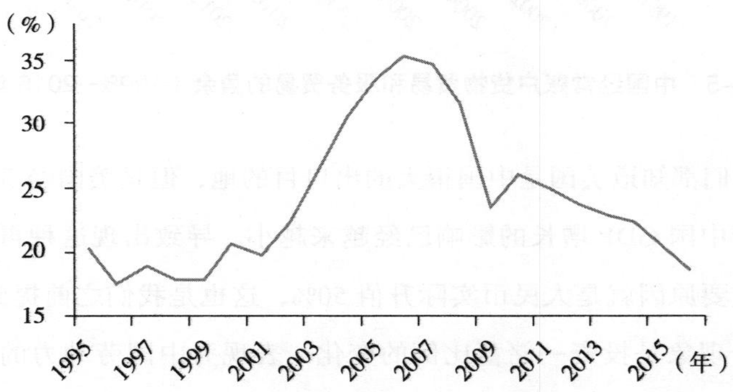

图 5-4　中国商品出口占 GDP 的比重（1995—2016 年）①

另外，中国经常账户中的货物贸易和服务贸易的盈余也发生了很大变化（见图 5-5）。过去这个数字的最高值达到 10%，2016 年为 1.8%，UBS 经济学家王涛预测 2017 年这个数字将是 1.1%。这明显证明中国经济发生了很大变化。中国净出口对 GDP 的贡献也出现了很大变化，这个贡献直到现在几乎消失了。而在过去这个数字特别高，例如 2007 年，中国经常账户盈余对 GDP 贡献达到 2.5%。但是从 2011—2016 年，这个数字平均为零，而 2017 年很有可能是负数。

① 数据来源：中国国家统计局、中国海关总署。

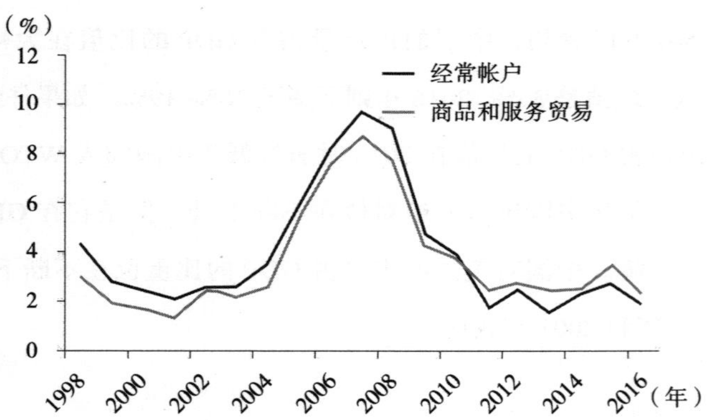

图 5-5　中国经常账户货物贸易和服务贸易的盈余（1998—2016 年）[①]

我们都知道美国是中国很大的出口目的地，但是美国经济增长速度对于中国 GDP 增长的影响已经越来越小。导致出现这种再平衡的一个重要原因就是人民币实际升值 50%，这也是我们之前提到过的。另一个现象是投资—储蓄比例的变化，表现为中国劳动力的工资占 GDP 的比重在增加，这是中国作为大经济体的独有现象（见图 5-6）。

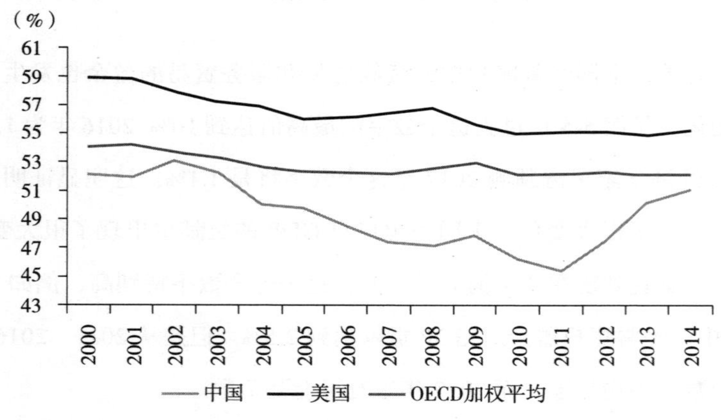

图 5-6　劳动报酬占 GDP 的比例（2000—2014 年）[②]

① 数据来源：国家外汇管理局。

② 数据来源：中国国家统计局、OECD 数据（2016）。

通过2015年和2016年的数据我们看到，中国劳动力的工资占GDP的比值在上升，差不多已经超过了OECD的平均值。总之，中国很大程度上减少了对出口的依赖，而美国经济增长对于中国经济的影响也在变少。

中国的货币政策行之有效

金融方面，Karen Dynan认为美国带来的影响会比较小，特别是由于美联储加息将抵消部分美国财政刺激政策所带来的影响。根据不可能三角理论，一个普遍观点是，中国在没达到必需条件时就过早地开放了资本账户，而又无法转为弹性汇率制，所以美国货币政策会导致中国货币政策失去独立性。而我认为现在的证据并不支持这一观点。2015年之前人民币大幅度增值，IMF和中国当时都认为达到了可持续的均衡水平，但市场主体并不认为人民币会继续上升。前段时间，中国外汇出现较大外流，中国的对外直接投资也成为主要的资本外流形式，随之我们看到中国外汇储备下降近万亿美元。在2016年中期的时候，中国不得不采取一些外汇管制措施，对外汇流出境外进行更加严苛的监管，尤其是出台了对企业使用大额外汇交易的限制。目前来看，外汇储备已经稳定下来，特别是在过去四到五个月当中，汇率的下降也放缓了。

从汇率制度看，中国将继续执行参考一篮子货币管理浮动汇率机制。人民币在2016年上半年的贬值并非硬性贬值，依然是有管制的贬值。而中国的货币政策也依然有较多独立性。例如，在过去几个季度，中国央行施行了紧缩政策，特别是跟2009年10月相比。中国央行在今年第一季度多次提高了7天回购利率，并对同业拆借利率做出新规定。如果比较 2017 年 4 月底和 2016 年 10 月，10 年期央行票据收益率上升了 90 个基点，导致其与美国国债收益率的利差依然存在，并未由于套利交易而缩小，而近几周中国利率甚至有上升的趋势。

综上所述，中国的经济不再是从前外向型驱动的增长，其对美国的出口已大幅度下降；同时，中国资本账户仍然相对封闭，在最近几个季度采取货币政策紧缩。一般认为，资本账户开放是单向的，没有回头路，但是中国似乎向我们证明了，采取较好的机制其实可以往回走。实际上，我认为中国有效地控制了人民币的贬值预期，减少了外汇流出，并拥有了相对稳定的外汇储备。所以现在中国在汇率管理方面还是比较成功的，并且中国央行货币政策紧缩也能非常有效地应对市场变化。在美国的经济政策背景下，我认为中国现在处于一个比较好的位置。

锐意推进税制改革，重塑我国全球竞争力
——中美税制比较和特朗普减税方案的启示

连　平[①]

提要：2017 年 4 月，美国政府公布了堪称史上力度最大的税改计划。相比之下，我国除了“营改增”以外并未涉及税制的实质性改革，减税措施力度不大。而从中美比较来看，我国税费负担较重。因此中国可以从开展税制改革，减少收费项目，降低非税收入比重，大幅降低企业税费负担，开展个人综合所得税改革 5 个方面入手，加大税制改革力度。

为了促进经济复苏，全球主要经济体逐渐将政策中心从货币政策转向财政政策，正在兴起新一轮减税潮流，美国是领头羊。特朗普政府计划推出大幅减税方案，英国政府、法国总统热门竞选人以及其他主要发达国家都在致力于推动减税立法，印度等发展中国家也宣布了减税计划。相较而言，我国的减税措施力度不大，除了“营改增”以

① 作者连平系 CF40 资深研究员，交通银行首席经济学家。本文为作者和交通银行金融研究中心高级研究员刘学智、交通银行金融研究中心首席研究员周昆平、交通银行金融研究中心首席宏观分析师唐建伟合作完成。本文为作者提供的交流文章。

外并未涉及税制的实质性改革，更多的是在现有基础上进行修修补补。2017 年 2 月，企业所得税法修正并未下调税率，各界期待已久的个税改革也未列入 2017 年立法计划。考虑到美国税改将可能导致主要经济体在全球竞争力的重塑，中国有必要在税制改革方面加大力度，避免在新的全球竞争中失去先机。

美国税改减税力度堪称史上最大

美国东部时间 2017 年 4 月 26 日下午，美国财政部长努钦与特朗普经济顾问科恩举行发布会，正式公布了美国总统特朗普的最新税改计划（见表 5-1）。该税改方案被认为是美国历史上最大的减税计划，在很大程度上与特朗普竞选时的方案一致，将令企业、中产和顶级收入者受益，显著增强美国竞争力，激发经济增长活力。税改计划主要集中于减少企业税率、降低个人税负、增加海外税收 3 个方面。

表 5–1 美国主要减税计划 ①

企业部门减税	个人部门减税	海外部门加税
公司所得税税率从 35% 降至 15%	减少个人所得税级次和税率，从七级税率减少到三级，分别为 10%、25% 和 35%	海外留存的数万亿美元一次性征税
废除“影响小企业和投资收入”的 3.8% 的奥巴马医保税	个人所得税免税额度翻倍，提高扣除限额	海外子公司利润提取 10% 的所得税
为美国公司实现地区税制的公平化	废除遗产税和替代最低税额	海外利润汇回美国征税 35%

① 数据来源：交通银行金融研究中心根据相关资料整理。

企业税收方面，税改计划的最大亮点是将公司税税率从 35% 大幅削减至 15%，此外还要废除 3.8% 的奥巴马医保税，使美国公司实现地区税制公平化。从历年来主要发达国家公司税税率来看（见图 5-7），总体趋势是逐渐下降，2008 年金融危机以来降幅较大。美国公司所得税税率几十年没有改变，保持在 35% 的水平。与主要的发达国家相比，美国目前的公司所得税偏高，明显高于德国、英国、加拿大、日本等国，略微高于法国。公司税税率从目前的 35% 大幅削减到 15%，将降至与德国、加拿大差不多的税率水平。由于除了公司所得税以外，德国还有 10%~18% 的营业税，加拿大还有商品与劳务税、社会保障税、各类附加税等，而美国其他税项相对较少，因而美国企业实际承担的综合税负将显著低于其他发达国家。如果公司税税率降到 15%，几乎接近部分避税天堂的税率，将显著提升美国竞争优势，吸引大量企业留美。

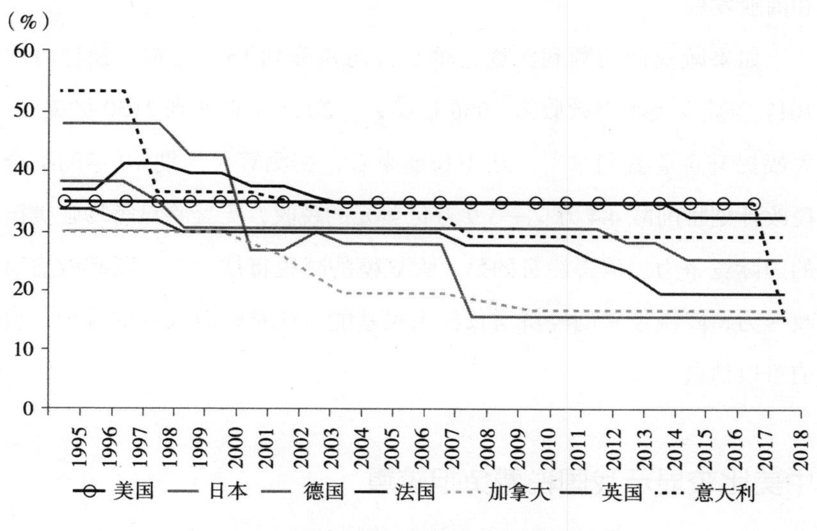

图 5-7　历年主要发达国家公司税税率[①]

① 数据来源：交通银行金研中心根据相关资料整理。

个人所得税方面，减少个人所得税级次和税率，最高税率从39.6%降至35%，从七级税率减少到三级，分别为10%、25%和35%。此外还将个人所得税免税额度翻倍，夫妻联合报税的标准扣除额调高1倍至24000美元，撤销遗产税，还建议对有孩子的家庭减税，减税力度也比较大。个税改革方案不但能降低中产阶级税负，还将减轻企业主和农场主负担，促进消费增长和个人部门投资需求。

针对海外企业加税，对海外留存的数万亿美元一次性征税，对美国公司留在海外的利润征收10%的税，一旦海外利润汇回美国就要被征收高达35%的税。目前美国企业海外留存资金达2.6万亿美元，主要留存于各个避税天堂，对这部分海外留存资金的征收税率还未确定，但财政部长努钦表示税率会“非常具有竞争力”。加大对海外部门的征税力度，将促进投资回流美国，力求把投资留在国内，带动制造业和商业发展。

如果减税计划顺利实施，单是公司税降到15%一项，预计将在2017年减少美国财政收入1080亿美元，2018年将达到2150亿美元，大幅提升企业盈利水平。从中长期来看，据测算，为期10年的综合税改计划将削减4.4万亿—5.9万亿美元的税收，无疑将显著增强美国的国际竞争力。值得注意的是，大规模的减税将加大美国联邦政府财政压力，降税带来的经济增长扩大税基能否弥补财政收入的减少，目前难以估量。

中美比较显示我国税费负担较重

美国和中国分别是全球第一和第二大经济体，各自的税费负担对双方产业竞争力的影响很大，开展中美税负比较具有重要意义。中国以间接税为主的税收体制注定企业部门税费负担本来就较重[①]，特朗普执政后力求推出大规模减税措施，可能进一步推升中国企业部门相对生产成本（见图5-8）。

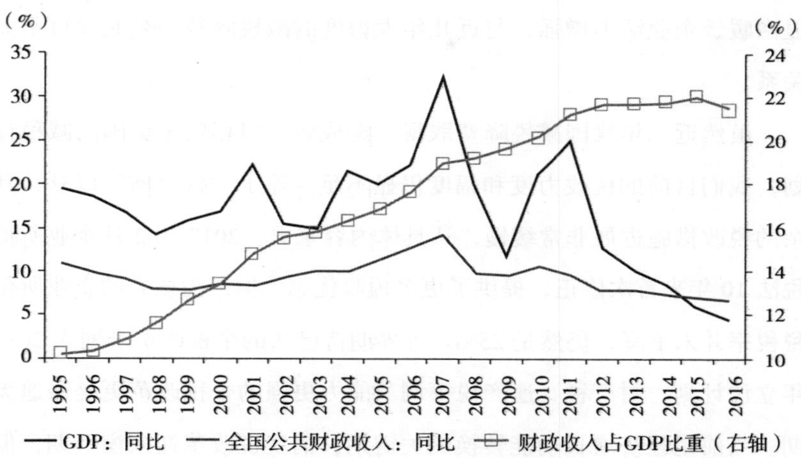

图5–8　我国财政收入增速及占GDP的比重[②]

（一）中国减税力度不及美国

近几年我国采取了很多减税降费措施。2017年4月19日国务院常务会议公布了6项减税举措，预计2017年将减轻各类市场主体税负3800多亿元，加上第一季度已经出台的多项降费措施减负2000亿元，2017年合计就可以实现全年减税降费5800亿元。减税降费取得一定成效，全国公共财政收入增速逐渐下降，2015年财政收入增长5.8%，低于GDP增速1.1%，是20世纪90年代初以来首次低

① 间接税容易把税收负担转嫁给别人，征税对象普遍，几乎可以对一切商品和劳务征收。直接税较难转嫁其税负，主要以个人所得和财产为课税对象。

② 数据来源：WIND，交通银行金融研究中心。

于 GDP 增速。2016 年全国公共财政收入 15.96 万亿元，同比增速进一步下降至 4.5%，连续 2 年低于 GDP 增速。2016 年财政收入占 GDP 的比重为 21.44%，是 1995 年以来首次下降。年初以来经济明显回暖、企业活力增强，与近几年大力度的减税降费为企业减负不无关系。

虽然近几年我国减税降费取得一定成效，但相较于美国的减税计划，我们目前的税改力度和幅度仍显不足。除了"营改增"以外，其余的税改措施进展非常缓慢，从具体内容来看，2017 年 2 月企业所得税法 10 年来首次修正，提供了更多税收优惠，但最为核心的企业所得税税率并未下降，仍然是 25%。各界期待已久的个税改革未列入 2017 年立法计划，财产税、遗产税等调节能力更强的个税改革更是遥遥无期。当前是经济增长动能转换的关键期，消费税改革迎来窗口期，但消费税改革缓慢已经成为制约消费增长、导致消费外流的原因之一。从最近的改革动向来看，下一步消费税改革不但不会减税，可能还会加税。

（二）中国宏观总体税负高于美国

宏观税负有不同的衡量口径，如果只算税收收入占 GDP 的比重，中国为 18.5% 左右，似乎并不算高。由于我国财政收入很大一部分是非税收入，实际数值将远超于此。中国税收没有社保税，社保是以缴费的形式施行的。美国宏观税负包含社保税，如果剔除社保税计算，美国税收收入占 GDP 比重在 19% 左右，与中国不相上下。

按照 IMF 数据公布特殊标准（SDDS），财政部公布了广义财政收入口径下财政收入总额，包括了一般公共预算收入、除国有土地使用权出让收入之外的政府性基金收入、国有资本经营收入，以及社会保险基金收入。2015 年中国广义财政收入口径下财政收入总额为 198480 亿元，占 GDP 的比重为 29.33%，2016 年美国相同口径下的财政收入占 GDP 的比重为 26.36%，中国略高于美国。

2015 年，全国实际缴入国库的土地出让收入为 33657.73 亿元，如果考虑国有土地使用权出让收入，扩大广义财政口径，2015 年总的广义财政收入为 23.21 万亿元，占 GDP 的比重为 34.3%。按照此口径，中国宏观税负不但高于美国，也高于 OECD 平均宏观税负。

（三）中国企业税费名目繁杂、负担重

虽然从宏观角度看，中国总体税负与其他国家相比并不算重，比美国高不了多少，但中国以间接税为主的税制决定了绝大部分的税收都来源于企业，总税收收入中企业缴纳部分达到 90% 左右，这是造成企业税费负担偏重的重要原因。

从主要税种来看（见图 5-9），中国涉及企业税费目录超过 10 种，其中企业所得税、增值税、营业税 3 种占比较大。根据 2016 年的税收数据，企业所得税、增值税、营业税分别占总税收的 22.1%、31.2%、8.8%，合计占比达到 62.2%。美国税制体系中间接税所占的比例很小，企业税负主要是公司税（类似于企业所得税）1 种，占税收总额的比重为 16%。

从企业税费来看，除了缴纳所得税、增值税、消费税等税收之外，中国的企业还要在此基础上缴纳约 13% 的附加税费，包括约 7% 的城市维护建设费、5% 的教育附加费和 1% 的防洪费等。根据世界银行测算，中国企业的总税率（企业纳税总额与政府收费占企业利润的比

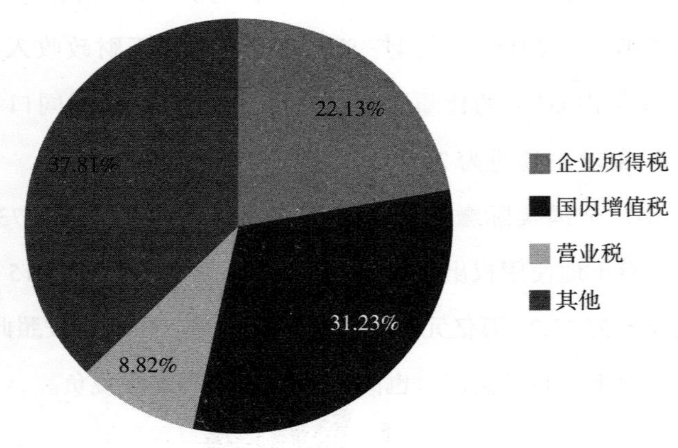

图 5-9　2016 年中国主要税种占比[①]

例）远远高于美国的总税率。2016 年中国企业总税率为 68%，在全球 190 个经济体中税负排第 12 位；美国企业的总税率是 44%。

除了税费负担以外，国内制造业还面临劳动力、土地价格上涨，产能、资源约束。企业成本不断上涨，投资效率持续降低，固定资产投资总额已经超过形成真实资本总额的 47%，也就是接近一半的投资支出难以形成资本。2016 年民间投资出现断崖式下滑，民间投资中接近 45% 是制造业投资，表明制造业增长压力很大。

（四）中国个税结构简单粗放

由于税制的差异，美国个人税在财政收入中所占比重很大，大部分年份占比在 45%~50%。中国个人税贡献很小，占比在 6%~8%。虽然从税收总量上来看美国的个税负担高于中国，但是美国居民享受的

① 数据来源：Wind，交通银行金融研究中心。

社会福利远远好于中国，意味着个税的返还力度很大。美国在确定应税所得时规定了许多详细的所得扣除项目，主要包括商业扣除和个人扣除，例如纳税人的子女抚养、65 岁以上老年人赡养、伤残人员抵免等都可列为抵扣项目。综合考虑社会福利效应，中国的个税负担未必低于美国。

除了社会福利效应以外，美国个税结构很丰富，具有很强的“均贫富”作用，而中国的个税结构过于单一。美国开征的个人税种主要包括个人所得税、财产税、遗产税、财产赠予税等。中国开征的个人税种主要是个人所得税，没有资本利得税，也没有开征财产税、遗产税、财产赠予税等税种。相较而言，中国的个人所得税主要是针对工薪阶层的工薪所得进行严格征税，针对富人的投资所得税、房产税、遗产税、财产赠予税等税种的缺失，制度漏损比较大。对于广大工薪阶层而言，中国的个税负担显著高于美国。

（五）中国非税收入远超美国

虽然近几年加大清理各类收费的力度，但由于收费主体多元化现象严重，难以有效约束，非税收性收入快速增长（见图 5-10）。即便经济增速逐渐下降，各年度的非税收入增速都在 2 位数，非税收入占财政收入比重逐年上涨，2016 年达到 18.3%。非税收入主要包括专项收入、行政事业性收费、罚没收入和其他收入，名目繁多的收费项目是中国企业和个人感觉税负较重的重要原因。

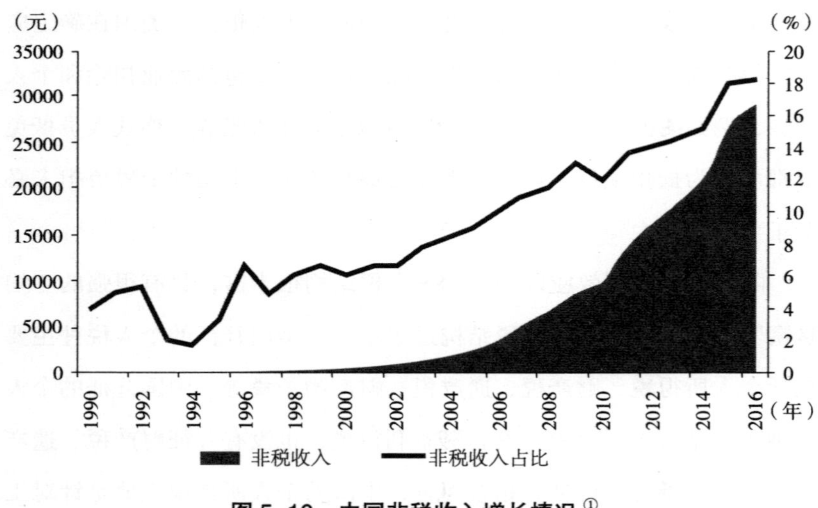

图 5–10　中国非税收入增长情况 ①

美国的非税收入主要是各类收费，包括行政性收费、机场、公园等公共设施使用费等，并且非税收入都要纳入预算管理。非税收入在美国财政收入中的占比较低，各年度较为平稳，略低于 5% 的水平，比重比中国的 1/3 还低。

我国税制改革建议

虽然减税在短期会减少财政税收，但可以起到“放水养鱼”的作用；不但能够为实体经济创造更加良好的营商环境，激活实体经济内生动力，而且可以逐渐扩大税基。从中长期来看，随着“拉弗曲线”效应的显现，降低税率反而有助于税收的增长。最近美国的减税政策对中国的全球竞争力来说又是一大外部压力。中国有必要重新审视税

① 数据来源：Wind，交通银行金融研究中心。

费体制，从战略高度谋划新一轮税改，以重塑我国的全球竞争力。

（一）根据经济发展和转型需要开展税制改革

税制结构的调整优化取决于经济社会的发展水平和财政税收的管理能力。我国人均 GDP 已超过 8000 美元，处于结构调整和增长方式转型的关键时期，税制结构也应进行相应改革。目前我国以间接税为主、直接税为辅，适合于中低收入的发展中国家阶段，现行的税收体制已经对经济社会转型发展形成明显的制约。未来改革的方向包括：一是逐渐降低间接税比重，应从目前 90% 的比重逐渐降低至 70% 以内。只有宏观税收结构得到合理调整，降低间接税，才能真正起到对生产环节的减税作用。二是随着居民收入水平、生活水平的提升、贫富差距的扩大，应加大直接税比重。当前我国很多适合直接税征收的领域处于真空状态，征收空间很大。直接税具有相对公平、合理的特点，有利于发挥税收的宏观调节作用。三是调整优化中央税和地方税结构。加强中央财政对经济不发达地区的支持，提升地方财政灵活性和有效性，提高中央税、地方税收入占全国税收收入的比重，降低中央与地方共享税收入占全国税收收入的比重，明确划分财权事权，提升透明度。

（二）减少收费项目，降低非税收入比重

我国企业收费项目繁杂，增加了企业经营成本。近年来非税收入增长较快，占财政收入的比重超过美国非税收入比重的 3 倍多。应进一步加强各项收费项目整治清理工作，通过法律规范相关的收费项目。

取消重复收费项目和各级部门行政管理权限开征的收费项目；具有税收性质的收费项目要开展费改税；确实需要保留的收费项目要严格通过法律法规加以规范。各地方乱收费、乱罚款、乱摊派现象屡禁不止的根本原因是地方税的改革相对滞后。为了发展地方经济和其他各项建设事业，需要地方财政的大力支持。由于税制改革滞后，不利于增加地方财政收入，为了筹集经济社会发展所需要资金，地方政府融资需求和收费趋向较强。因此，需要加快地方税费改革步伐，例如将排污费改为环保税。

（三）大幅降低企业税费负担

近年来出台了大量减税降费措施，但企业普遍感觉税负仍然很重，主要原因在于企业经营综合成本走高以及税费结构改革不彻底。在现行税制下，无论企业盈利状况如何，即便是亏损，也都需要缴纳增值税，再加上各类收费、基金、乱摊派和乱罚款等，加重了企业的税负感。在经济繁荣时期企业的税负感往往不强，当前经济下行叠加各类要素成本的上涨，企业税负感重的问题明显凸显出来。未来有必要在以下几方面进行调整：一是降低企业所得税率。在国际降税新潮流下，降低企业所得税税率已是迫在眉睫，企业所得税法修改应实质性推进。二是降低增值税率。增值税税率从 4 档简并为 3 档，仍是不够的，应进一步降低“营改增”之后的税收强度。三是减少合并间接税项目和收费项目。涉及企业的税收项目较多，不完全统计就有 10 多项，加上各类收费项目，至少有几十项，应减少简化。四是改善营商环境降低综合成本。完善市场机制，从企业实际出发降低制度性交易成本、用地用能成本、融资成本、物流成本等综合成本。

（四）开展个人综合所得税改革

全球大概有 80% 以上的国家对个税采用综合所得税制模式，中国属于少数采取分类所得税制的国家。个税改革方案经过多年来的讨论研究，目前仍未见实质性推进。随着经济社会发展，个税改革已迫在眉睫，需要增强个税均贫富的能力，起到“提低、扩中、限高”的作用，促进中等收入群体成长。一是实行综合所得税制。对纳税人的各种收入的应纳税所得进行综合征收，扩大减除费用范围和标准，将家庭教育支出、医疗费用、房贷利息、房租等设置成独立的扣除项目，在税前扣除。二是提高个税起征点。在现行的个税体制下，最容易征收的是工资薪金。3500 元的起征点仍然偏低，税负承担最重的是中等收入者和一二线城市的工薪阶层，不仅加重了个人负担，还影响消费支出，应尽快上调。三是研究制定调节能力强的各类税种。加快研究制定财产税、房地产税、遗产税、赠予税等，不但可以增强税收的贫富调节能力，还能在一定程度上弥补企业减税降费带来的财政收入减少。